Georg Wilhelm Friedrich Hegel, Georg Lasson

Hegel als Geschichtsphilosoph

Verlag
der
Wissenschaften

Georg Wilhelm Friedrich Hegel, Georg Lasson

Hegel als Geschichtsphilosoph

ISBN/EAN: 9783957007094

Auflage: 1

Erscheinungsjahr: 2016

Erscheinungsort: Norderstedt, Deutschland

Hergestellt in Europa, USA, Kanada, Australien, Japan
Verlag der Wissenschaften in Hansebooks GmbH, Norderstedt

HEGEL

ALS

GESCHICHTSPHILOSOPH

Von

Georg Lasson

Pastor an St. Bartholomäus, Berlin

Der Philosophischen Bibliothek
Band 171e

Leipzig · Verlag von Felix Meiner · 1920

Inhaltsübersicht.

Hegel als Geschichtsphilosoph.

Erstes Kapitel.

Hegels Verhältnis zur geschichtlichen Wirklichkeit.

1. Hegels Stellung innerhalb der Gedankenbewegung seiner Zeit.

a) Bewußtseinsphilosophie und Vernunftphilosophie.

Wie verschieden auch die Urteile über Hegels Philosophie als Ganzes lauten mögen, in einem Punkte pflegt seinem Werke die Anerkennung nicht versagt zu werden: man gesteht ihm ziemlich allgemein zu, daß er für das Verständnis des geschichtlichen Lebens Epoche gemacht habe. Woher ihm aber dazu die Fähigkeit gekommen ist, das bleibt meistens, gerade weil man seine sonstigen Anschauungen nicht ohne eine gewisse Leidenschaftlichkeit abzuweisen und zu verspotten liebt, ganz im Unklaren. Man beschränkt sich gewöhnlich darauf, seine Theorie vom Staate, vom Völkerleben und von der Geschichte für sich allein darzustellen und an den einzelnen Sätzen, die man als Hegels Meinung über diese Gegenstände festgestellt zu haben meint, das hervorzuheben, was man für berechtigt und was man für irrig hält. Den Zusammenhang aber, in dem diese einzelnen Erkenntnisse zu dem Ganzen der Hegelschen Philosophie selbst und zu dem Geiste der Zeit stehen, aus dem heraus sie geboren ist, beachtet man nur zu wenig und vermag dann auch weder in Zustimmung noch in Ablehnung den eigentlichen Nerv des Hegelschen Geschichtsverständnisses recht zu treffen.

Ganz allgemein muß man zunächst den Punkt ins Auge
fassen, daß für Hegel selbst die geschichtliche Wirklichkeit
nicht ein beliebiger Gegenstand des Nachdenkens neben anderen
und die Philosophie der Geschichte nicht eine philosophische
Disziplin unter vielen gleichwertigen gewesen ist. Vielmehr
hat jene Wirklichkeit den Hauptgegenstand seines Nachdenkens
ausgemacht, und die Geschichtsphilosophie hat Ausgang und
Ziel seiner philosophischen Methode gebildet. Schon früher
hatten Denker der verschiedensten Art über Geschichte und
geschichtliche Probleme gehandelt. Gerade in den letzten
hundert Jahren vor Hegel war das Interesse dafür immer reger
geworden, und die Aufgabe einer Philosophie der Geschichte
hatte sich dem denkenden Geiste immer stärker als unabweis-
lich aufgedrängt. Die Denker aber, die sich dieser Aufgabe
zuwandten, traten an sie heran, nachdem sie sich auf andern
Erkenntnisgebieten versucht und an andern Gegenständen eine
feste Stellung zu der Objektivität schon gewonnen hatten. Sie
brachten zu der Betrachtung der Geschichte Prinzipien und
Methoden herzu, die sie auf anderm Boden erprobt, wohl auch
bereits fertig von andern Denkern übernommen hatten. Das
ist bei Hegel anders. Die geschichtliche Wirklichkeit ist der
Gegenstand, auf den sich sein Nachdenken von Anfang an
gerichtet hat. Noch ehe er daran ging, systematisch zu philosophieren, hat er sich um das Verständnis geschichtlicher
Prozesse bemüht. An der Untersuchung dieser Prozesse hat
er seine Methode sich ausgebildet und ist er sich der Grundzüge seiner Denkart bewußt geworden. Er ist Geschichtsphilosoph gewesen, längst ehe er an das Unternehmen dachte,
eine Logik und ein philosophisches System zu schaffen. Wer
in ihm hauptsächlich den abstrakten Logiker sieht, der sieht
an der eigensten Bestimmtheit des Hegelschen Denkens vorbei.

Das Denken der Zeit, die auf das Jahrhundert der Reformation folgte, war beherrscht von dem Gefühle der Span-
nung zwischen Sein und Bewußtsein, Natur und Geist, Objekt
und Subjekt. Das Subjekt, dem die Reformation zum freien
Selbstbewußtsein verholfen hatte, mußte der gegenständlichen
Welt mit dem deutlichen Empfinden seiner Überlegenheit über
sie und ihrer Unterschiedenheit von ihm gegenüberstehen.
Es erfaßte sich in seiner Natur als geistiges Sein und fand
nach des Cartesius Worte: „cogito, ergo sum", den Grund seines

Daseins in sich selbst. Umgekehrt erschien ihm die Gegenständlichkeit in ihrer Natur als ein äußerliches Sein, abhängig und vermittelt, dessen Gründe und Gesetze zu erkennen das Subjekt kraft seines Denkens berufen sei. Durch das Erkennen gewinnt das Subjekt dann auch die Freiheit, die Außenwelt zu beherrschen und sie nach seinen Zwecken zu gestalten, und so steht durchaus das Selbstbewußtsein des denkenden Subjektes im Mittelpunkte des Lebensgefühles jener Zeit. Es bildet auch den gemeinschaftlichen Ausgangspunkt für die beiden Denkrichtungen, die sich bis zum Auftreten der Kantischen Philosophie unvereinbar und doch einander fordernd, etwa wie die beiden Pole eines Magneten gegenüberstehen, des Empirismus und des Ontologismus. Rationalistisch sind sie beide und darum auch beide gleichmäßig Förderer der Aufklärung. Über die Gesichtspunkte der Aufklärung aber vermögen sie den Geist der Zeit nicht mehr hinauszuführen, weil sie beide innerhalb jener Entgegensetzung von Sein und Bewußtsein stehen bleiben, die in den verschiedensten Gestalten wiederkehrt: als Zusammenhang und Verschiedenheit von Leib und Seele, von Innenwelt und Außenwelt, von Notwendigkeit und Willensfreiheit, von Sinneseindruck und Kategorie, von Ding und Gedanke. Es ist klar, daß, solange man diese Gegensätze als das Ursprüngliche und Gegebene festhält, man immer nur zu irgendeiner künstlichen Verknüpfung derselben oder zu der willkürlichen Unterdrückung eines von beiden, niemals aber zu ihrer wirklichen Versöhnung, zu ihrer Aufhebung in einer höheren Einheit gelangen kann. Denn diese höhere Einheit müßte vor allem als der Grund der Entgegensetzung selbst, also als das den Gegensätzen vorausliegende Prinzip gefaßt, die Gegensätze dürften also nicht abstrakt behauptet und nicht als das Erste betrachtet werden. Freilich genügt es auch nicht, ein solches umfassendes Prinzip aufzustellen, das die Gegensätze in sich begreifen soll, wenn man sie nicht wirklich aus ihm ableiten und ihre Versöhnung in ihm aufzeigen kann, die nicht dasselbe ist wie ihre Verneinung oder Auslöschung. Hier liegt der Grund für die Unzulänglichkeit der Lösungen des Problems, die von Spinoza und den an ihn anknüpfenden Systematikern jener Zeit versucht worden sind. Deshalb bleibt es während der Herrschaft der Bewußtseinsphilosophie bei dem Dualismus des

aufgeklärten Verstandes, der sich dann auch in den meisten
Fällen selbstzufrieden und negierend, meisternd und verständ-
níslos dem Zusammenhange der geschichtlichen Wirklichkeit
gegenüberstellt.

Für das deutsche Weltgefühl nun war dieser hartnäckige
Dualismus in besonderem Maße bedrückend. Die Eigenart
des deutschen Gemütes wird bezeichnet durch die Innerlichkeit, die sich ebenso an die ganze Welt hingibt, wie sie die
ganze Welt in sich hineinzieht, die das Ich als den Mikrokosmus
und die Welt als das große Spiegelbild des Ich auffaßt und
der also das heilig öffentliche Geheimnis kund ist: „nichts
ist drinnen, nichts ist draußen; denn was drinnen, das ist
draußen." So steht vor dem deutschen Denken immer die
Konzeption einer Subjekt-Objektivität, eines großen Lebendigen, in dem Natur und Geist wechselseitig aufeinander bezogen sind und eine Vernunft alle Gestaltungen des Seins
und Denkens erzeugt und durchwaltet, das, „unum perfectum
continuum universum" des Cusaners, das die Stätte der coin-
cidentia oppositorum ist. In Leibniz hat dieser deutsche
Gedanke sich machtvoll gegen den Dualismus seiner Zeit erhoben und die Wahrheit eines einheitlichen geistleiblichen
Universums rein ausgesprochen, in dem zugleich das Individuum ein Zentrum und eine Welt für sich ist. Doch konnte
seine Methode mit der Größe und Tiefe seiner Anschauung
nicht Schritt halten; die wissenschaftliche Ausrüstung seiner
Zeit, auf die er angewiesen war, bot ihm nicht die zur syste-
matischen Lösung seiner Aufgabe passenden Hilfsmittel. Er
selbst hat seine Gedankenwelt, die voll ungelöster Wider-
sprüche sich darstellt, nur in großartigen Bruchstücken enthüllt, und in der Hand seiner Schüler ist seine tiefsinnige Spekulation zu einem System der Aufklärung verflacht worden.
Aber als ein Prophet und Wegweiser, als ein Anreger und
Befruchter hat er dauernd fortgewirkt und das große Werk
der Befreiung des deutschen Geistes aus dem Käfige des
Dualismus vorbereitet, das in der Blütezeit des deutschen
Idealismus vollbracht worden ist. Auf seinen Schultern stehen
als Vorläufer einer Vernunftphilosophie, die den Stand-
punkt der Bewußtseinsphilosophie zu überwinden berufen war,
Lessing und Herder; durch sie wiederum ist Goethe sein
Jünger, dessen Spinozismus ebenso wie der Schellings mit

Leibnizischer Anschauung integriert ist und erst dadurch seine Durchgeistigung und Universalität erlangt hat. Auf der andern Seite hat Kant, der selbst noch von der dualistischen Bewußtseinsphilosophie her- und persönlich nie ganz von ihr losgekommen ist, eben darum diese Richtung abschließen und die neue Periode einer Philosophie der reinen Vernunft begründen können, weil ihn der Drang nicht losließ, die naturhafte Entgegensetzung von Sinnlichkeit und Verstand, von Ausdehnung und Denken in eine vernünftige Verbindung umzuwandeln. Er hat durch seine große kritische Tat die Vernunft, die bisher von dem Verstande und dem Bewußtsein nie rein war unterschieden worden, in ihr Recht eingesetzt, ihre Spontaneität und Autonomie erwiesen und dadurch die Postulate der Vernunft, die der Leibnizischen Gedankenwelt zugrunde liegen und die Kant selbst immer in tiefer Überzeugung festgehalten hatte, in strenger wissenschaftlicher Methode begründet. So hat es A. Liebert kürzlich ausgesprochen, daß die Erkenntnistheorie Kants der dogmatischen Metaphysik von Leibniz die grundsätzliche theoretische Rechtfertigung liefere[1]). Von Kant herkommend und über ihn nach verschiedenen Richtungen hinausgehend haben dann Schiller, Fichte und Schelling die schöpferische Vernunft in ihrer Tätigkeit und ihren Gebilden untersucht, in ihr die Einheit von Subjektivität und Objektivität aufgezeigt und damit dem Hegelschen System des absoluten Geistes die Bahn bereitet.

b) Das Erwachen des geschichtlichen Sinnes.

Im Kreise dieser Denker sind nun auch die Gesichtspunkte herausgearbeitet worden, die für eine Philosophie der Geschichte maßgebend sein müssen. Die Möglichkeit dazu lag darin, daß die Grundlagen der modernen Geschichtswissenschaft und Geschichtsauffassung schon gelegt waren. Es ist ein besonderer Ruhmestitel der Aufklärungszeit, daß in sie die Anfänge der modernen Historie fallen. Zwar die Aufklärung als solche war und blieb eine wesentlich unhistorische Denkweise. Dennoch lagen in ihr Momente, die den Sinn für geschichtliche Dinge wecken und das Nachdenken auf den Weg

---

[1]) Liebert, Arthur, Wie ist kritische Philosophie überhaupt möglich? Leipzig 1919, F. Meiner, S. 55.

historischer Untersuchungen lenken mußten. Dreifach war
das Interesse, das den Geist jener Zeit zu historischen Studien
trieb. Das erste war das rein antiquarische Interesse, das
dem des Naturforschers genau entspricht: das Subjekt, das
sich der Welt gegenüber frei fühlt, will alles in der Welt
kennen lernen und sich zum Herrn über die ganze Breite
ihrer Erscheinungen machen. So wendet es sich auch den
Tatsachen der Vergangenheit zu und sammelt sie ebenso wie
die Merkwürdigkeiten eines Naturalienkabinetts. An dieses
Interesse schließt sich an und mit ihm verknüpft sich das
Interesse der Reflexion. Das Subjekt ist sich der Gleichheit der natürlichen Vernunft in allen Menschen bewußt und
findet in allen Zeiten und unter allen Himmelsstrichen dasselbe menschliche Wesen, dieselben Triebe und Leidenschaften,
Meinungen und Charaktere. Es sucht deshalb in den mannigfaltigen geschichtlichen Begebenheiten und Gestaltungen die
gleichbleibenden Merkmale der menschlichen Natur, entdeckt
Analogien zu den Verhältnissen der Gegenwart in allen möglichen entlegenen Vergangenheiten und zieht allerlei Regeln
und Lehren aus den Geschichten, die in ganz fremdartigen
Lebenskreisen sich zugetragen haben. Darunter aber wächst
dann auch das Bewußtsein für den sachlichen Zusammenhang,
in dem die Gegenwart mit der Vergangenheit steht, und es
erwacht das eigentlich historische Interesse, das den Geist
der Vorzeit und den Verlauf ihrer Geschichte nach seinem
besonderen Charakter zu erkennen sucht, weil es sich der
Herkunft der eigenen Zeit aus dem bewußt ist, was die Vorzeit geleistet und gelitten hat. In erster Linie war es damals
die kirchen- und dogmenhistorische Arbeit, die das Bewußtsein
für dieses innere Band zwischen Vergangenheit und Gegenwart
wacherhielt. Allmählich fängt dann auch die Profanhistorie
sich zu wissenschaftlicher Ordnung und Klarheit zu vertiefen
an. Mehr und mehr stellt·sich der Naturforschung, die zu
Anfang jener Periode durchaus die Führung hat, die Ge-
schichtsforschung zur Seite.

Dieser wissenschaftliche Fortschritt entsprach.der Stellung, die das Bewußtsein in der Wirklichkeit zu dem geschichtlichen Dasein einzunehmen begonnen hatte. Denn je klarer
sich das Subjekt darüber wurde, daß infolge der Befreiungstat
der Reformation nicht bloß das Reich der Ideen, sondern

auch die Welt der realen Mächte gänzlich umgestaltet, die
Staaten und die Verfassungen von dem denkenden Geiste
neu geformt und in vernünftigen Gesetzen befestigt wurden, um so reger mußte sein Streben werden, diese ganze
Welt wirklich geistig zu beherrschen, den ihr innewohnenden Sinn zu erfassen und das Werden und Vergehen der
Völker und Staaten nach seinen vernünftigen Gründen zu
begreifen. Hier war für einen gesunden Empirismus, für
eine Forschung, die auf dem richtigen Empfinden des
Wesentlichen und Vernünftigen beruhte, das weiteste Feld
offen; und es braucht nur an Männer wie Montesquieu,
Voltaire, Gibbon, von denen auch Hegel wertvollste An-
regungen empfangen hat, erinnert zu werden, um das Verdienst jener Zeit um eine historische Auffassung klarzustellen.
Von einer wissenschaftlichen Philosophie der Geschichte
konnte freilich auf dem Boden dieser rationalistischen Empirie keine Rede sein; was sich aus jener Zeit an Entwürfen
zu einem geistigen Gesamtbilde der Weltgeschichte findet, ruht
wesentlich noch auf theologischer Grundlage. Überhaupt war
für einen tieferen Begriff der Geschichte der Boden noch
nicht bereitet. Das altkluge Besserwissen der Aufklärung,
das auch ihren besten Söhnen anhaftet, und die Überschätzung
des absichtlichen, klugen Handelns der Menschen, die ebenso
in den naturrechtlichen Konstruktionen wie in den Vorstellungen von Priesterweisheit und Priestertrug als den Ursachen für Staaten- und Religionsbildung zum Ausdrucke
kommt, stellten einem vorurteilslosen Verständnisse der Vergangenheit die stärksten Hindernisse in den Weg. Gerade weil
die Geschichte in ganz eigentümlicher Weise das Ineinander
der beiden Gegensätze zeigt, über deren Entgegensetzung die
Aufklärung nicht hat hinauskommen können, der geistigen
Natur des Subjekts und der äußeren Natur der raumzeitlichen
Welt, mußte es der höheren Stufe, auf die sich das Denken
in der Vernunftphilosophie erhob, vorbehalten bleiben, die
tragfähigen Grundlagen für eine wissenschaftliche Philosophie
der Geschichte zu schaffen.

Es sind der Einheitsgedanke und der Ichgedanke,
die dieser Philosophie dazu helfen. Jener wird hauptsächlich
von Herder, Goethe und Schelling vertreten. Ihnen gilt
weder die materielle Natur noch das bloße Bewußtsein für

die Wirklichkeit; in beiden sehen sie nur Abstraktionen aus
der lebendigen Einheit, zwei Seiten eines in sich vollendeten
Ganzen, die ohne dieses und ohne einander nicht sein können.
Die Wirklichkeit ist also das Leben, das jene beiden Seiten
aus sich heraus erzeugt, sie in sich trägt, und auf dem Boden
der sinnlichen Welt die Früchte der geistigen reifen läßt.
Dies Leben angeschaut als eine göttliche Kraft, die den gesamten Umfang ihrer Möglichkeiten zu verwirklichen tätig
ist, als eine Gott-Natur, in der alles Drängen, alles Ringen
ewige Ruhe ist, als ein Absolutes, in dem alles Einzelne sich
zum Ganzen webt und alle Gegensätze sich zur Indifferenz
auflösen, ist der obersten Monade des Leibniz sehr viel näher
verwandt als der Substanz des Spinoza. Der Gegensatz von
Mechanismus und Zweckmäßigkeit ist in dieser Anschauung
überwunden; die Totalität erscheint als ein Organismus, dessen
Entfaltung durchweg von einem immanenten Zwecke beherrscht
wird. Alles Geschehen ist Entwickelung nach einem eingeborenen Gesetze, nicht in dem Sinne, den man heute mit
dem Worte Naturgesetz verbindet und den man oft frevel-
hafterweise in die Goethesche Anschauung hineinträgt, sondern in dem Sinne des begrifflich notwendigen Triebes, ein
ursprüngliches inneres Prinzip allseitig sich auswirken zu
lassen: geprägte Form, die lebend sich entwickelt. Für das
Verständnis der Geschichte war damit ein wesentlicher Zugang erschlossen; Herders „Ideen" bilden die würdige Vor-
halle zu den mancherlei Gedankenbauten, in denen die spätere
deutsche Philosophie den Sinn und Gang der Geschichte nach-
zuzeichnen versucht hat.

Aber ein Mangel blieb an dieser Anschauung haften:
sie vermochte dem spezifischen Unterschiede dessen, was
im eigentlichen Sinne Geschichte heißt, von dem übrigen
Geschehen nicht voll gerecht zu werden. Die Einheit,
in die für sie das Sein und das Bewußtsein zusammen-
gehen, ist selbst doch wieder eine geistige Natur oder eine
naturhafte Geistigkeit, eine ideelle Substanz, die ihre Bildungen aus sich heraustreibt und in sich zurücknimmt, wohl
in organischer Entfaltung der Idee, aber doch in Form eines
ursächlichen Hervorbringens, aus dem die Wirkung folgt, ohne
selbständig als Gegenwirkung in den Prozeß einzugreifen.
So tritt bei Herder, der dem Verlaufe des Werdens aller

Dinge von der Entstehung der natürlichen Welt an folgt, das Verhältnis ein, von dem Hegel erinnert hat, daß Sokrates es der Betrachtungsweise des Anaxagoras zum Vorwurfe gemacht habe (S. 14)[1]): während der Nus, die organisierende Vernunft, als die erste Ursache begriffen wird, erscheint der Gang des Geschehens im einzelnen nur durch Naturursachen, durch eine Folge äußerlich kausaler Beeinflussungen bestimmt. Bei Goethe und Schelling liegt die Sache darum anders, weil sie mit der ursprünglichen Anschauung der geistigen Substanz einen Reichtum von Elementen verbunden haben, die nicht aus ihr stammen. Sie haben in sich aufgenommen, was ihrer Zeit an großen neuen Erkenntnissen aufging, während Herder sich gegen Kant, von dem die neue geistige Bewegung anhebt, hartnäckig verschlossen hat. Sie haben deshalb eine viel klarere und bewußtere Einsicht in den Begriff des Geistes und in die Eigenart des geschichtlichen Werdens. Aber wegen der Grundstimmung ihres Bewußtseins liegt für sie mindestens der Akzent nicht auf der Betrachtung der geschichtlichen Wirklichkeit. Im Vordergrunde steht ihnen die ruhende Einheit, die Totalität als die Ausgeglichenheit der Gegensätze, als der „selige Gott", der sich immer gleich bleibt. Das Goethesche Persönlichkeitsideal kommt auf die Ebenbildlichkeit mit diesem sich in sich gleichmäßig erhaltenden Wesen hinaus, und die Geschichtsbetrachtung Schellings und der Schellingianer ist weniger darauf gerichtet, die unterschiedenen Gestaltungen der Geschichte in ihrer Besonderheit und ihrer begrifflich notwendigen Aufeinanderfolge zu verstehen, als überall das Gleiche in ihnen hervorzuheben, weniger den Fortschritt zu betrachten, in dem sich das Allgemeine durch das Zusammen- und Gegeneinanderwirken des Individuellen ständig selbst bereichert und vollendet, als in dem Individuellen das Dasein des immer mit sich identischen Allgemeinen aufzuzeigen. Damit aber wird man der Geschichte nach ihrer eigentümlichen Bedeutung nicht gerecht.

Der Einheitsgedanke als solcher bildete zu sehr nur den Gegensatz gegen den Dualismus der Bewußtseinsphilosophie,

---

[1]) Wo im Texte Seitenzahlen angegeben sind, beziehen sie sich immer auf den Text der Ausgaben von: G. W. F. Hegel, Vorlesungen über die Philosophie der Weltgeschichte, hrsg. von G. Lasson (Philos. Bibl. Bd. 171 a—d).

als daß er sie wirklich überwinden konnte. Es mußte in ihn
erst noch mithinübergenommen werden, was an jener das
Berechtigte war. Die Bewußtseinsphilosophie war die erste,
unvollkommene Form gewesen, in der sich der Primat der
selbstbewußten Vernunft, das Palladium der neuzeitlichen
Menschheit, dem Nachdenken dargestellt hatte. Die Autonomie des Subjekts, seine Freiheit gegenüber der gegebenen
Gegenständlichkeit, der Fortschritt des vernünftigen Selbstbewußtseins in der Beherrschung der Welt, die sich der Umgestaltung nach seinem inneren Vernunftgesetze beugen muß, das
waren Tatsachen der Wirklichkeit, Errungenschaften der geschichtlichen Entwickelung des Geistes der Menschheit, die dem
Bewußtsein ganz von selbst sich aufdrängten, die sich aber das
Nachdenken erst noch verständlich machen mußte. Sie kenn-
zeichnen das Zeitalter der Aufklärung als das des Lebens in
einer noch unverstandenen Freiheit, gleichzeitig voller Unreife
und voller Altklugheit, gefühlvoll und schwärmerisch, aber
auch nüchtern und prosaisch, liebenswürdig und tugendhaft,
aber auch spöttisch und gemein, wißbegierig und unternehmend,
aber auch dünkelhaft und oberflächlich. Die Eitelkeit der Subjektivität bedurfte erst noch der Zucht durch die Macht des
Allgemeinen, um zu inhaltvoller und ihrer selbst mächtiger
geistiger Freiheit umgewandelt zu werden. In Deutschland
vollzog sich diese Umwandlung von innen heraus auf dem
Gebiete der idealen Welt, im Felde der geistigen Bildung.
Mit Lessing beginnt die Aufklärung über sich selbst hinaus-
zukommen; es entspricht der Stellung, die er in der Geistesgeschichte des achtzehnten Jahrhunderts einnimmt, durchaus,
daß er in seiner „Erziehung des Menschengeschlechts" die
Geschichte unter den Gesichtspunkt einer von einem obersten
göttlichen Zwecke geleiteten Entwickelung stellt. Die theologische Herkunft seiner Spekulation ist unverkennbar; aber
der echt spekulative Gehalt seiner Gedanken ist es nicht
minder. Das Bezeichnende für seine Auffassung ist eben die
streng teleologische Betrachtungsweise, die gerade die Freiheit des einzelnen Subjekts als das Mittel zur Verwirklichung
des allgemeinen Zwecks erkennt. Dadurch ist über das Verhältnis von Ursache und Wirkung sowohl wie von produzieren-
der Kraft und ihren Hervorbringungen hinausgegangen zu dem
Begriffe eines vernünftigen Willens, der auf und durch andere

vernünftige Willen wirkt. Es liegt also der Begriff eines selbstbewußten Zweckes vor, dessen Mittel selbstbewußt an seiner
Verwirklichung beteiligt, also wiederum auch selbst der Zweck
sind, eine dem Leibnizischen Denken völlig entsprechende
Anschauung, die in den Kern des geschichtlichen Werdens
hineinführt.

Was bei Lessing mehr nur Intuition ist, wird durch die
Kantische Philosophie zu methodischer Erkenntnis erhoben.
Der Rückgang auf die reine Vernunft bewirkt schon bei Kant
die Herausbildung des Ichgedankens, auf dem dann die Gedankenwelt Schillers und Fichtes sich aufbaut. In dem Ich
ist eine Einheit gefunden, die ebenso wie jene vorher-besprochene
Totalität der geistigen Substanz Subjektivität und Objektivität
in sich schließt; aber sie hat vor ihr voraus das Fehlen jeder
naturhaften Gegebenheit: das Ich ist reine Spontaneität,
das bewußte Setzen seiner selbst. Dagegen bleibt an dem
Ichbegriff noch der Mangel zu überwinden, daß er zunächst
eine Einheit nur innerhalb der subjektiven Existenz oder, in
der Sprache jener Zeit, eine subjektive Subjekt-Objektivität
darstellt und·also den Dualismus von reeller und ideeller Organisation noch nicht aufgehoben hat. Doch wird schon Kant,
eben weil er in dem Ich die Vernunft wirkend sieht oder weil
er das Ich als das tätige Prinzip der Vernunft begreift, auf den
Weg geführt, in der Realität die Objektivierung des Ich zu erkennen und die Wirklichkeit als die Stätte für die Gestaltung
des vernünftigen Personlebens zu verstehen. Es ist der Begriff
der sittlichen Gemeinschaft, insbesondere des Staates,
in dem er die Synthese von Natur und Geist und damit gerade
den Boden erreicht, auf dem das geschichtliche Dasein sich
abspielt. Freiheit und Teleologie sind für diese Philosophie
die leitenden Gedanken und ermöglichen ihr, die Geschichte als
einen vernünftigen Prozeß mit dem Ziele der geistigen Vollendung der Menschheit anzuschauen. Was bei Kant und Fichte
sehr viel mehr als bei Schiller störend hervortritt, das ist ein
mit ihrem subjektivistischen Ausgangspunkte zusammenhängen-
der unüberwundener Beisatz aus der dualistischen Bewußtseinsphilosophie, wonach der Zweck lediglich der Subjektivität an-
gehörig und darum die Gegenständlichkeit als ein bloß Wider-
strebendes erscheint. Daraus folgt, daß diese Denker dazu nei-
gen, sich zu dem Geschichtsverlauf und dem gegenwärtigen

Zeitalter wesentlich negierend zu verhalten und die Wahrheit
der geschichtlichen Wirklichkeit nicht in dieser selbst, sondern
in einem ausgedachten Zukunftsideal zu suchen.

c) Hegel und der Geist seiner Zeit.

Die beiden kurz von uns angedeuteten Richtungen der
Vernunftphilosophie münden in der Hegelschen Philosophie
zusammen. Hegel teilt mit den Vertretern des Einheitsge-
dankens die Auffassung der Wirklichkeit als des über die Gegensätze von Subjektivität und Objektivität hinübergreifenden
lebendigen Organismus, und er ist gleichzeitig der entschie-
denste Verfechter des Ichgedankens: in dem selbstbewußten
Ich erkennt er die einzige Wirklichkeit, die durch sich selbst
ihr Sein hat oder die sich selber „setzt". Diese beiden Grundgedanken liegen für ihn verbunden in dem Begriffe des Geistes, der ebenso sich selbst wie alles andere als das Seinige
produziert. In diesem Begriffe des Geistes hat er das Prinzip ausgesprochen, das der Vernunftansicht alle Gebiete des
Universums gleichmäßig erschließt. Der seiner selbst mächtige, in den Bestimmungen der Vernunft sein eigenes Wesen
erkennende Geist ist es, der sich in der Natur sein Gegenbild
gestaltet und auf diesem Boden des Andersseins sich selbst
in den Bildungen des Bewußtseins hervorbringt. In ihnen
entfaltet er sich fort bis zu dem freien Geiste, der auf Grund
der besonderen Form der jedesmaligen geschichtlichen Kulturstufe das schlechthin Allgemeine, die absolute Wahrheit in der
unmittelbaren Einzelheit der bestimmten Persönlichkeit verwirklicht. Dieser aus dem Geiste und in ihm sich vollziehende
Prozeß des Bewußtseins zur selbstbewußten freien Geistigkeit
macht für Hegel den Inhalt der Wirklichkeit aus. Hier sieht
er die Vernunft ebenso der Sache wie des Gedankens miteinander gleichlaufend und einander gegenseitig vorwärts-
treibend sich beständig in einer einheitlichen Gestalt des
Lebens offenbaren. Was wirklich ist, das ist vernünftig, und
was vernünftig ist, das ist wirklich.

So kann es nicht anders sein, als daß die geschichtliche
Welt das eigentliche Thema seiner Philosophie bildet. Zwar
tritt das in dem Aufrisse seines Systems, den er in seiner Enzyklopädie entwirft und den man irrigerweise meist als das
vollständige und erschöpfende Bild seiner Gedankenwelt an-

sieht, äußerlich nicht so klar hervor, wie man erwarten sollte. Aber man braucht nur in die Phänomenologie zu blicken, die ja sein System von einem andern Gesichtswinkel aus entrollt, um das Vorwiegen des geschichtlichen Interesses in seinem Denken zu beobachten. Und das hat seinen Grund in der ganzen Struktur seiner geistigen Persönlichkeit.

Hegel nämlich ist auf die Grundlagen seiner Philosophie nicht erst mühsam im Laufe seiner wissenschaftlichen Arbeit hinausgekommen; er hat sie als die gestaltenden Mächte seines Innenlebens präformiert in sich getragen. Sein Selbst- und Weltgefühl liegt seinem methodischen Denken voraus. Daß er in die Gedankenbewegung seiner Zeit gerade diese seine geistige Bestimmtheit hat hineintragen können, macht ihn selbst zu einem Beispiel für seine Theorie der geschichtlichen Individuen, die ihrer Zeit sagen, was sie will, und in ihr das, was sie will, vollbringen, indem sie es aus dem Innern, „aus dem verborgenen Geiste schöpfen, der an die Gegenwart pocht" (S. 75). Was sie von andern empfangen, sind höchstens die Anstöße zu der Entfaltung der in ihnen lebenden Idee; sie selber aber wissen aus sich heraus und von vornherein besser, was an der Zeit ist, als alle, die sich etwa anmaßen möchten, sie zu belehren. Äußerlich geschieht es in der Form des Zufalls, daß zur rechten Zeit die Persönlichkeit sich findet, die dazu ausgerüstet ist, das zu vollführen, was an der Zeit ist. Vernünftig betrachtet aber erscheint dieser Zufall als das Werk des „allgemeinen Substanziellen", das sich selbst seine Individuen bildet, die es zu seinem Zwecke nötig hat (S. 37). Abstrakt läßt sich freilich behaupten, daß doch auch Individuen von gleicher Art zu anderer Zeit oder an anderen Orten könnten gelebt haben, die ganz unbekannt und ohne Einwirkung auf die Weltgeschichte geblieben sind, — verkannte Genies. Für die konkrete Auffassung aber ist ohnehin das Individuum einzig in seiner Art und kann so, wie es beschaffen ist, nur in dieser bestimmten Weltlage auftreten, der es angehört. So enthüllt sich hier vielmehr der geheimnisvolle Zusammenhang, der den Toren niemals eingeht, wie sich Verdienst und Glück verketten, — das eigentliche Wunder der geschichtlichen Wirklichkeit, das Walten des Weltgeistes vermittelst der lebendigen Persönlichkeiten, die seine auserwählten Rüstzeuge sind.

Es ist, wenn man für die innere Bestimmtheit einer
schöpferischen Persönlichkeit, für ihre geistige Eigenart,
gleichsam für das Urphänomen ihres Ich, einen Ausdruck und
eine Erklärung sucht, heutzutage der Gebrauch des Wortes
„Erlebnis" besonders beliebt geworden. Schwerlich aber darf
diese Ausdrucksweise für empfehlenswert gehalten werden;
vielleicht auch, daß jetzt, wo man aus der Mode des Im-
pressionismus in die des Expressionismus hinübergewechselt
hat, ihr Stündlein schon gekommen ist. Unter einem Erlebnisse kann, wer seine Worte sorgfältig braucht, nichts anderes
als einen einmaligen Vorgang verstehen, während es hier doch
auf eine dauernde innere Geistesrichtung ankommt. Soll nun
diese Geistesrichtung von einem „Erlebnisse" abhängig gemacht werden, so wird ihr Anfang in die Sphäre der Bewußtheit verlegt, obwohl gerade dies, daß die Persönlichkeit der
ihr eingeprägten Sonderart mit Bewußtsein inne wird, erst die
letzte Stufe der Vollendung des Charakters bildet. Und schließlich wird dadurch, daß die eigenste, innere Form der Persönlichkeit von einem „Erlebnisse", also von einer Einwirkung der
Außenwelt hergeleitet wird, die dem Ich unabhängig gegenübersteht, eben des Menschen Kern verleugnet, der Dämon in
ihm, das selbsttätige Subjekt, das sich selbst am Objekte und
das Objekt nach sich gestaltet. Das Ich erscheint dann als ein
passiver Stoff, den erst das Erlebnis formen muß. Aber es ist
jedenfalls vernünftiger, die Eigenart der Einzelpersönlichkeit
davon herzuleiten, wie an dem Tage, der sie der Welt verliehen,
die Sonne stand im Kreise der Planeten, als davon, welch
ein Erlebnis ihr einmal zugestoßen sei. Deshalb dürfte es
geraten sein, zu Ausdrücken zurückzukehren, die der Sache
gerechter werden als diese Redewendung, und wieder von
der ursprünglichen Geistesart, der inneren Bestimmtheit, dem
eingebornen Gepräge der Persönlichkeit zu sprechen.

An der Ausbildung der Persönlichkeit wirken ohnstreitig
die mannigfaltigsten Einflüsse der Welt mit, in die sie hinein-
geboren wird. Aber die entscheidende Bestimmung gibt doch
schließlich immer das Ich sich selber. Im Jahre 1770 sind
eine ganze Menge evangelischer Beamtensöhne in Stuttgart
zur Welt gekommen; nur einer ist diese geschichtliche Gestalt
geworden, die als Georg Wilhelm Friedrich Hegel im Ge-
denken der Menschen lebt. Wie es sich gefügt hat, daß

gerade in diesem Individuum die Bildungselemente seiner umgebenden Welt sich zu dieser eigentümlichen und typischen Gestalt geformt haben, das bleibt das ewige Geheimnis des Individuellen. An der Richtung, die Hegel eingeschlagen hat, haben natürlich alle Elemente der Geisteskultur im damaligen Schwaben ihren Anteil; die besondere Lebensform der gesellschaftlichen Schicht, aus der er stammt, die Beschaffenheit seines Elternhauses und die Gemütsart von Vater, Mutter und Geschwistern haben an seiner Charakterbildung mitgearbeitet. Die Frömmigkeit des schwäbischen Pietismus, die Rechtschaffenheit des aufgeklärten Bürgertums, die Gewissenhaftigkeit der deutschen Beamtenschaft, die Schulzucht auf dem Grunde der christlichen Moral und die geistige Disziplinierung durch den Unterricht in den klassischen Sprachen und in der Mathematik — das alles hat diesem Geiste seine Spuren eingedrückt; an diesem allen hat er sich die Haltung gewonnen und die Überzeugung geformt, mit der er an seine Lebensarbeit herangegangen ist. Aber daß er alle diese Elemente gerade zu dem eigentümlichen Komplexe verbinden konnte, den seine Persönlichkeit darstellt, das liegt doch nun eben an der ursprünglichen Art seines Innern; sie zeigt sich schon darin, wonach der unreife Geist des Knaben tastend die ersten Fühler ausstreckt, um das sich anzueignen, was ihm angehört. In dieser Art aber hat er sich sein Leben lang gleich erhalten; seine Haltung und seine Überzeugung ist aus dem Kerne seiner Persönlichkeit herausgewachsen und deshalb auch in ihm unerschütterlich festgeblieben.

Was sich von Perioden in Hegels Denkarbeit feststellen läßt, betrifft ausschließlich die Fortschritte in der Ausarbeitung seiner Begriffe und seiner Methode. Die sein Denken beherrschenden Grundanschauungen aber stehen ihm bereits fest, bevor er an die Aufgabe herangeht, das „Ideal des Jünglingsalters in Reflexionsform, zum System zu gestalten"[1]). Darin ist er von Fichte und Schelling auffällig verschieden, die beide zwar auch ein Ideal von Anfang an in sich tragen, aber als eine subjektive, formale Anschauung, die in Widerspruch mit der Objektivität steht. Daher müssen sie nach der materialen Wahrheit erst suchen und sich zu diesem

---

[1]) Briefe an und von Hegel, Bd. 1, S. 24.

Zwecke zunächst der theoretischen Prinzipien bemächtigen. Wir sehen sie so mit ihrer philosophischen Methode sich ein System nach dem andern entwerfen und von einem prinzipiellen Standpunkte zum andern sich weiterbilden. In Hegels wissenschaftlicher Arbeit sind die Veränderungen rein formal; material ist er mit einer inhaltlich fertigen Vernunftansicht in die philosophische Bewegung seiner Zeit eingetreten. Deshalb ist er sich auch, wie er in sie eintritt, des Platzes, den er in ihr ausfüllt, sofort bewußt, — sehr im Gegensatze zu Schelling, von dem er bekanntlich gesagt hat, er habe seine philosophische Ausbildung vor dem Publikum gemacht[1]) und man habe ihn immer erst darauf aufmerksam machen müssen, an welchem Standpunkte der Erkenntnis er nun eigentlich angekommen sei[2]).

Aus unsern bisherigen Erörterungen läßt sich jetzt bestimmen, wodurch die Stellung Hegels in der Gedankenbewegung seiner Zeit so bedeutsam und epochemachend gewesen ist. Es ist der Umstand, daß der persönliche Wahrheitsbesitz, den er als ursprüngliche Mitgabe aus dem „substanziellen Geiste", als seine aller diskursiven Gedankenarbeit vorausliegende Geistesrichtung in sich trägt, dem tiefsten Gehalte der Anschauungen genau entspricht, in denen der Geist seiner Zeit lebt. Man mag die ganze Vernunftphilosophie, in der sich dieser Geist theoretisch ausgesprochen hat, als eine Übersteigerung des menschlichen Erkenntnistriebes, als einen Versuch mit untauglichen Mitteln ablehnen, jedenfalls läßt sich nicht bestreiten, daß sie in ihrer allseitigen Durchführung auf den Begriff des Geistes führen mußte, der für Hegel ⁴die Voraussetzung und das Ziel alles Erkennens bildet. Indem Hegel diesen Begriff, der die verborgene Seele jener Arbeit war, rein vorträgt und entwickelt, wird er seiner Zeit zum Enthüller dessen, was sie will, und bringt sie zur Klarheit über sich selbst. Daß der Kantianismus für sich allein diese Klarheit nicht erzielen konnte, zeigt schon die Tatsache, daß von ihm aus auch die

---

[1]) Hegel, Geschichte der Philosophie, Wwe. Bd. 15, S. 647; Bd. 1, S. VI.

[2]) Nach Michelets Bericht in seiner Vorrede zu Hegels philosophischen Abhandlungen. Wwe. Bd. 1, S. VI.

rückläufige Bewegung, die in die Denkweise der Bewußtseinsphilosophie wieder hinabglitt, sich den Schein ihrer Berechtigung entnahm. Der unlebendige Mechanismus der ma-
thematischen Naturwissenschaft auf der einen Seite und der
inhaltleere Formalismus einer subjektivistischen Erkenntnislehre auf der andern, — in diese beiden Abstraktionen drohte
sich das nachkantische Denken zu verlieren. Schrittweise
hatten dagegen die führenden Geister des deutschen Idealismus das Zeitbewußtsein in den verschiedensten Sphären des
geistigen Lebens dem Gedanken einer aus dem Geiste ge-
borenen und geistig lebendigen einheitlichen Wirklichkeit ent-
gegenzuführen gesucht. In der Sphäre der Philosophie als
der reinen Vernunfterkenntnis bringt Hegel diesen Gedanken
zur Herrschaft, indem er die zu seiner Zeit allgemein emp-
fundene Wahrheit zur allseitig methodisch durchgeführten
Erkenntnis erhebt: das Absolute ist der Geist, und die geschichtliche Wirklichkeit ist die Tat seiner freien Selbstverwirklichung.

2. Der Begriff des Geistes als Prinzip der Geschichts- philosophie.

a) Der Geist als oberstes Prinzip.

Das Wort, daß wer den Dichter verstehen will, in Dichters Lande gehen muß, gilt ebenso für den Weg, der zum
Verständnisse des Philosophen führt. Dem Verständnisse Hegels steht die Schwierigkeit entgegen, daß seine Lande sehr
weit abliegen von den Gefilden, in denen sich das Denken
unserer Zeitgenossen heimisch fühlt. Wenn er es als den
kräftigsten Beweis für die Wahrheit seiner Methode ansah,
daß in seiner Philosophie alle andern philosophischen Richtungen ihren angemessenen Platz und ihre gebührende Würdigung empfangen, so ist ihm von diesen vielmehr damit ver-
golten worden, daß sie sein System aus der eigentlichen Philosophie möglichst ganz hinauszuweisen und ihn nach Kräften
zu ignorieren suchten. In der Tat ist es für jede einzelne,
dén andern scharf entgegengesetzte philosophische Richtung
sehr schwer, sich in eine Philosophie hineinzudenken, die, ohne
eklektisch zu sein, den Anspruch erhebt, alle übrigen Philosophien in sich zu enthalten, ihnen ihr Recht und ihre Wahr-

heit eigentlich erst aufzudecken und also die eine allgemeine
Philosophie zu sein, die das ganze Reich des Gedankens ebenso
wie das der Wirklichkeit methodisch beherrscht und in seiner
Vernünftigkeit begreifen lehrt. Den Denkweisen vollends, in
denen das Geschlecht unserer Tage aufgewachsen ist, könnte
schon die bloße Vorstellung einer solchen absoluten Philosophie für nichts als einen anmaßlichen Traum gelten, und
notwendig fühlt es sich in seiner Begriffswelt wie in seiner
Ausdrucksweise mit ihr gänzlich außer Verbindung. So läßt
es sich leicht verstehen, daß man an den, der heutzutage
die Aufgabe hat, über Hegels Philosophie zu reden, die An-
forderung stellt, nicht in der unverständlichen Terminologie
und der ungewohnten Dialektik jener Denkrichtung selber sich
vernehmen zu lassen, sondern sie möglichst durch solche Begriffe und in solchen Gedankengängen verständlich zu machen,
die dem Denken unserer Zeit zugänglich und geläufig seien.
    Was an dieser Forderung berechtigt ist, darf nicht ver-
kannt werden. Es wäre sicherlich ein ganz unnützes Beginnen,
wollte man philosophische Probleme heute in der Form erörtern, wie sie in der Zeit üblich war, als man sich gewohnheitsmäßig der dialektischen Methode Hegels bediente. Man
würde sich deswegen von Hegel selbst den Vorwurf zu-
ziehen, daß man die Wahrheit wie aus der Pistole geschossen
vorbringen wolle und ihre Vermittelung an das subjektive
Denken unterlasse. Eine Anknüpfung an den gegenwärtigen
Stand des wissenschaftlichen Bewußtseins wird immer gesucht
werden müssen, sobald man von diesem verlangt, daß es sich
mit Gedankengängen vertraut mache, die ihm von Natur fremd
sind und für abgetan gelten. Wo aber ist eine solche Anknüpfung zu finden? Es gibt nur einen Punkt, an dem sie
möglich ist, nämlich das geschichtliche Verständnis, und die
Aufgabe ist, den Zusammenhang in der Entwicklung des philosophischen Denkens klarzulegen, aus dem diese oder jene
bestimmte Philosophie hervorgegangen ist. Indem man ihre
Stellung in dem Prozeß der Wissenschaft bezeichnet, schafft
man die Voraussetzung dafür, daß sie in ihrer Besonderheit
verstanden werden könne, und bereitet das subjektive Denken
dazu vor, daß es sich mit ihr selbst eingehend zu beschäftigen
vermöge. Man macht wohl auch einen andern Versuch, der
Gegenwart ältere Gestalten des philosophischen Denkens nahe-

zubringen, indem man nämlich im zeitgenössischen Denken
Analogien mit der Vergangenheit anführt und in diesen einen
Maßstab zu haben meint, an dem die Problemstellungen früherer Perioden beurteilt werden könnten. Aber dieser Weg
ist doch höchst unsicher, weil er die kaum vermeidbare Gefahr
mit sich bringt, in die älteren Gedankengebilde andersartige
Gesichtspunkte aus der modernen Denkweise hineinzutragen
und das jenen Eigentümliche dabei gar nicht zu treffen.
Dagegen kann umgekehrt die Einsicht in die geschichtliche
Bedeutung älterer Philosophien auch für das richtige Verständnis der philosophischen Bewegungen in der Gegenwart
höchst förderlich sein; denn an sich ist es immer das Schwerste,
sich in dem lebendigen Strome, von dem man selber eine
Welle ist, den freien Überblick und die Erkenntnis des Woher
und Wohin zu sichern.

So notwendig es nun aber auch sein mag, das gegenwärtige Bewußtsein zu den Formen des Bewußtseins früherer
Geschlechter durch vorbereitende geschichtliche Nachweise
hinzuführen, so entschieden muß dann auch an jenes die
Forderung gestellt werden, seinerseits sich wirklich in jene
andersartige Welt hineinzubegeben und ernstlich ihre Gedanken nachzudenken. Jeder Versuch der Vorbereitung hat
da seine Grenze, wo er den Betrachter bis an die Schwelle
der Philosophie hingeführt hat, die er kennen zu lernen aufgefordert ist. Dann muß sich der Betrachter schon entschließen, die Schwelle zu überschreiten; er muß in des Philosophen Lande gehen und sich bemühen, ihm in seinen eigentümlichen Gesichtspunkten und Ausdrucksformen auf die Spur
zu kommen. Das kann aber niemandem gelingen, der sich
nicht der Mühe unterziehen will, sich der Terminologie und
der Methode jener Philosophie zu bemächtigen, damit er
ihre Begriffe wirklich von innen heraus erfasse und ihren
Sinn sich vergegenwärtige. In dieser Rücksicht wäre der
Vorwurf unberechtigt, daß z. B. eine Darstellung des Hegelschen Systems unzweckmäßig sei, wenn sie dem modernen
Denken zumutet, sich tatsächlich mit diesem System und nicht
bloß mit Anspielungen und· Beziehungen zu beschäftigen, die
man zwischen ihm und der Anschauungsweise unserer Tage
etwa ausfindig machen könnte.

Diese Bemerkungen vorauszuschicken schien erforderlich,

weil im Folgenden der Versuch gemacht werden muß, einen dem heutigen Vorstellungskreise so fremdgewordenen Begriff zu erörtern, wie es der Hegelsche Begriff des Geistes ist. Wir haben oben kurz darzulegen versucht, wie seinerzeit alles darauf hingedrängt hat, daß dieser Begriff als das lösende Wort für das geistige Ringen des damaligen Denkergeschlechtes zur Geltung gelangte[1]). Wir können noch darauf hinweisen, daß die Entwickelung, die sich damals vollzogen hat, einen ganz ähnlichen Weg gegangen ist wie dereinst die griechische Philosophie, die von dem unpersönlichen Nus des Anaxagoras über das vernünftige, die Wahrheit begrifflich erfassende Ich des Sokrates und weiter über die im vernünftigen Organismus der übersinnlichen Realitäten lebendige Gottheit bei Plato bis zu dem sich selbst denkenden schöpferischen Geiste, dem unbewegten Beweger und ewig tätigen Gotte des Aristoteles fortgeschritten ist. Es wäre verkehrt, wollte man die einzelnen Systeme der neueren Vernunftphilosophie mit den einzelnen Gestaltungen jener griechischen Gedankenbewegung unmittelbar parallelisieren; dazu tragen sie alle bereits viel zu mannigfache Elemente aus dem Ertrage der ganzen späteren philosophischen Arbeit in sich und sind von vornherein auf eine verwickeltere und vertieftere Fassung des philosophischen Grundproblems eingestellt. Aber das kann man getrost sagen, daß Hegels Stellung in der neueren spekulativen Philosophie mit der des Aristoteles in der griechi-

---

[1]) Ganz gute Hinweise auf diese Entwicklung gibt die Abhandlung von Hans Dreyer: Der Begriff Geist in der deutschen Philosophie von Kant bis Hegel, Berlin 1907. — Übrigens seien ein paar Worte Schellings aus dem Jahre 1797 angeführt, die beweisen, wie dieser proteische Geist ganz beiläufig das Ziel jener Entwicklung schon bezeichnet hat: „Alle Handlungen des Geistes also gehen darauf, das Unendliche im Endlichen darzustellen. Das Ziel aller dieser Handlungen ist das Selbstbewußtsein, und die Geschichte dieser Handlungen ist nichts anderes als die Geschichte des Selbstbewußtseins." — „Wir werden also in der Philosophie nicht eher ruhen, bis wir den Geist zum Ziele seines Strebens, zum Selbstbewußtsein begleitet haben. Wir werden ihm von Vorstellung zu Vorstellung, von Produkt zu Produkt bis dahin folgen, wo er zuerst von allem Produkt sich losreißt, sich selbst in seinem reinen Tun ergreift und nun nichts weiter anschaut als sich selbst in seiner absoluten Tätigkeit." — Schellings sämtl. Werke I, 1, S. 382, 383.

schen Philosophie so gut wie völlig übereinstimmt. Es ist nicht bloß die äußerliche geschichtliche Ähnlichkeit vorhanden, daß beide eine folgerichtige Gedankenentwickelung zu Ende führen, die durch eine Reihe von Denkern bis zu ihnen sich gesteigert hat und dann mit ihnen plötzlich abbricht. Sondern das Wichtigere ist, daß auch innerlich das Prinzip des Hegelschen Denkens mit dem des Aristoteles tatsächlich identisch ist und bei Hegel nur entsprechend der zwischen beiden liegenden Fortbildung der allgemeinen Geisteskultur in einer umfassenderen und allseitigeren Durchführung auftritt. Wie stark die griechische Philosophie von Anfang an auf die gedankliche Schulung Hegels eingewirkt hat, lehrt jeder Blick in seine ersten wissenschaftlichen Entwürfe; während er aber lange Zeit sich wesentlich nur von Plato beeinflußt zeigt, macht für die Aufhellung seines Bewußtseins über sein eigenes Denken die Bekanntschaft mit Aristoteles Epoche. Er findet im Anschluß an Aristoteles sowohl seine Terminologie wie seine Methoden; Aristoteles wird ihm die Brücke zwischen der Welt seiner Ideale und der Notwendigkeit ihrer Ausbildung zum System. Indem er auf Aristoteles zurückgeht, kann er über Fichte und Schelling abschließend vorwärtsgehen. Das Prinzip, das ihnen rein auszugestalten nicht gelungen war, und das er in lebendiger Überzeugung schon zu seiner philosophischen Arbeit mitgebracht hatte, half Aristoteles ihm in methodischer Klarheit zum Begriff entfalten.

Die letzte Ursache oder der oberste Zweck, aus dem alles Unterschiedene hervorgeht und worin es deshalb auch irgendwie als vernünftige Bestimmung vorhanden ist, wird von Aristoteles als der Geist bestimmt, der Selbstbewußtsein, reine Tätigkeit, lebendige Wirksamkeit ist. Darin stimmt Hegel gänzlich mit ihm überein und vermag dadurch dem Bewußtsein seiner Zeit auf den ihm notwendigen Standpunkt zu verhelfen. Er weist ihm nach, daß nur dieser Begriff des Geistes es ermöglicht, das Absolute, um dessen Erkenntnis es sich müht, nach seiner Wahrheit zu erfassen. Wohl darf man nicht übersehen, wieviel schärfer der Gegensatz, der jetzt in dieser höchsten Einheit versöhnt werden soll, in dem neuzeitlichen Denken herausgearbeitet ist als bei den Griechen. Für sie war zwar auch seit dem Auftreten der Sophisten die Frage

nach dem Verhältnis von Subjekt und Objekt aufgetaucht;
aber sie war doch nicht das alles absorbierende Hauptproblem
geworden und blieb unter die Frage befaßt, die dem gegenständlichen Empfinden des antiken Geistes am nächsten lag,
die Frage nach dem Verhältnis der Vielheit zum Einen, des
Akzidentiellen zur Substanz, des Werdens oder der Bewegung
zu ihrem Grunde und Zwecke. Die Verzweiflung an dem Erkennen oder an seinem Gegenstande, die Zerreißung des einheitlichen Weltbildes, dem das Subjekt sich doch selber zu-
gehörig wußte, in zwei sich voneinander schroff absondernde
Welten der Äußerlichkeit und der Bewußtheit konnte erst
eintreten, nachdem sich im Christentum die einzelne Persönlichkeit in ihrer unendlichen Freiheit erfaßt hatte und den
ganzen Umfang ihrer Bestimmtheiten zu negieren fähig geworden war. Daß der Platonismus einen Vorläufer dazu bildet,
braucht man nicht zu leugnen; daß ihn von dem subjektiven
Idealismus der neueren Zeit so ziemlich alles trennt und
nicht die Entgegensetzung von Sein und Bewußtsein, sondern die Abstufung verschiedener Grade und Sphären des Seins
ihm die Möglichkeit gibt, in der Idee die Wirklichkeit schlechthin aufzuzeigen, sollte man freilich ebenso sicher einsehen
können. Es war dem Denken der Neuzeit vorbehalten, das
Erkenntnisproblem in diesen einen Knoten zusammenzuziehen,
daß Subjektivität und Objektivität einander als die zwei getrennten Pole in dem Bewußtsein entgegentraten, während
dieses in sich selbst den Einheitspunkt, der sie beide in sich
faßte, noch nicht entdeckt hatte. Erst dadurch war der denkende Geist in die letzte Tiefe des Zweifels und zugleich vor
die oberste Stufe seiner unbedingten Freiheit geführt worden.
Die Frage nach dem Absoluten, in dem Natur und Geist eins
seien, war darum durch die Kantische Philosophie die Ge-
wissensfrage der Menschheit geworden. Indem Hegel von
früh an erklärt, daß „der Geist höher ist als die Natur"[1]), und
diese als eine Manifestation des Geistes erkennt, gibt er dem
vernünftigen Selbstbewußtsein sein gutes Gewissen zurück;
er löst den Bann von der entgötterten Welt und macht die
ewige Versöhnung des Geistes mit dem Dasein offenbar, das
des Geistes eigenes Werk und Werden ist.

---

[1]) Phil. Bibl. Bd. 44, S. 392.

b) Der Begriff des Geistes und seine Bestimmungen.

Dieser Geist, der, indem er denkt, zugleich produziert, der, indem er seinen eigenen Inhalt betrachtet, alles Seiende zu seinem Objekte macht, so daß er das Denken wie das Gedachte in sich trägt und Denken und Sein in ihm identisch sind, darf nicht bloß als schöpferisch, er muß als selbstschöpferisch gefaßt werden, als die causa sui, die nicht einen unbewußten Grund ihrer eigenen Existenz in sich hat, sondern ein bewußtes Sichselbstsetzen und Sichselbstvoraussetzen ist. Die Frage liegt nahe, wie es eigentlich möglich sei, daß ein Mensch auf einen solchen Gedanken komme, der für das heute gewöhnliche Denken nichts weiter zu sein scheint als eine mythologische Vorstellung höchst sonderbarer Art. In Wahrheit entstammt er völlig der reinen Empirie, der einzigen, die in sich selbst ihre schlechthinnige Bestätigung trägt. Denn er ist das Ergebnis der denkenden Tätigkeit des Ich, die sich auf sich selber richtet. Aristoteles sowohl wie Hegel sind durch die Analyse des Ich zu der Ausbildung ihres Begriffes vom Geiste geführt worden.

Das Ich und sein Bewußtsein war in der griechischen Philosophie einerseits durch die Sophisten, anderseits durch Sokrates, in der neueren Philosophie einerseits durch Descartes, anderseits durch den Sensualismus als das Erkenntnisprinzip erfaßt worden und hatte sich deshalb beide Male als den Träger zweier gänzlich entgegengesetzter Anschauungen erwiesen, je nachdem entweder das Bewußtsein des empirischen Ich, des wahrnehmenden Individuums, oder das des denkenden Ich, des vernünftigen Selbstbewußtseins, zum Ausgangspunkte genommen wurde. Die Richtung, die sich in der Antike mit Sokrates, in der Neuzeit mit Descartes auf den Boden des denkenden Ich stellte, mußte dann auch beide Male notwendig dazu fortschreiten, die Objektivität als ein Reich des Geistes, eine von Ideen getragene oder durch Begriffe gestaltete Welt zu erkennen und also ihren Ursprung in der Tätigkeit des Subjekts zu suchen. Dadurch vertieft sich der Begriff des Ich zu dem des schöpferischen Geistes oder des absoluten Subjekts, das für Aristoteles wie für Hegel den obersten Begriff bildet. Was aber den Fortschritt betrifft, den Hegel über Aristoteles hinaus gemacht hat, so liegt dieser darin, daß Hegel die schöpferische

Selbsttätigkeit des Geistes tiefer faßt als Aristoteles. Er bleibt
nicht dabei stehen, daß der Geist sich selbst setzt und sich
selbst erkennt und darin zugleich die Fülle des Alls produziert und als das Seine setzt, sondern er legt den Nachdruck
darauf, daß der Geist sich von sich selbst unterscheidet, und
läßt dieses Sichunterscheiden bis zum Entgegensetzen seiner
gegen sich selbst und zum Sichselbstverneinen fortgehen.
Fichte war ihm darin vorausgegangen; überhaupt aber hat
dieser Gedanke stets in der christlichen Mystik gelebt. Hegel
führt ihn begrifflich durch.

Ihm ist der Geist die „absolute Negativität". In dieser
Erkenntnis kommt der Gewinn zum Ausdruck, den das Selbstbewußtsein wesentlich durch das Christentum gemacht hat. Wir
haben schon darauf hingewiesen, daß im Christentum das Ich
sich seiner unendlichen Freiheit bewußt geworden ist und über
jede einschränkende Bestimmung hinweg sich in seiner reinen
Selbstgenügsamkeit behauptet. Es gelangt zu diesem unbedingten Selbstbewußtsein durch den inneren Prozeß seiner
geistigen Erneuerung, indem es seine natürliche Gegebenheit,
sein „Ansichsein", negiert, sich in seine gedachte Wesenheit,
sein „Fürsichsein", zurückzieht, um sich dann in seiner Wahrheit, in seinem „Anundfürsichsein" als die Totalität aller Bestimmungen und die Identität aller Unterschiede zu begreifen.
Dieser Weg, den das Ich zuerst in seiner wirklichen Geistigkeit vermittelst der religiösen Offenbarung im Glauben der
Versöhnung durch Christus zurücklegt, den dann die religiöse
Betrachtung und die theologische Spekulation in einem Reichtum von Intuitionen, Reflexionen und begrifflichen Bestimmungen unermüdlich durchzudenken und mit dem gesamten
sonstigen Erkenntnisbesitz in Einklang zu bringen bemüht ist,
wird endlich auch von dem reinen Denken selber beschritten,
das seine eigene Wahrheit in dem Begriffe der absoluten
Freiheit des selbstbewußten Geistes findet.

Die Einsicht, daß Denken und Freiheit identisch sind,
liegt bereits dem Bewußtsein der Aufklärungszeit zugrunde;
sie wird von Kant und vor allem von Fichte zum Prinzip der
wissenschaftlichen Welterkenntnis überhaupt erhoben, und es
ist Hegels Tat, daß er dies Prinzip durch den ganzen Umfang
des menschlichen Wissens durchführt. Der Geist ist dadurch
frei, daß er sich denkend sich selber als Objekt gegenüberstellt,

sich von sich ablöst, sich seinen Gegensatz erschafft, in dem
er negiert ist, und sich in diesem Gegensatze selber wieder-
findet, um alles in sich und sich in allem zu erkennen; das
ist es, was Hegel „das Selbsterkennen im absoluten Anderssein" nennt. Darum ist das Leben des Geistes nicht bloß eine
heitere Klarheit, ein freies Spiel des Olympiers im Genusse
seiner selbst, sondern eben damit zugleich auch eine ernsthafte Tätigkeit, ein zweckbewußtes Sichselbstbestimmen und
-behaupten. Diese höchste Auffassung von der Freiheit und
Universalität des Geistes sieht Hegel anschaulich ausgedrückt
und dem allgemeinen Bewußtsein einprägbar kundgemacht in
der christlichen Lehre von der Dreieinigkeit. Auf sie legt
er deshalb auch das höchste Gewicht und sieht in ihr die absolute Wahrheit der Religion erreicht. Es ist in ihr die Versöhnung des Gegensatzes vollkommen geworden, weil der
Gegensatz so nicht als das Anfängliche, nachträglich Zu-
sammenzubringende erscheint, sondern als das von und in
der ursprünglichen Einheit selbst frei Hervorgebrachte und
deshalb in ihr auch frei Versöhnte. Ebenso wird auch im
reinen Denken der Begriff des Geistes erst damit vollendet,
daß der Gegensatz in den Geist selbst verlegt und zur Tat
seiner Freiheit gemacht wird. Nur auf diese Weise kann man
dem Dualismus entgehen, der ein ursprünglich Irrationales
dem Denken, einen unbewußten Urgrund dem vernünftigen
Zusammenhange der Dinge, ein Prinzip der Finsternis und
des Bösen dem göttlichen Willen entgegen- und voraussetzt.

Der Geist, zuerst als denkendes Ich bestimmt, empfängt
eben daher, daß sein Denken die freie Tat des Sichselbst-
setzens ist, die Bestimmung, daß er, wiewohl er wesentlich
Denken ist, doch mehr ist als bloßes Denken. Er ist als
denkender Geist wesentlich Wille, und zwar der Wille, der
sich selbst will und alles andere, was er will, als Moment
seiner selbst will. Der Unterschied zwischen theoretischem
und praktischem Verhalten innerhalb des Bewußtseins ist
kein ausschließender Gegensatz. Das Ich, das sich denkend
seines Gegenstandes bemächtigt und ihn erkennend sich zu
eigen macht, erweist sich gerade dadurch als ein wollendes.
auf ein Ziel gerichtetes und für einen Zweck tätiges Ich;
wiederum erscheint das Ich, das wollend sich dem Gegenstande widmet und ihn nach sich formt, als ein denkendes.

seiner und seines Gegenstandes bewußtes Ich. In der Tätigkeit der reinen Theorie aber, die ein Denken des Denkens
ist, verschwindet der Unterschied zwischen dem theoretischen
und praktischen Verhalten überhaupt. Denn dieses freie Denken und der freie Wille, der das Wollen seiner selbst ist,
sind schlechthin identisch; es ist ein und dasselbe Setzen der
Freiheit des Selbstbewußtseins, oder es ist die lebendige Wirksamkeit, die Energie des Geistes selbst. Indem der tätige
Geist sich seine Bestimmtheit denkend erzeugt und wollend
bestätigt, ist seine Wirksamkeit vernünftiges Sichbestimmen,
Verwirklichung des Allgemeingültigen und Notwendigen. Denken und Wollen sind als theoretische und praktische Vernunft
ebendadurch eins, daß sie Vernunft sind.

Indem ferner der Geist, als denkend und wollend, wesentlich Vernunft ist, so muß wiederum gesagt werden, daß er
eben deshalb auch wieder mehr ist als bloße Vernunft. Denn er
ist tätige, sich verwirklichende Vernunft; und also ist er Idee
oder selbstbewußte Vernunft, die Persönlichkeit, die sich
selber Zweck ist und sich selbst vollendet, indem sie den ganzen
Umfang ihrer möglichen Beziehungen zu einem konkreten
System, einer gegliederten Totalität des Lebens gestaltet und
entfaltet. Es ist eine Abstraktion, die den lebendigen Begriff
ertötet, wenn man Vernunft und Wirklichkeit voneinander
geschieden hält und sie nur künstlich aufeinander zu beziehen
vermag, wenn man jene als die unpersönliche Regel, das Gesetz
oder die Form, diese als den passiven, je nachdem bildsamen
oder widerstrebenden Stoff ansieht. Das Verhalten des Ich
widerlegt diese Abstraktion beständig. Denn das Ich setzt
dadurch, daß es denkend die Wirklichkeit betrachtet, in ihr
als ihre objektive Gestalterin dieselbe Vernunft voraus, die es
subjektiv in sich tätig weiß, und es erwartet dadurch, daß
es wollend in die Wirklichkeit sich hineinbegibt, von ihr
als seinem objektiven Gegenbilde die Förderung eben der vernünftigen Zwecke, die es subjektiv in sich trägt.

Das Ich also findet seine Vernunft in dem großen Zusammenhange der Wirklichkeit wieder, die es nicht anders
denn als seine Wirklichkeit kennt. Das Denken aber führt
dieses Verhältnis auf seinen letzten Grund zurück und entdeckt
ihn in der vernünftigen Persönlichkeit, in dem Geiste, der sich
kraft seiner schöpferischen Freiheit zu seiner Welt organisiert.

In diesem Leben des Geistes tritt das Reich der Vernunft in
die Erscheinung, das ein Reich der vernünftigen Subjekte und
ihrer vernünftigen objektiven Gemeinschaft ist. Der Unterschied zwischen Form und Stoff, der bei Aristoteles noch ein
nicht ganz überwundener Zwiespalt bleibt, ist in dem Hegelschen
Begriffe des Geistes zur Einheit gebracht, weil der einzige
Stoff, der sich der Form prinzipiell entgegensetzen lassen
könnte, selbst wieder nur der Geist ist, der sich in sich be-
sondert und sich also mit seiner Form zugleich den Inhalt
gibt. Form und Inhalt aber verteilen sich weder getrennt
auf die Vernunft einer- und auf die Wirklichkeit anderseits,
noch auch innerhalb dieser beiden Seiten auf verschiedene
ihrer Bestandteile. Die Idee, die der gemeinsame Boden der
Vernünftigkeit und der Wirklichkeit ist, trägt Form und Inhalt miteinander in sich und verwirklicht sie in ihrer un-
lösbaren Einheit ebenso in der Subjektivität wie in der Objektivität. So bildet der Geist, der Denken und Wille, Vernunft und Idee zugleich ist, Anfang, Mitte und Ende, Zweck
und Mittel, Form und Inhalt aller Wirklichkeit. Die beiden
bekannten Worte aus der Phänomenologie fassen diese Erkenntnis kurz zusammen: Das Absolute ist Subjekt, und das
Selbstbewußtsein ist alle Realität. Dies ist Hegels Begriff des
Geistes.

Mit diesem Begriffe ist Hegel in die philosophische Bewegung seiner Zeit hineingetreten, und zwar hat er nicht
eher öffentlich seine Stimme erhoben, als bis er ihn sich
methodisch vollkommen klar herausgearbeitet hatte. Das hat
ihn selbstverständlich viel Zeit und große Mühe gekostet. So
wie wir eben den Begriff nach seinen verschiedenen Momenten
auseinandergesetzt haben, hat ihn sich Hegel durch fortge-
setztes Nachdenken befestigen und an allem, was in der Geschichte der Philosophie vor ihm geleistet worden war, er-
proben müssen. Aber bei alledem hat ihn bereits sein Genius
geleitet; die Intuition hat in ihm gelebt und ihn befähigt, sich
in den vielverschlungenen Pfaden der philosophischen Systematik zurechtzufinden. Die Überzeugung von der Absolutheit
des Geistes, dieser seine Persönlichkeit konstituierende Grund-
gedanke, ist der Ariadnefaden gewesen, der ihn durch das
Labyrinth der in den Jahren seines geistigen Werdens ihn
umdrängenden Probleme sicher hindurchgeführt hat. Das

Fichtesche Wort, daß es dafür, welche Philosophie man habe,
darauf ankomme, was für ein Mensch man sei, wird an Hegels
Beispiel überraschend deutlich. Es liegt hier die eigenartige
Synthese von Individualität und Allgemeingültigkeit, von Bestimmtheit und Freiheit vor, die für die geschichtliche Wirklichkeit bezeichnend ist; daß Hegel der maßgebende Geschichtsphilosoph werden mußte, liegt in seiner eigenen geschichtlichen Bestimmtheit begründet. Wir haben vorhin darauf hingewiesen, daß ihm seine Führerstellung in der Philosophie seiner Zeit darum zugefallen war, weil die ihn
beseelende Anschauung gerade das Prinzip verkörperte, zu
dem die ganze Zeit hinstrebte. Wir müssen jetzt umgekehrt
anerkennen, daß nur, weil ihm seine Zeit gerade mit diesem
Streben entgegenkam, ihn darein hineinzog, ihn dadurch in
sich selber förderte und ihn zwang, zur Klarheit über seinen
Standpunkt zu kommen, der in ihm glimmende Funke zur
Flamme entfacht und er befähigt werden konnte, seinen in-
wendigen Schatz zu dem umfassenden System auszubilden,
durch das er der große Meister des Gedankens für seine Zeit
geworden ist. Natürlich läßt sich diese Wechselwirkung zwischen Welt und Persönlichkeit, auf der alles menschliche Leben
beruht, überall wahrnehmen; da, wo geschichtliche Individuen
am Werke sind, sich in ihrer Zeit geltend zu machen, ist es
von höchstem Interesse, diese Wechselwirkung zu beobachten.
Bei Hegel aber haben wir es nun obenein mit dem Denker
zu tun, für den gerade diese Beobachtung im Mittelpunkte
seines Nachdenkens stand und der deshalb zur geschichtlichen
Persönlichkeit geworden ist, weil sich in ihm gleichsam der
Geist der Geschichte selber zum Bewußtsein gekommen ist.
Ihm ist der Begriff des Geistes an dem ursprünglichen Gefühl
für die besondere Weise aufgegangen, wie sich der Geist auf
dem Boden der geschichtlichen Wirklichkeit offenbart. Seine
Anschauung von dieser öffnet ihm den Weg zu seiner spekulativen Erfassung des gesamten Bewußtseinsinhaltes seiner
Zeit. Er sieht seine Zeit und sich selbst in dem geschichtlichen Zusammenhange des Fortschrittes des Geistes zur freien
Erfassung seiner selbst. Er ist also eine geschichtliche Persönlichkeit gleichsam in zweiter Potenz, weil es das Bewußtsein über den Geist der Geschichte selbst ist, was ihm seine
geschichtliche Bedeutung verleiht.

c) Die Entwickelung des Hegelschen Denkens zum
System des absoluten Geistes.

In den frühesten Anfängen des Hegelschen Denkens macht
sich unmißverständlich kund, wohin seine geistige Tätigkeit
zielt. Die ersten, noch aus seiner Schulzeit erhalten gebliebenen
Aufzeichnungen seiner Hand zeigen schon, was ihn innerlich
in erster Linie beschäftigt: Beobachtungen menschlicher Sitten
und Bräuche, persönlicher Eigentümlichkeiten und herrschen-
der Meinungen, Bilder von bedeutenden geschichtlichen Persönlichkeiten und großen geschichtlichen Konflikten, Fragen der
Staatsordnung und der Verfassung. Wie alles, was geistig reg-
sam war, hat er sich an Rousseau und an der großen französischen Umwälzung von 1789 begeistert; den Nachhall davon
vernehmen wir noch aus der Zeit seiner vollen Reife (S. 926).
Das Ideal der Freiheit ist ihm ins Herz geprägt geblieben,
und wenn er es, wie es dem Jüngling gemäß ist, zunächst nach
außen im Sinne der Negation veralteter und zurückgebliebener
Zustände auf politischem wie auf geistigem Gebiete geltend
machte, so brachte ihm doch schon der Verlauf der Dinge
in Frankreich eine kräftige Mahnung, die inhaltliche Freiheit
über der formellen nicht zu vergessen. Dazu half ihm um
so mehr sein Interesse für die Religion, die je mehr er zur
Selbständigkeit reift, und zwar schon in den Studentenjahren,
das zentrale Problem für sein Nachdenken wird. Und zwar
ist es höchst bezeichnenderweise nicht etwa die Sorge um
die eigene, subjektive Religiosität, den persönlichen Glauben
und die individuelle Frömmigkeit, was seinen theologischen
Studien die Richtung gibt, — das alles bleibt vielmehr wie
etwas, das für ihn der Erörterung gar nicht erst bedarf,
beiseite stehen. Sondern es handelt sich ihm um die Religion
als geschichtliche Macht, um die Erscheinung, daß der in-
wendige Glaube zur Volksreligion und äußeren Institution
wird und durch diese dann wieder in den Individuen erweckt
und gepflegt wird, und um die Frage, wie weit die Wahrheit der Religion in dieser Wirklichkeit einer statutarischen
Gemeinschaft sich ausdrücken und erhalten könne. Ohne Zweifel liegen auch dieser Problemstellung persönliche Erfahrungen
zugrunde. Hegel weiß, daß er die Gestalt seiner inneren
Überzeugung der Kirche verdankt, als deren Glied er aufge-

wachsen ist und von deren besonderen, geistlos gewordenen
Satzungen er sich doch damals abgestoßen fühlte; er sucht
nun in dem Wesen der Sache die vernünftige Notwendigkeit
aufzudecken, die zu der Bildung einer solchen, die lebendige
Wahrheit in fester äußerlicher Schale bewahrenden Institution
führt.

Dabei hält er sich von der abstrakten kritischen Besserwisserei der Verstandesaufklärung mit Bewußtsein fern und
benutzt jede Gelegenheit, die unlebendige Scheidung zwischen
Sinnlichkeit und Vernunft, zwischen Natürlichem und Geistigem entschieden abzulehnen. Es ist ganz deutlich, daß
ihm schon damals die Anschauung des alles Natürliche
schaffenden 'und mit sich selbst durchdringenden Geistes
tief im Innern ruht. Hinter all seinen scharfsinnigen Untersuchungen lebt der an Plato und dem Ideal der Antike ge-
nährte Enthusiasmus, den er besonders im Verkehr mit Hölderlin gepflegt hat. Aber die unermüdliche Sorgfalt, mit
der er jene Untersuchungen immer wieder aufnimmt, beweist,
daß er in der unklaren Wärme der Begeisterung nicht stehenbleiben konnte. Er bedurfte der verständigen Klarheit und
begründeten Sicherheit seiner Überzeugungen; die Auseinandersetzung mit der Kantischen Philosophie sollte ihm
dazu verhelfen. Durch das gründliche Studium Kants ist er in
die einzige ernsthafte intellektuelle Krise seines Lebens hinein-
geführt worden. Er stand im fünfundzwanzigsten Lebens-
jahre, als ihm, übrigens schon auf dem Wege der Vermittelung
durch die ersten Schriften Fichtes und Schellings, die epochemachende Bedeutung der kritischen Philosophie zum vollen
Bewußtsein kam und er sich genötigt sah, das, was von ihr als
unverlierbares Gut festzuhalten sei, sich anzueignen und über
das an ihr Unzureichende und im Ansatz Verfehlte vorwärts-
zukommen. Das von Mai bis Ende Juli 1795 von Hegel
niedergeschriebene „Leben Jesu" bezeichnet in seiner auffallend moralischen Fassung der Religion den Zeitpunkt der
stärksten Beeinflussung durch die Kantische Anschauungsweise.
Es ist, als habe Hegel den mächtigen Anstoß, der ihm von
dort kam, mit größter Elastizität aufgefangen, indem er seiner
Wucht so weit nachgab, wie es möglich war, wenn darüber
nicht das Gefüge seiner Überzeugungen zerreißen sollte, als
habe dann aber auch sogleich die Gegenwirkung eingesetzt

und in kräftigem Rückstoß die ihm eigene Gestalt seiner Gedankenwelt wiederhergestellt, aber nun mit vertiefter Einsicht in ihre Berechtigung und mit größerer Meisterschaft
in ihrer methodischen und dialektischen Begründung. Was
ihn vom Kritizismus unterscheidet, das ergibt sich schon
daraus, daß er an die Spitze jener Darstellung des Lebens
Jesu das Wort stellt: „die reine, aller Schranken unfähige
Vernunft ist die Gottheit selbst", und also damit anfängt,
wohin dieser am Ende alles kritischen Bemühens kaum zu
nahen sich getraut. So bleibt er in seiner geistigen Haltung
unerschüttert derselbe; weder Kant, noch Fichte oder Schelling haben in anderer Weise auf ihn wirken können, als daß
sie ihm geholfen haben, sich über seine eigene Anschauung
klarer zu werden. Besonders wichtig ist in diesem Betracht,
daß gerade in der Zeit seines Ringens mit dem Kritizismus
er Schelling bereits deswegen tadelt, daß er den Begriff der
Substanz auf das absolute Ich anwende, und ferner das Bekenntnis, das er über die Kantische Philosophie ablegt, von
deren höchster Vollendung er eine Revolution erwartet, „die
von Prinzipien ausgehen wird, die schon vorhanden sind
und nur nötig haben, allgemein bearbeitet, auf alles bisherige Wissen angewendet zu werden". Wenn er in
überlegener Sicherheit gegenüber den genialisch hingestru-
delten und reichlich unreifen brieflichen Ergüssen Schellings
hinzufügt: „immer wird freilich so eine esoterische Philosophie
bleiben, die Idee Gottes als des absoluten Ichs wird darunter
gehören"[1]), so läßt sich nicht verkennen, daß Hegel damals
schon mit seiner inneren Welt im reinen gewesen ist und ihm
nichts mehr übrig blieb, als tatsächlich seine Prinzipien, wie
er sagt, wissenschaftlich auf alles bisherige Wissen anzuwenden.

Mit dem „Leben Jesu" hatte sich Hegel den Kantianismus
gleichsam aus dem Innern hinausgeschrieben; die Gegenwirkung gegen den Kantischen Einfluß wird schon in den
unmittelbar darauf folgenden Arbeiten Hegels deutlich wahr-
nehmbar. Und zwar ist es die sich fortschreitend vertiefende
Beobachtung der geistigen Mächte, die das Leben der Völker
und ihrer führenden Persönlichkeiten bestimmen, was ihm

---

[1]) Briefe von und an Hegel, Bd. 1, S. 21; S. 15.

zu immer klarerer Einsicht in den Prozeß verhilft, durch den
der Geist sich in der Totalität der lebendigen Wirklichkeit
entfaltet und offenbart. Durch seinen Aufenthalt in Bern wird
Hegel mit Gewalt wieder auf politische Fragen gelenkt; er
lernt eine aristokratische Staatsverfassung mit allen ihren
Schäden kennen und befestigt sich unter ihrem Studium aufs
neue in den Freiheitsideen, für die er schon als Student sich
begeistert hatte. Es ist bezeichnend für die Wichtigkeit, die
der Staatsgedanke während seines ganzen Lebens für ihn gehabt hat, daß die erste Veröffentlichung, die, wenn auch ano-
nym, von seiner Hand im Druck erschienen ist, die von ihm
mit begleitenden Bemerkungen versehene Übersetzung einer
französischen Flugschrift über die Bernische Regierung gewesen ist. Er hat seitdem nicht mehr aufgehört, mit genauester
Aufmerksamkeit die Erscheinungen des Staatslebens zu ver-
folgen; zu Zeiten hat es selbst den Anschein gehabt, als habe
er mit dem Gedanken einer tätigen Anteilnahme daran, mindestens in der Stellung eines Regierungsbeamten, gespielt,
— sein Genius hat ihn zum Glück vor solchem Experiment
bewahrt, das einst für Plato so niederschmetternd ausgefallen
ist und auch Leibnizens Wirksamkeit mehr gehindert als gefördert hat. Jedenfalls hat es ein halbes Jahrzehnt gedauert,
bis Hegel seine Anschauungen über die Fragen des sittlich
religiösen Lebens soweit durchgearbeitet hatte, daß er sich der
methodischen Ausbildung seines philosophischen Systems zu-
wenden konnte. Nationalität, Religion, Staat, Gesellschaft in
ihren inneren Zusammenhängen und in ihrem geschichtlichen
Werden sind die Gegenstände, denen während jener Zeit seiner
inneren Vorbereitung seine Untersuchungen gelten. Den geschichtlichen Stoff dazu hat er sich mit außerordentlichem
Fleiße durch eine höchst ausgedehnte Lektüre gesammelt. Eine
ganze Reihe leitender Gesichtspunkte zur Bewältigung dieses
Stoffes fand er bei den Staatslehrern, Historikern und Philosophen der nächsten Vergangenheit und der eigenen Gegenwart
von Montesquieu bis Schiller und Fichte vor. Die beherrschende
Idee aber, der Begriff der zur Mannigfaltigkeit sich gliedernden tätigen Einheit, die Vorstellung des unendlichen Lebens,
das alle Endlichkeit in sich erzeugt und in sich trägt und in
das alle Endlichkeit sich zu erheben bestimmt ist, der systematisch und spekulativ durchgeführte Gedanke der Totalität,

die Subjekt und absoluter Geist ist, ist ihm nicht von außen her zugekommen; es war die mit seiner Persönlichkeit selbst gegebene Bestimmtheit seines geistigen Wesens.

Daß ihm, um diese Bestimmtheit zur vollkommen freien und logisch metaphysisch begründeten Erkenntnis zu gestalten, Aristoteles die entscheidenden Dienste getan hat, haben wir bereits erwähnt. Doch muß darauf hingewiesen werden, daß gerade für das besonders wichtige Gebiet der Geschichte, wo die Antike ihm nur wenig helfen konnte, ihm der Geist seiner Zeit und die Vorarbeit der Männer zugute kam, die diesen Geist zum wissenschaftlichen Bewußtsein über sich selbst zu erheben tätig waren. Es läßt sich gar nicht verkennen, daß Hegel eben das, was Kant erstmalig angeregt hat und was sich bei diesem nur als unerfüllte Tendenz zeigt, zur Durchführung und zum Abschluß bringt. Ganz abgesehen von der allgemeinen Absicht der Kantischen Philosophie, von dem Unternehmen, den ganzen Zusammenhang der Objektivität als einen Organismus der Vernunft zu erkennen, die selber die autonome und schöpferische Subjektivität ist, tritt die Übereinstimmung Hegels mit Kant gerade in dem besonderen Streben hervor, das uns hier zu beschäftigen hat, in der Ableitung der geschichtlichen Wirklichkeit aus dem Grundbegriffe der schöpferischen Vernunft. So unfertig auch Kants Ideen über die Geschichte und ihr Ziel sein mögen, so sehr er im politischen Denken an den Abstraktionen der Rousseauschen Staatslehre haften geblieben ist und an den aufklärerischen Einbildungen von Republikanismus und Völkerfrieden gehangen hat, die entscheidenden Punkte für ein vertieftes Verständnis der geschichtlchen Probleme hat doch er schon angegeben. Recht, Staat und Religion hat er als Schöpfungen der Vernunft, deren Grundbestimmung die Freiheit ist, aufzufassen gelehrt. Und wenn er soweit an seinen subjektivistischen Ausgangspunkt gebunden bleibt, daß er dem Zweckgedanken in der natürlichen Welt nur eine hypothetische Gültigkeit für unser Urteil zubilligt, das so verfährt, als ob in den Naturursachen geistige Zwecke wirksam und gestaltend wären, so hat er es doch tatsächlich mit diesem Gedanken sehr ernst gemeint und durch seinen Hinweis auf die Weisheit der Natur, die gegeneinanderstrebende Absichten zu einem über ihnen liegenden Zwecke verknüpfe, den Hegelschen Begriff von der „List

der Vernunft" schon deutlich vorausbezeichnet. Die bei ihm
noch unüberwundene dualistische Schranke hat Schiller durch
den Begriff der Freiheit, die zur „zweiten Natur" wird, und
durch die damit gewonnene Einheit des Ästhetischen und
Ethischen zum Teil beseitigt; er hat mit seiner Anschauung des
Staates als einer Gemeinschaft des sittlichen Lebens, in der
sich die Erziehung des Einzelnen zur sittlichen Persönlichkeit
vollzieht, und durch die Erkenntnis der notwendig einander
folgenden Kulturstufen der unbefangenen Einheit, der bis zur
Selbstentfremdung und Selbstzerstörung sich steigernden Differenz und Entzweiung, und des auf höherer Stufe sich erneuernden und vernünftig organisierenden Gesamtgeistes die
dialektische Bewegung im Geschichtsverlaufe enthüllt, nach
der dann auch Fichte seine Epochen der Weltgeschichte konstruiert hat. In alledem hat Hegel Hilfsmittel für die umfassende Ausbildung seiner Gedanken zur Hand gehabt. Ihm
war es leichter geworden als Kant, der erst noch mit dem
Dogmatismus der Naturalisten wie der Ontologen aufräumen,
Newton und Wolf ebenso wie Hume überwinden mußte und deshalb selbst noch wesentlich innerhalb des Gesichtskreises
stehen blieb, den die von jenen aufgeworfenen Probleme um-
steckten. Das alles lag für Hegel, als er wissenschaftlich zu
arbeiten anfing, bereits als abgetan beiseite.

Daß für das philosophische Erkennen in der Neuzeit kein
anderer Ausgangspunkt möglich ist als das erkennende Subjekt, das ergibt sich aus der Bewußtseinsstufe, die der Geist
seit der Reformation erreicht hat. Die Aufgabe nun, vor die
sich das Erkennen von diesem Ausgangspunkte aus gestellt
sieht, ist die, von der Abstraktion der reinen Subjektivität zu
der konkreten Einheit vorzudringen, die der Grund des Subjektiven und des Objektiven ist. Von Kant und seinen Nach-
folgern ist diese Aufgabe bewußt in Angriff genommen worden, und zweifellos hat ihnen allen die wahre Idee des
Absoluten vorgeschwebt, auch wo sie nicht imstande waren,
sie begrifflich zu fassen. Schiller war ihr ganz nahe,
ohne sich genauer mit ihrer erkenntnistheoretischen und
metaphysischen Erörterung einzulassen; bei Fichte und Schelling reichen die Konzeptionen, die sie im einzelnen entwickeln, beträchtlich weiter, als es methodisch mit ihren
obersten Prinzipien sich wirklich verträgt. Methodisch näm-

lich erscheint bei ihnen das Absolute immer erst als das
Resultat und deshalb bleibt es vielmehr von der Subjektivität
abhängig und nicht absolut. Erst der Begriff des absoluten
Geistes, mit dem Hegel an die Aufgabe der Erkenntnis herantritt, ermöglicht es, den Fortgang von dem erkennenden zum
absoluten Subjekte als dem Rückgang von dem Momente zu
seiner Totalität und das Absolute als den sich selbst erzeugenden Geist, als die causa sui und die causa finalis zugleich
zu erfassen. Dieser in allem Wechsel beharrende ruhige Geist,
der zugleich die durch alles Werden hindurchwirkende En-
telechie ist, die Persönlichkeit, die in sich auch ihr Anderes
setzt und erkennt, entfaltet und in sich zurücknimmt, ohne
den Unterschied zu beseitigen, der allein die Identität ermöglicht, ist die lebendige Einheit der Welt des Seins und der
Welt des Denkens und der Begriff, in dem das System der
Wirklichkeit sich zu einem System der Denkbestimmungen
entfaltet; Schöpfung, Offenbarung und Versöhnung sind sein
einheitliches Tun, und die Geschichte ist das Zeugnis seiner
Herrlichkeit.

3. Der Glaube der Menschheit und der Begriff der Philosophie.

a) Der ursprüngliche Glaube.

Durch seinen Begriff des absoluten Geistes erreicht Hegel
in der Weise, die seiner Zeit angemessen war, die Versöhnung von Denken und Sein. Zunächst hat sich ausschließlich
in dem Reiche des Gedankens selbst damit ein Fortschritt
vollzogen; es ist ein Vorgang, der sich innerhalb des ab-
gesonderten Bezirkes der Philosophie zuträgt. Nun aber wird
doch in der Philosophie das vernünftige Selbstbewußtsein sich
über seine eigene Wahrheit klar, und so ist schon von
vornherein anzunehmen, daß die durch das reine Denken gewonnene Erkenntnis mit der Wahrheit zusammenstimmen wird,
die den menschlichen Geist von jeher bei seiner praktischen
Bewährung in der Welt geleitet und sich in den geschichtlichen Organisationen des sittlichen Bewußtseins verkörpert

hat. In der Tat bedeutet das Hegelsche Prinzip mehr als
die Versöhnung von Sein und Denken in ideeller Form und
in der Sphäre des begrifflichen Erkennens. Es ist zugleich
die in · der Realität vollzogene Versöhnung, indem es in
der Philosophie als obersten Begriff den Gedanken zur
Herrschaft bringt, der als unmittelbare Gewißheit in dem
Bewußtsein der Menschheit lebt und ihr Verhältnis zu der
übersinnlichen Welt immer bestimmt hat. Auch in dieser
Hinsicht bringt übrigens. Hegel nur die Vollendung dessen,
was seit Kant das philosophische Denken angestrebt hat.
Statt der kurzsichtigen Kritik, mit der die Aufklärung die
natürliche oder die Vernunftreligion an die Stelle der geschichtlich überlieferten und durch die Jahrhunderte geistig
erarbeiteten Religion hatte setzen wollen, tritt seit Kant die
Bemühung auf, diese wirkliche Religion mit dem vernünftigen
Denken zusammenzubringen, sie selbst in ihrer Vernünftigkeit
zu begreifen und den Einklang der philosophischen Erkenntnis mit dem rechtverstandenen religiösen Glauben nachzuweisen, eine Bemühung, die besonders bei Fichte zu wahrhaft rührendem Ausdrucke kommt. Indessen blieb es bis zu
Hegel im wesentlichen bei der guten Absicht; die philosophische Idee hatte sich in sich noch nicht zur vollen Versöhnung ihrer Momente hindurchgearbeitet und war darum
auch noch nicht imstande, sich in die Identität mit der realen
Idee zu setzen.

Es zeigt sich also, daß mit dem Hegelschen Begriffe
des Geistes das wissenschaftliche Denken in der Überzeugung
einmündet, von der die Menschheit ursprünglich kraft ihrer
geistigen Natur getragen wird und der das unbefangene Bewußtsein in allen Hervorbringungen der Phantasie, der praktischen Tätigkeit und der sinnenden Betrachtung von je an
lebendigen Ausdruck gegeben hat. Das Leben der Menschheit ist jederzeit, man mag zurückdenken, so weit man will,
ein irgendwie vernünftiges, ein Leben der Kultur gewesen;
denn weil der Mensch eben im Unterschiede vom Tier ein
vernünftiges Wesen ist, so haben auch seine frühesten Anfänge vernünftig sein müssen. Das Unterfangen freilich, den
Anfangspunkt der menschlichen Kultur aufzufinden, wird stets
undurchführbar bleiben, weil im Begriffe des Anfangs die
logische Unmöglichkeit gegeben ist, ihn empirisch festzu-

stellen. Ob die Zustände menschlicher Zurückgebliebenheit,
die man heut als die geschichtlich ersten anzusehen geneigt
ist, Zustände, wie man sie bei den sogenannten „primitiven"
Menschen in fremden Weltteilen gegenwärtig findet oder aus
den sehr vieldeutigen Ergebnissen vorgeschichtlicher Funde
unsicher genug erschließen möchte, tatsächlich als die
Anfangsstadien alles menschlichen Daseins auf Erden dürfen
angesehen werden oder ob man in ihnen nicht vielmehr
Rückbildungen und Verfallsprodukte zu erblicken habe, wird
sich schwer entscheiden lassen. Hier dürfen wir diese Frage
getrost offen lassen, weil es für die begriffliche Betrachtung
nicht auf die zeitliche Reihenfolge, sondern auf die Abstufung nach dem Grade der erreichten Kulturhöhe ankommt.
Und da kann man als die begrifflich niedrigste Stufe wohl
die Zustände jener primitiven Menschen anerkennen. Um so
wichtiger ist es nun, daß alle diejenigen Erscheinungen, in
denen man die Merkmale der primitiven Kultur, die rohesten
Anzeichen menschlicher Geistestätigkeit erblicken möchte, Zeugen für das in den Menschen lebende Bewußtsein der Geistigkeit aller Dinge sind. Schrei, Tanz und Gesang, Werkzeug,
Waffe, Gerät, Holzpflock oder Steinmal, Ritz- oder Schnitz-
bild, Märchen oder Mythos, Familie, Stamm oder Horde, Tote-
mismus, Animismus, Fetischismus oder was man sonst unter die
Anfänge der menschlichen Kultur rechnen möge, auf eines
weisen sie alle gleichmäßig hin. Fragt man nämlich nach
ihrem Ursprung, ihrer Bedeutung, der Art, wie der Mensch
selber sich zu ihnen verhält, immer zeigt es sich, daß der
sogenannte Naturmensch nichts von einer toten, mechanischen
Äußerlichkeit weiß, sondern in allem, was ihn umgibt, ein
inneres Leben, eine geistartige Macht voraussetzt und in einem
naiven Bewußtsein der Identität von Natur und Geist lebt.

Gewöhnlich glaubt man, dieses Verhalten vermittelst der
psychologischen Methode verständlich machen zu können.
Diese aber führt auf diesem Gebiete nicht im mindesten weiter
als auf irgendeinem andern Felde der Beobachtung. Sie gibt
Beschreibungen, aber keine begründete Erklärung. Und da sie
Vorgänge zu beschreiben unternimmt, die jenseits der gegenwärtigen Wahrnehmung liegen, so sind ihre Beschreibungen
nicht einmal so viel wert wie das, was man Naturbeschreibung
nennt und was, wenn es auch das Woher und das Wozu

nicht aufzuklären vermag, doch den Gegenstand selbst in der
Mannigfaltigkeit und dem Zusammenhange seiner einzelnen
Bestimmungen kennen zu lernen hilft. Die psychologische
Beschreibung ist immer nur die hypothetische Darstellung
eines hypothetischen Zusammenhanges. Wenn die Psychologie
sich zutraut, aus ihren eigenen Mitteln die Erkenntnis ihres
Gegenstandes zu gewinnen, dann müßte sie gerade das erklären, was sie, ohne es selbst zu merken, bei ihrem Vor-
gehen immer bereits voraussetzt. Alle Beschreibungen nämlich davon, wie das Bewußtsein zu den Vorstellungen kommt,
die es in sich erzeugt oder vorfindet, haben überhaupt einen
Sinn nur unter der Voraussetzung der Vernünftigkeit des Bewußtseins, der Allgemeingültigkeit und Notwendigkeit seiner
Operationen; sonst fehlt für die psychologische Herleitung der
Bewußtseinstätigkeit jede Möglichkeit, zwischen Irrsinn und nor-
malem Verhalten zu unterscheiden. Die Wirklichkeit der Vernunft also liegt für die Psychologen als ein ununtersuchtes und
unbegriffenes Faktum, ein ihnen selbst verborgenes Fundament
allen ihren Untersuchungen voraus und außerhalb ihres Gegenstandes; soweit es ihnen gelingt, ihn vernünftig aufzufassen, so
ist das ein Zufall, den sie nicht ihrer Methode, sondern dem
zwingenden Zusammenhange der Dinge selber verdanken, die in
sich vernünftig sind. Daß allgemein in der Menschheit gewisse gleiche Vorstellungen herrschen, will man dadurch erklären, daß man sich das Bild eines hypothetischen Individuums
macht und nun zu beschreiben versucht, unter der Einwirkung welcher Ursachen jene Vorstellungen in diesem Individuum entstehen. Eine solche abstrakte Fiktion kann unter Umständen dazu nützlich sein, die gedanklichen Beziehungen
anschaulich zu machen, die dem betreffenden Vorstellungskreise zugrunde liegen. Aber sachlich diese gedanklichen
Beziehungen zu begründen, ist sie ganz unfähig. Denn dafür wäre unbedingtes Erfordernis der Nachweis des Nicht-
individuellen jener gedanklichen Beziehungen. Das, was die
Vorstellungen, deren Entstehung man beschreiben möchte,
zu herrschenden, allgemeingültigen, aus der vernünftigen Natur des Menschen erfolgenden macht, müßte aufgezeigt werden. Und diese begriffliche Notwendigkeit ist nun gerade
das, was durch keine psychologische Konstruktion erwiesen
werden kann. Ob man sich ein singuläres menschliches Subjekt

als das Individuum fingiert, aus dessen psychischer Tätigkeit
auf Grund von allerlei Anstößen äußerlicher Natur die Entstehung des menschlichen Geisteslebens erklärt werden soll,
oder ob man sich die Einheit einer Horde, eines Stammes, eines
Volkes zu einem solchen Individuum abstrahiert, macht keinen
Unterschied. Der erste Irrtum bleibt immer bestehen: man will
den Inhalt des menschlichen Bewußtseins abgesehen von der
Grundlage der geistigen Allgemeinheit entwickeln und sieht
nicht, daß die ganze psychologische Methode einen Sinn nur
hat unter der Bedingung der inneren Vernünftigkeit der Vorstellungswelt, deren Ausbildung im zufälligen Individuum man
vermittelst des Nachweises äußerlicher Verursachung zu beschreiben unternimmt.

Mehr als eine solche Beschreibung läßt sich denn auch
in dem Versuche nicht erkennen, die Tatsache psychologisch
zu erklären, daß dem ursprünglichen Bewußtsein alles Natürliche für ein geistig Lebendiges gilt. Man begründet sie
damit, daß der Mensch, weil er in sich als Ursache seiner
Bewegungen und Handlungen eine innere Lebendigkeit wahr-
nehme, nun auch die Bewegungen in der ihn umgebenden
Welt und die Einwirkungen, die er von dieser erfährt, auf
ein in den Dingen wohnendes Leben, auf eine Beseeltheit
der seine Welt ausmachenden Gegenstände zurückführe und
dadurch zu der Vorstellung von Geistern und schließlich vom
Geiste komme. Eine solche Erklärung muß dem reflektieren-
den Verstande, der gewöhnt ist, sich an sinnliche Wahrneh-
mungen zu halten und an dieser Krücke sich weiterzuhelfen,
natürlich sehr plausibel vorkommen. Er übersieht dabei nur
die Hauptsache, nämlich daß jene ihm so einleuchtend erscheinende Denkoperation des primitiven Menschen eigentlich
doch etwas sehr Erstaunliches ist und zu ihrer Erklärung einer
ganzen Menge von Voraussetzungen bedarf, über die sich der
Verstand gar nicht klar ist. Wie ist es denn möglich, daß der
Mensch so verfährt, wie es die Psychologie sich vorstellt?
Dazu ist erstens erforderlich, daß der Mensch ein Bewußtsein
seiner selbst habe, kraft dessen er seine Innerlichkeit von
seiner sichtbaren Natürlichkeit unterscheidet[1]), zweitens, daß

---

[1]) Wenn man dieses Selbstbewußtsein aus der Beobachtung der
Vorgänge des Schlafes, Traumes, Todes herleiten will, so begeht

er in diesem Bewußtsein die Kategorie der Ursache besitze
und ihm also die Fähigkeit verliehen sei, zwischen seinen
einzelnen Inhalten einen vernünftigen Zusammenhang herzu-
stellen, und drittens, daß er von seiner Welt ohne weiteres
annehme, sie habe denselben vernünftigen Zusammenhang von
Ursache und Wirkung, den er für die Vorgänge in seinem
Innern aufstellt. Alle diese Voraussetzungen aber für den
Prozeß der Vorstellungsbildung wären gänzlich sinnlos und
unerklärlich, wenn das Bewußtsein selber nur ein zufälliges
Vorkommnis innerhalb einer aus irgendwie materiellen Elementen zustandegekommenen Natur wäre. Im Gegenteil,
gerade der Hypothese solch einer Natur gegenüber erweisen
jene Voraussetzungen sich als das unentbehrliche Prius; denn
diese Hypothese ist ja nirgend anders zu finden und in
nichts anderm begründet als in gewissen Vorstellungs-
reihen des denkenden Subjekts, das sich eine derartige von
ihm unabhängige Natur konstruiert, die eben deswegen gar
nicht von ihm unabhängig sein kann. So wird man es wohl
als eine unbezweifelbare Tatsache müssen bestehen lassen,
daß nicht eine irgendwie gestaltete oder ungestaltete geist-
lose Äußerlichkeit, ein irrationales Etwas, ein qualitätsloses
Ding an sich dem Selbstbewußtsein vorausliegt und es zu
Versuchen nötigt, sich ihm anzupassen oder es sich nach
seinen absonderlichen Anlagen umzudichten, sondern daß
im Gegenteil der Geist das Ursprüngliche ist, daß er aller
Gegenständlichkeit vorausliegt und daß deshalb das Selbstbewußtsein völlig im Rechte ist, in dieser, wo und wie sie
ihm entgegentritt, immer sich selbst und die Bestimmungen
seiner ihm eingeborenen Vernunft wiederzufinden.

Sobald deshalb überhaupt von dem Erwachen geistigen
Lebens, von dem Tätigwerden des vernünftigen Selbstbewußtseins in der Menschheit die Rede ist, wird man immer, auch
auf der niedrigsten Kulturstufe, auf den Geist treffen, der
sich den Körper baut und der Schöpfer eben der gesamten
Äußerlichkeit ist, in der er lebt. Darum ist es keineswegs
nur eine Verirrung des ungebildeten und rohen Denkvermögens,

---

man eine petitio principii; denn um aus diesen Vorgängen auf das
Bestehen eines Innerlichen, eines Selbst zu schließen, muß das Bewußtsein den Begriff davon schon in sich haben.

wenn den primitiven Menschen alle Dinge, die ihre Aufmerksamkeit wecken, als beseelt und begeistet erscheinen. In der unvollkommensten Weise tritt darin dieselbe Beziehung des Bewußtseins zu seinem Inhalte zutage, die alles Wissen, alles Handeln, alles Bilden bestimmt und die schließlich in dem methodischen Denken des Denkens sich selbst zur vollen Klarheit erhebt, jenes oben schon genannte Selbsterkennen im Anderssein. Was seine Anfänge so unreif und unbeholfen macht, ist der Umstand, daß sich das Selbst anfangs darum noch nicht über sich klar ist, weil in ihm sich das Bewußtsein der Differenz noch nicht bestimmt entwickelt hat. Das Selbst empfindet sich nicht im absoluten Gegensatze zu seinem Andern; weder das Ich noch sein Gegenstand sind schon als etwas, das für sich wäre, bestimmt. Sie sind noch nicht als Extreme auseinander und sich gegenüber getreten, und das Bewußtsein befindet sich noch in der ursprünglichen Anschauung des Ansichseins, daß nämlich an sich das Geistige das Natürliche und das Natürliche das Geistige ist. Weil so in dem Selbstbewußtsein der Geist noch nicht zur klaren Selbstunterscheidung von der Natur gekommen ist, so gehen ihm Natürliches und Geistiges in unmittelbarer Vermischung und dumpfer Unbewußtheit wechselseitig ineinander über. Diese formale Dürftigkeit in der Erscheinung des Prinzips darf uns aber den Blick für seine Wahrheit nicht trüben, die auch in jenen ersten Versuchen des Geistes, sich selbst und seinen Inhalt zu definieren, enthalten ist. Vollends soll man nicht meinen, man habe jene Wahrheit damit erledigt, daß man psychologisch einen Weg ausdenkt, wie die Menschen auf sie haben verfallen können.

b) Die Entwickelung des Glaubens.

Die Sphäre, innerhalb deren der Mensch das Bewußtsein seines Wesens und seiner Bestimmung am klarsten ausprägt oder sein Verhältnis zum Absoluten in absoluter Form darstellt, ist die Religion. Auf dem Boden der Religion treten deshalb auch am deutlichsten die verschiedenen Standpunkte hervor, durch die sich der Geist zu dem höchsten Standpunkte der ewigen Versöhnung hat emporarbeiten müssen. Der Fortschritt kennzeichnet sich als ein von dem ursprünglichen

Gefühle der ansichseienden Identität ausgehendes, immer stärkeres Bewußtwerden der Differenz, deren Versöhnung dann immer tiefer gegründet wird, bis es in dem christlichen Offenbarungsbegriffe zu der Wiederherstellung der reinen Identität kommt, die in sich selbst die Differenz erzeugt und aufhebt. Für den Menschen auf der tiefsten Bildungsstufe ist, wie wir schon hervorgehoben haben, überall Geist, und Geist ist ihm der allgemeine Inhalt alles Menschlichen. Die platteste Dingheit, ein Stein, ein Knochen, ein Strohwisch, eine Stange, ist ihm nicht dies äußerliche Ding, sondern der Sitz einer geistigen Macht. Im Tiere wohnt ein Geist, wohl gar derselbe, der auch im Menschen wohnt, und der Zauberer, der Schamane, macht sich zur Behausung eines Geistes, zum lebendigen Fetisch. Die Funktionen der menschlichen Natürlichkeit sind ebenso wie die Begebenheiten des äußeren Naturverlaufs und die Ereignisse des Menschenlebens Kundgebungen von allerlei Geistwesen. Die sozialen Ordnungen, die Erlebnisse einer Gesamtheit stellen die Wirkungen von Geistern dar und sind an die Gegenwart von Geistern gebunden. Es ist sehr leicht, sich über diese Vorstellungsweise äußerst erhaben zu fühlen; der Umstand, daß sie nicht bloß jahrtausendelang große Teile der Erde beherrscht hat, sondern mitten in der Welt unserer christlichen Kultur in den mannigfachsten Formen des Aberglaubens unüberwindlich fortbesteht, spricht nicht dafür, daß sie einfach als Unsinn abgetan werden könne. Das geht um so weniger an, als tatsächlich der Begriff der Identität schon diesem seltsamen Vorstellungskreise zugrunde liegt und die weitere Entwickelung des vernünftigen Selbstbewußtseins auf der Grundlage dieses Begriffes als eine allmähliche Aufhellung der ursprünglichen unklaren Vorstellungen vor sich geht.

Ob in der Anschauung einer unbegrenzten Zufälligkeit partikulärer Geistwesen wirklich auch geschichtlich die erste Stufe der geistigen Kultur der Menschheit anzunehmen sei, mag, wie gesagt, fraglich bleiben. Es ist nicht unwahrscheinlich, daß sie vielmehr eine Form der Entartung desjenigen Standpunktes darstellt, auf dem vielleicht die frühesten Kulturen sich aufgebaut haben, des Pantheismus einer geistigen Substanz, der Vorstellung des einen Lebendigen, an dem alles Einzelne nur als Akzidenz auftritt. Indem dies eine Lebendige sinnlich angeschaut wird als Himmel, Sonne, Mond oder dergleichen, wird alles andere mit ihm in diese Verbindung gesetzt, seine akzidentielle Modifikation zu sein, und es entsteht jene Unendlichkeit von Geistwesen, die doch keine Selbständigkeit haben und in der Natur wie im menschlichen Individuum eigentlich nur immer wieder dieselbe eine geistige Substanz bilden. Daß von hier aus, sobald der Mensch als sinnliche Einzelheit sich in sich selbst versteift und also eine sittliche Depravation des Bewußtseins eintritt, die Entwickelung zu dem Verschwinden des Gedankens der einheitlichen göttlichen Substanz und zu dem Freiwerden der regellosen Vielheit von Geistern und Gespenstern hinabführen mußte, dürfte keine ganz unangemessene Vermutung sein. Anderseits mußte die Entwickelung aufwärts gehen, sobald sich das sittliche Bewußtsein des Subjekts in dem Gefühle der vernünftigen Ordnung des menschlichen Zusammenlebens verstärkte. Indem sich das Subjekt als Glied innerhalb einer durch bleibende Regeln sich erhaltenden Mannigfaltigkeit empfindet, das in seinem eignen Denken und Handeln an vernünftige Grundsätze gebunden ist, gestaltet sich ihm auch seine Welt zu einem in gesonderte Massen sich gliedernden Ganzen. Der Geist wird sich zum Ordner dieser Welt und sieht in ihr ordnende geistige Mächte walten. Nicht mehr das natürliche zufällige Ding, sondern die Elemente des Weltbaus, der Himmel und die Himmelskörper, die Atmosphäre und ihre Erscheinungen, Land und Meer und deren formgebende dauernde Gebilde, der stets sich gleichbleibende Kreislauf des Naturlebens werden jetzt die Gegenstände, in denen der Mensch das Göttliche erscheinen sieht. Hier ist dann der mythenbildenden Phantasie der Tummelplatz geöffnet, die das Leben in dem Weltall mit dem Leben der einzelnen Völker und Menschen verknüpft. Was sich am Himmel zuträgt, was auf Erden im Jahreslaufe die Natur an Veränderungen zeigt, das wird nach der Analogie menschlicher Verhältnisse gedeutet; Haß und Liebe, Kampf und Sieg, Leben und Sterben sind die durchgängigen Bestimmungen, und an dem aus aller Veränderung sich immer wieder herstellenden Leben des Ganzen gewinnt das Selbstbewußtsein das Unterpfand für die Fortdauer der Seele und die Unsterblichkeit des Ich. Ebenso wird das Geschick der Erdbewohner in den Bewegungen des Himmels vorgebildet gesehen, und alles, was sich auf Erden zuträgt, ist durch

die Verhältnisse in den himmlischen Regionen bestimmt. An
dieser Stelle setzt die Spekulation über die Aufeinanderfolge
der Weltzeiten ein, die ersten Anfänge des Nachdenkens über
die Geschichte.

Über diesen Standpunkt der reinen Naturreligion geht
es weiter zu dem der vergeistigten Naturanschauung. Der
Geist, der zum Begriffe der Ordnung und Vernunft vor-
dringt, wird sich der Oberherrschaft des Geistigen über das
Natürliche fortschreitend deutlicher bewußt. Wie das Leben
in der staatlichen Gemeinschaft, so wird das Leben der
Welt im ganzen ihm zu einem geistigen System, einem
Kosmos, der sinn- und zweckvoll von göttlichen Mäch-
ten gehütet und verwaltet wird. Die Götter werden zu Re-
präsentanten geistiger Eigenschaften, sittlicher Verhältnisse,
geschichtlicher Institutionen. Hier tritt die Spekulation über
die Reihenfolge der Aeonen und die zwischen ihnen liegenden
Weltkatastrophen zurück vor der geistig belebten Wirklichkeit
des politischen Schaffens; während der Mythos zum poetischen
Spiele gestaltet wird, erwacht der Sinn und das Verständnis
für die Tatsächlichkeit des geschichtlichen Lebens und für
seinen verwickelten, aber zweckvollen Zusammenhang im einzelnen. Die Geschichtschreibung schafft ihre ersten großen
Meisterwerke. Nur für einen, das gesamte geschichtliche Werden beherrschenden allgemeinen Zweck kann das Auge noch
nicht geöffnet sein, das tiefer als bis zur Anschauung einer
natürlichen Harmonie von Wesen und Erscheinung, einer in
sich abgerundeten Welt der mit der Notwendigkeit an sich
zusammenstimmenden Freiheit nicht hat blicken können.

Erst mußte sich das Selbstbewußtsein zu der klaren Unterscheidung seiner selbst als des freien Wesens gegenüber aller
natürlichen Bestimmtheit erhoben haben, ehe sich ihm der
Sinn der Geschichte vollkommen erschließen konnte. Diese
Unterscheidung aber mußte es sich auf dem Wege der
schmerzlichsten Erfahrung erwerben; es mußte die Differenz,
von der es selbst in seiner Tiefe zerrissen wurde, den Zwiespalt zwischen Gut und Böse, als das entscheidende Moment
seiner Existenz empfinden. Dieser Dualismus des sittlichen
Bewußtseins mußte alle Naturreligion sprengen. War die sittliche Kultur der Menschheit so weit gediehen, daß er in aller
Schärfe sich dem Gemüt aufdrängte, so wurde die Welt ebenso

wie das Innere des Menschen zum Kampfplatze zwischen dem guten und dem bösen Prinzip. Die Naturreligion konnte darin höchstens soweit kommen, daß sie dem Guten als dem einen Prinzip alles Daseins das Böse als das andere Prinzip in gleicher natürlicher Festigkeit entgegenstellte. So tritt die Welt in zwei Extreme auseinander; das Bewußtsein aber ist und bleibt eins und sieht sich aufgefordert, über die Extreme Herr zu werden, die für den Geist nicht das Erste und Bleibende sein können. Damit ist der Punkt erreicht, wo sich ihm der absolute Geist in seiner Wirklichkeit offenbart, der eine lebendige Gott, vor dem alles Einzelne, Getrennte und sich Widersprechende zu nichte wird und nur als Moment seiner Herrlichkeit besteht. Durch die Offenbarung dieses Gottes, der Geist zu Geist durch sein Wort zu ihm redet, wird der Mensch aus der Welt des Widerspruches gerettet und in das Leben der Übereinstimmung mit sich selbst, der Wiederherstellung seines inneren Friedens versetzt. Er erkennt den absoluten Geist, die Macht des Guten und die ewige Wahrheit, als sein eigenes wahres Wesen und weiß sich selbst als über die Natürlichkeit erhabenen, zu einem Leben im Übersinnlichen bestimmten Geist. Das verborgene Innere des religiösen Bewußtseins ist sich damit zur selbstbewußten Gewißheit des religiösen Glaubens geworden, daß es die Wahrheit begriffen hat: Gott ist Geist.

In der Religion Israels hat sich diese Tatsache vollzogen, daß Gott als Geist, als der seiner selbst bewußte und zu dem Bewußtsein des Menschen sprechende heilige Wille sich enthüllte, dem alles Natürliche als ein von ihm Abgesondertes unterworfen und vor dem alles Böse zur Nichtigkeit, ja vielmehr zur Dienstbarkeit für das Gute verurteilt ist. Das Christentum aber hat diese Offenbarung vollendet; der im Judentum an sich schon überwundene, für das Bewußtsein aber noch bestehende harte Dualismus zwischen dem einen geistigen Gotte und der Welt der Vielheit wird durch die Menschwerdung Gottes und die von dem Gottmenschen selbst vollbrachte Versöhnung aufgehoben und in der Erkenntnis des dreieinigen Gottes die Einzelheit als Moment und Träger der alles umfassenden Energie des absoluten Geistes angeschaut. Der Schöpfung der ganzen Welt und dem Gange der ganzen Weltgeschichte liegt ein oberster Zweck zugrunde,

der sich nicht bloß trotz, sondern zugleich mit Hilfe aller
Irrtümer und Torheiten, aller Sünde und Schuld der Menschen
in der Wirklichkeit durchsetzt. Die göttliche Vorsehung leitet
alles nach ihrem weisen Rat zum Besten; ihr Ziel ist die
Herstellung der herrlichen Freiheit der Kinder Gottes, der
Bau eines Reiches der Iche, die, durch die Liebe vollkommen,
in der Vereinigung des endlichen Geistes mit dem göttlichen
leben. Den Wendepunkt in diesem göttlichen Tun bildet die
Erscheinung Christi; von da ab ist der Idee nach der göttliche Heilszweck bereits ausgeführt, die letzte Zeit gekommen,
das Reich Gottes gegründet und seine Vollendung gewähr-
leistet. Die Weltgeschichte also ist Heilsgeschichte; ihr Inhalt ist das Kommen des Reiches Gottes auf Erden, die allmähliche Umwandlung der natürlichen Lebensformen in eine
bewußte Darstellung göttlicher Wahrheit, die Ausscheidung
und Überwindung des Bösen zu dem Ende, daß Gott sei
alles in allen. Bei den Propheten Israels vorbereitet, pflanzt
sich von Paulus über Augustinus bis zu Lessing diese Geschichtsauffassung fort, nur selten von fachmäßigen Philosophen in das
methodische Gerüst ihres Systems wissenschaftlich eingefügt,
aber in immer neuen, mit der spekulativen Anschauung sich
begnügenden, auf die gelehrte Argumentation verzichtenden
Entwürfen vorgetragen. Das Wichtigste indessen ist nicht so
sehr, wie von einzelnen Köpfen dieser Gedanke der göttlichen
Leitung der Weltgeschichte ist ausgeführt worden, als die
Tatsache, daß er durch das Christentum zum Glauben der
Menschheit gemacht worden ist.

c) Glauben und Erkenntnis.

An diesen Glauben der Menschheit hat Hegel mit Bewußtsein angeknüpft. Er beruft sich nicht bloß auf die allgemeine Überzeugung, daß es in der Welt vernünftig zugehe,
sondern ausdrücklich auf den Glauben an die göttliche Vorsehung und ihren Endzweck, und er formuliert selbst diesen
Endzweck in der Ausdrucksweise des Glaubens als die voll-
kommene Herstellung der Ehre und Herrlichkeit Gottes. Es ist
ihm ein Anliegen sowohl des Herzens wie der Wissenschaft,
keinen Zweifel darüber zu lassen, daß die Philosophie in ihrer
gründlichsten wissenschaftlichen Durchbildung zu der unmittel-

baren Wahrheit des Glaubens zurückführt. Was dieser Glaube mit der Philosophie gemein hat, ist die Idee des Geistes, der die konkrete Einheit und die wirkliche Versöhnung, die schöpferische Persönlichkeit und der belebende Zweck ist. Durch diese universale Idee ist der Glaube ebenso wie die Philosophie ein Wissen der absoluten Wahrheit und allen Erzeugnissen der verständigen Reflexion mit ihren auf der Gespaltenheit des Bewußtseins ruhenden Abstraktionen unendlich überlegen.

Natürlich soll damit nicht gesagt sein, daß die verständige Reflexion ausgeschaltet werden solle. Sie bleibt immer der Weg, auf dem sich das Denken über seine unmittelbar vorhandenen Anschauungen klar werden und zum Begreifen seines Inhaltes vordringen muß. Die Reflexion mischt sich deshalb ebenso in die Welt des Glaubens ein, wie sie neben dieser eine Welt der Verstandesansicht aufzubauen bemüht ist; und in beiden Fällen ist ihre Arbeit nötig und nützlich, wenngleich niemals verkannt werden darf, daß sie zwar zur besseren Erkenntnis der Teile, die sie in ihre Hand nimmt, viel beitragen, aber das geistige Band nicht aufzeigen kann, das die Teile zum lebendigen Ganzen eint. Das gilt selbstverständlich auch von den Reflexionen über den Gang und Sinn der Weltgeschichte. Es kann hier nicht der Ort sein, weder über die vielfach ins Phantastische sich verlierenden, vielfach tiefe Einblicke eröffnenden Versuche zur Ausführung des christlichen Begriffs der Heilsgeschichte zu berichten, die aus den verschiedensten Zeitaltern stammen und vor allem als Zeugnisse für die jeweilige geistige Kultur von hohem Werte sind. Noch können wir auf die mannigfaltigen Ansichten der gebildeten und gelehrten Denker besonders der neueren Zeiten eingehen, die sich mit allerlei Prinzipienfragen der Geschichtsbetrachtung beschäftigt haben[1]). Wir begnügen uns mit dem Hinweise auf einige allgemein hervortretende Merkmale dieser Denkarbeit.

Die theologisch gefärbte Spekulation über die Zeitalter

---

[1]) Eine ausgezeichnete Darstellung, die freilich nur kurz die Denker der alten Zeit und dann ausführlich die französischen Denker behandelt, liegt vor in dem Werke von Robert Flint, History of the philosophy of history. Edinburgh and London 1893.

der Welt und ihre Aufeinanderfolge steht immer in Gefahr,
von dem rein teleologischen Gesichtspunkte der christlichen Glaubensanschauung abgedrängt zu werden und my-
thologisch-gnostische Vorstellungen aufzunehmen, die dem
Begriffe des Geistes in der Offenbarungsreligion nicht angemessen sind. Sie haben ihren Ursprung in der unvoll-
kommenen, eigentlich der Naturreligion angehörigen Anschauung, für die der Geist selbst noch das Gepräge des natürlichen Seins, der unendlichen Substanz, der sich äußernden
Kraft trägt. Das Weltbild der orientalischen Religionen ist
in dieser Weise gestaltet, daß alles Seiende Emanation aus
dem geistigen Urgrunde ist, der seine Schöpfungen hervorbringt wie der Same die Pflanze, wie der Baum die Frucht.
Darüber geht der Unterschied zwischen dem Geschehen auf
dem Boden der Natur und dem auf dem Felde der geschichtlichen Wirklichkeit verloren, und alles Geschehen erscheint
in gleicher Weise als ein sich immer wiederholender Wechsel.
Für die Natur ist es in der Tat das Bezeichnende, daß in ihr
das Geschehen nichts bedeutet als einen Kreislauf; im Geiste
dagegen ist das Geschehen ein Prozeß. Wenn die Mythen der
Naturreligion den Gedanken eines wirklichen Fortschrittes
der Weltgeschichte nicht fassen können, sondern in der Vorstellung von Weltperioden leben, die jedesmal wieder in einem
Weltuntergange aufhören, um dann von neuem anzufangen,
so bleibt auch in der auf die christliche Glaubensanschauung
gegründeten Spekulation die Versuchung bestehen, zwar nicht
so sehr einen ewigen Kreislauf sich ablösender Welten im
ganzen, wohl aber innerhalb der Welt der Geschichte die
Einerleiheit und Dieselbigkeit der einzelnen Erscheinungen
und ihres Verlaufes zu betonen, besonders im Gedanken daran,
daß doch Gottes Offenbarung stets und von Anfang an dieselbe gewesen sein müsse. Daher dann das Bestreben, in
die Vergangenheit und selbst in die frühesten Anfänge der
Menschheitsgeschichte schon die gleichen Bestimmungen und
Verhältnisse hineinzutragen, die für die Gegenwart gelten.
Es ist merkwürdig genug, daß die Denkweise, die auf dem
Boden des Naturalismus steht, nur noch folgerichtiger auf
dieselbe Auffassung hinauskommen und die ewige Wiederkehr
des Gleichen verkünden muß. Mit dem Satze, daß alles schon
dagewesen sei, verbaut man sich indessen den Zugang zum

Verständnisse des geschichtlichen Prozesses gänzlich: es ist wohl ein für die unterhaltungsbedürftige Menge sehr anziehendes Spiel, wenn der Versuch gemacht wird, mit Analogien aus allen Zeiten und Zonen zu beweisen, daß die ganze Weltgeschichte nur ein Kreislauf sich immer wiederholender Naturprozesse sei; aber solches dilettantische Verfahren scheitert einfach an der ihm unzugänglichen Natur des Gegenstandes.

Überhaupt leuchtet es ein, daß diejenige Reflexion, die sich im Gegensatze gegen die Glaubensanschauung entwickelt, am wenigsten imstande sein wird, in dem Wirrwarr der Veränderungen einen den ganzen Zusammenhang der Geschichte umfassenden geistigen Grundgedanken aufzufinden. Wenn die mythische Naturauffassung an der unklaren Vermischung des Geistigen und Natürlichen krankt, so geht die verstandesmäßige Naturauffassung von einer abstrakten Scheidung zwischen Natur und Geist aus, die der Sache ebensowenig gerecht wird. Daß sie eine Tat der Befreiung des Geistes ist, der sich aus den Banden des Mythos herausringt, bleibt dabei unbestreitbar; und es ist in der Notwendigkeit des Begriffs begründet, daß gerade in Griechenland, wo sich der Geist auf seine Freiheit zu besinnen beginnt, auch die mechanistische Naturbetrachtung bereits ihre konsequente Ausbildung gefunden hat. Wo sie streng in ihrem eigenen Anschauungskreise bleibt, muß sie den Gedanken des Zwecks auf jedem Gebiete, also auch auf dem der Geschichte, verpönen. Der Mensch ist für sie ein zufälliges Produkt, aus dem Zusammentreffen gewisser Atome hervorgegangen, der Geist ein Epiphänomenon, an körperlichen Vorgängen entstehend, und menschliches Leben und sittliche Kultur ein Ergebnis kausaler Zusammenhänge materieller Art, — kurz, das Psychologische ist nur eine besondere Form, in der das Physiologische auftritt. Indessen ist dieser naturalistische Monismus nur eine Seite der verstandesmäßigen Reflexion, die sich doch mit gleichem Eifer wie auf die natürlichen Dinge, so auch auf die Erscheinungen der geistigen Welt wirft, um sie zu beobachten und zu verstehen. Und wenn sie dabei sich ehrlich an die Sache hält, der sie ihr Interesse zuwendet, so kann sie deren Verständnis sehr beträchtlich fördern. Der Empirismus, der die Tatsachen des geschichtlichen und sittlichen Lebens festzustellen, die Abstraktion, die in dieser Welt der Tatsachen die

begriffliche Form und vernünftige Regel herauszufinden sucht,
werden zwar nicht zu einer befriedigenden Gesamtanschauung
der geschichtlichen Wirklichkeit gelangen können, schon weil
sie viel zu sehr an dem Einzelnen haften, um sich des Ganzen
auch nur bemächtigen zu wollen. Aber eben in dem Einzelnen
werden ihnen fruchtbare Beobachtungen und förderliche Ein-
sichten zufallen, und der Verstand, der bald den einen, bald
den andern Aspekt des großen Panoramas der Weltgeschichte
ins Auge faßt, wird eine Reihe von wichtigen Problemen stellen, in deren Lösung sich ein gesundes Urteil auch über die
engen Schranken der aufgeklärten Reflexion erheben und einen
natürlichen Einklang mit der konkreten Lebendigkeit der Dinge
bewähren kann. In diesem Sinne sind die Fragen, ob das
Individuum oder die Masse die Geschichte mache, woher die
Unterschiede in den Verfassungen der Völker kommen und
ob es eine für alle Völker gleich passende vernünftige Verfassung gebe, ob man von einem Fortschritt in der Geschichte
sprechen könne und worin er bestehe, ob der Verlauf der Geschichte von ideellen oder materiellen Faktoren beherrscht
werde u. a. m., auch vor und zu Hegels Zeiten vielfach behandelt worden, und er hat davon für seine Gedankenwelt
Nutzen gezogen.

Eine wirkliche Philosophie der Geschichte, die systematische Entfaltung und Verknüpfung der Tatsachen der geschichtlichen Wirklichkeit aus einem einheitlichen Begriffe war
mit all dergleichen Versuchen noch nicht erreicht. Die Per-
spektive des Glaubens mußte dem Gemüte genügen, bis die
Zeit gekommen war, da die Philosophie sich mit dem Begriffe
des Geistes das innerste Geheimnis des Selbstbewußtseins erschlossen hatte. Dazu konnte sie erst damals gelangen, als
in der Neuzeit die freie Subjektivität sich ihrer Autonomie
innerhalb der durch sie umgestalteten Welt bewußt geworden
war und nun das Zeitalter des Geistes angebrochen zu sein
schien. Der Zeitpunkt war gekommen, wo der Glaube der
Menschheit durch den Begriff der Philosophie bestätigt, die
höchste Erkenntnis des denkenden Geistes als eins mit dem
tiefsten Gefühle der hoffenden Seele erwiesen und in der
Sphäre des reinen Denkens die Versöhnung wirklich erreicht
wurde, die in der Sphäre der Wirklichkeit als der Gedanke
der Religion lebendig war. Es war mit vollem Bewußtsein,

daß Hegel für seine Philosophie diese Stellung in Anspruch nahm; und im Geiste seiner Zeit war er dazu vollauf berechtigt. Wenn in unseren Tagen diese Stellung der wissenschaftlichen Erkenntnis zur geschichtlichen Wirklichkeit wieder völlig verschwunden ist, so braucht sie darum noch längst nicht für alle Zeiten abgetan zu sein. Das merkwürdige Ermatten des spekulativen Denkens, unmittelbar nachdem es in Hegel seinen Höhepunkt erreicht hatte, war eine geistesgeschichtliche Notwendigkeit. Hegel selbst hatte die Empfindung dafür, daß er am Abschlusse einer Geschichtsperiode aufgetreten sei, als „eine Gestalt des Lebens alt geworden war"; er wußte auch, daß ihre Verjüngung nicht Sache der Philosophie sein könne, sondern aus dem unmittelbaren Leben des Geistes hervorgehen müsse. Noch wissen wir nicht mehr; die Gärung, in der wir leben, läßt die Frage nach ihrem Ziel gerade jetzt völlig unbeantwortet. Nur darüber darf man sich nicht wundern, daß bis jetzt die Philosophie noch nicht wieder ernstlich zu sich selber und damit zu der geistigen Herrschaft über ihre Zeit gekommen ist. Zwar steht es außer Zweifel, daß sie sich seit langem wieder in aufsteigender Bahn bewegt. Aus dem Irrweg in einseitigen Materialismus, diese unterste Stufe eines widerphilosophischen Denkens, hat sie sich längst zu ihrer Hauptaufgabe, der methodischen Untersuchung des Denkens durch das Denken, zurückgefunden. Aber sie bleibt dabei nur zu sehr im Leeren einer formalistischen Kritik stecken, weil sie sich noch nicht dazu hat entschließen können, den naturalistischen Ausgangspunkt völlig aufzugeben. Sie erkennt die Unmöglichkeit an, mit dem sogenannten exakten Verfahren der Naturwissenschaft den Komplex der Wirklichkeit begreiflich zu machen, in der das Bewußtsein lebt. Aber sie sucht sich aus dieser Verlegenheit noch immer dadurch zu helfen, daß sie der auf mathematische Physik gegründeten Seinsbetrachtung, die ihr als die eigentliche Wissenschaft gilt, ein zweites Verfahren, eine idealistische Wertbetrachtung zur Seite stellt, die aber an Exaktheit und Geltung hinter der Naturwissenschaft zurückbleibe. Solcher Ausweg mag gut dazu sein, die individuelle Unruhe des Gemütes zu beschwichtigen, das sich von der Naturwissenschaft den wichtigsten Lebensfragen gegenüber im Stiche gelassen sieht. Dem auf Erkenntnis der Wahrheit dringenden Denken aber kann ein derartiger Dualismus niemals genügen. Daß er zu nahezu allgemeiner Anerkennung hat gelangen können, ist ein sprechender Beweis dafür, daß dem Zeitabschnitt, an dessen kläglichem Ende wir jetzt stehen, andere Aufgaben gestellt waren als die der Einkehr des Geistes zu der Erkenntnis seiner selbst und die der Anspannung des Denkens zur zusammenschauenden Methode des reinen Begriffs. Umgekehrt aber gilt es, daß damals, als Hegel auftrat, alle Gestirne gerade diese Arbeit riefen und ihr Glück winkten.

Hegel ist als dieser einzelne Denker auf einsamer Höhe doch der Vertreter und Vollender einer großen geschichtlichen Geistesbewegung. Er hat zu der Zeit, als der denkende Geist die Reife gewonnen hatte, in der Tiefe seines Wesens den Kern aller Wirklichkeit zu erfassen, diese Tiefe, die er in seinem eigenen Innern bei sich trug, ans Licht des philosophischen Begriffs gehoben und, selbst ein Beweis für die Vernunft in der Geschichte, seiner Zeit zu dem Begriffe verholfen, in dem sie sich selbst verstehen konnte, dem Begriffe des Geistes, der sich in der Geschichte seine eigene Wirklichkeit schafft. In dieser überragenden Bedeutung als der Repräsentant seiner Zeit steht er ebenbürtig neben Goethe da; beide sind die in sich zur Universalität abgerundeten Zeugen des deutschen Idealismus, Goethe in der Form der lebendigen geistigen Anschauung, Hegel in der Form der begrifflichen Entwickelung des wissenschaftlichen Gedankens. Als Dritten darf man ihnen den Genius der Musik, Beethoven, den zweiten großen deutschen Jubilar dieses Jahres und Hegels Altersgenossen, gesellen, den vollendeten Zeugen desselben deutschen Idealismus in der Form der sich in sich selbst zum Tönen bringenden Innerlichkeit. Das geistige Erbe, das sie uns hinterlassen haben, bis heute noch die kostbarste Errungenschaft der deutschen Kultur, uns als lebendigen Besitz zu bewahren, wenn wir auf allen äußeren Reichtum dieser Welt haben verzichten müssen, bleibt die heiligste Aufgabe derer, die für den Anbruch eines neuen Zeitalters deutscher Größe wirken wollen.

Zweites Kapitel

Die Weltgeschichte im System der Philosophie.

1. Das philosophische System.

a) Philosophie und Weltweisheit.

Der Philosophie haftet die Schwierigkeit an, die sich bei keiner andern Wissenschaft in ähnlicher Weise wiederholt, daß bevor man an die Beschäftigung mit ihr herantritt, man sich vor die Frage gestellt sieht, was eigentlich ihr Gegenstand und ihre Aufgabe sei. Von jeder andern Wissenschaft läßt sich ohne weiteres wenigstens vorstellungsweise und im allgemeinen das Gebiet angeben, auf dem sie sich bewegt, der Gegenstand, den sie untersucht; und aus der Beschaffenheit jenes Gebietes und aus der Eigenart dieses Gegenstandes ergibt sich auch die Weise, wie sie zu verfahren hat. Fragt man dagegen nach dem eigentümlichen Forschungsgebiete, nach dem besonderen Gegenstande und nach der kennzeichnenden Methode der Philosophie, so gerät man sogleich in die Verlegenheit, dergleichen unterscheidende Merkmale dieser Wissenschaft im Vergleiche zu den übrigen nicht angeben zu können. Denn der Augenschein lehrt, daß sich die Philosophie tatsächlich über alle Gebiete des · Erkennens erstreckt, daß sie sich mit allen Gegenständen befaßt, die überhaupt die Aufmerksamkeit des Menschen in Anspruch nehmen können, und daß sie dabei sich keiner andern Methode bedient als des Nachdenkens, . das doch ein allen vernünftigen Menschen unter allen Umständen gemeinsames Tun ist. Ob der Gegenstand, dem sie sich zuwendet, bereits von andern Wissenschaften untersucht und denkend bestimmt worden ist, so daß sie sich an einen schon geistig zubereiteten Begriff halten kann, ob sie sich auf Merkwürdigkeiten und Beobachtungen richtet, wie sie in der täglichen Erfahrung des unbefangenen

Bewußtseins auftauchen, ohne daß sonst eine Wissenschaft
ihnen vorher eine methodische Behandlung hat angedeihen lassen, das macht keinen grundsätzlichen Unterschied; ist doch
die Philosophie geschichtlich die früheste Wissenschaft gewesen und hat dereinst den gemeinsamen Anfangspunkt für alle
andern Wissenschaften gebildet. Danach also scheint die Philosophie sich einfach als ein Nachdenken über alles darzustellen.
Von dieser ganz umfassenden Allgemeinheit aber, die mit dem
Wort „alles“ bezeichnet wird, gilt nun offenbar, daß sie jeder
bestimmten Beschaffenheit entbehrt. In ihr sind sämtliche denk-
baren Unterschiede enthalten, aber sie greift über alle hin-
über und wird selbst durch keinen bestimmt. Man kann von ihr
nicht einmal weder das Sein, noch das Nichtsein aussagen;
denn vielmehr gehört das Sein sowohl wie das Nichtsein unter
den Ausdruck „alles“. Daraus scheint sich dann auch zu
ergeben, daß für die Philosophie keine besondere Methode
der Untersuchung möglich ist; sie muß sich auf das für alles
passende allgemeine Räsonnement beschränken.

So macht die Philosophie auf den ersten Blick den Eindruck, eine Art Allerweltsweisheit und Allerweltsnachdenken
zu sein ohne feste Grenzen weder gegen das ganz unwissen-
schaftliche Meinen und Dünken des sogenannten gesunden und
mehr oder minder gebildeten Verstandes, noch gegen die
übrigen Wissenschaften, die ja auch, sobald sie von dem
bloßen Beobachten einer einzelnen Tatsache zu allgemeinen
Folgerungen und vernünftigen Zusammenhängen kommen
wollen, räsonnierend verfahren müssen. Es könnte demnach
scheinen, als ob sie nur etwas, das selbstverständlich in
allem vernünftigen Verhalten der Menschen sich findet, sich
zu einem besonderen Geschäfte heraussuche; und sogleich
muß sich die Frage erheben, ob ein solches Geschäft eigentlich fruchtbar und nutzbringend, oder nicht vielmehr überflüssig und eitel sei. Zu einer einmütigen Antwort auf diese
Frage gelangt aber die gewöhnliche Meinung wiederum nicht;
sie bewegt sich beständig in zwei ganz entgegengesetzten
Richtungen gegenüber der Philosophie. Einmal nämlich sehen
wir, daß innerhalb der gebildeten Welt, ja überall, wo der
Mensch wirklich selbst zu denken anfängt, so ziemlich jedermann, er sei Gelehrter in irgendeinem Fache oder nur überhaupt für Belustigungen des Verstandes interessiert, sich

irgendwie selbst für einen Philosophen hält, sich ein Urteil in philosophischen Dingen zutraut und über philosophische Fragen mit fröhlicher Selbstgewißheit mitspricht. Die notwendige Folge davon ist dann aber auch, daß man allgemein auf Philosophie nicht viel gibt, daß sie, deren sich jeder vernünftige Mensch ohnehin fähig fühlt, nicht eigentlich für eine Wissenschaft gilt, da doch zu einer Wissenschaft Studium und Fachkenntnisse nötig sind, und daß man ihren Aussprüchen nur so lange Wert beilegt, wie sie mit dem gang und gäben Urteile des jeweiligen Zeitgeistes sich vertragen. Stößt man auf philosophische Gedankengänge, denen der landläufige gesunde Menschenverstand zurzeit nicht zu folgen vermag, so werden sie getrost als Hirngespinste beiseite geschoben und verspottet. Und da der gesunde Menschenverstand sich keineswegs immer gleichbleibt, sondern nach seiner ganzen Erscheinung dem Wechsel der geistigen Strömungen widerstandslos unterworfen ist, so gerät bald diese, bald jene philosophische Denkweise in allgemeine Verachtung.

Anderseits dagegen läßt sich beobachten, daß der Philosophie, wenn sie in Form der Weltweisheit als ein allgemeines und ohne fachwissenschaftliche Vorbildung verständliches Räsonnement auftritt, die größte Beachtung bei denen zuteil wird, die an der Zeitbildung partizipieren. Besonders in Zeiten, wo sich die Bildung von den überlieferten Grundlagen des volkstümlichen Glaubens und der eingebürgerten Sitte loszulösen begonnen hat, wenden sich die Gemüter begierig solcher Weisheit zu, die mit einer Anzahl einleuchtender Allgemeinheiten bald dem erschütterten, aber noch heilig gehaltenen Vorstellungskreise zu Hilfe kommen, bald ihn beseitigen und durch eine neue vernünftigere Anschauung ersetzen will. So kommt es denn, daß von dem großen Publikum Männer als Philosophen bewundert und verehrt werden, deren ganzes Verdienst darin besteht, daß sie über alles und jedes, oft genug auf Grund der oberflächlichsten, wenn auch in schier unglaublicher Breite sich ausdehnenden Kenntnisse, Ansichten besonders trivialen und also leicht eingehenden, oder besonders verschrobenen und also stark anziehenden Gepräges vortragen. Die Regel wird übrigens sein, daß Trivialität und Verschrobenheit auf einem Holze wachsen.

Die Vorstellung, daß Philosophie dann erst ihren Beruf

erfülle, wenn sie als Weltweisheit regulierend und erleuchtend in das allgemeine Bewußtsein der Menschheit eingreift, hat freilich ihren guten Grund. Es läßt sich gar nicht leugnen, daß gerade von den größten philosophischen Denkern die fruchtbarsten Wirkungen auf das gesamte geistige Leben ausgegangen sind, daß sie den Schatz an Licht und Leben in der Menschheit dauernd bereichert haben. Das kann auch nicht anders sein, da jene Denker gerade um die tiefsten Gründe des menschlichen Daseins, um die höchsten Ziele des menschlichen Strebens sich bemüht und also an das angeknüpft haben, was unklar und unbegriffen in der Brust jedes fühlenden Menschen schon lebte. Sofern sie nun dieses geheime Leben ans Licht zogen und seinen eigentlichen Sinn und Begriff klarstellten, zeigten sie dem Bewußtsein nur seinen eigenen inneren Besitz, machten es mit dem in ihm verborgenen Geiste bekannt und sprachen das aus, was in seinem Innern zum Lichte drängte. Die dadurch erzielte Förderung des Selbstbewußtseins wurde dann in den geschichtlichen Prozeß der fortschreitenden Geistesbildung als eine neue Triebkraft aufgenommen, als ein Bestandteil der Vorstellungswelt zur Unmittelbarkeit herabgesetzt und arbeitete nun an der Ausgestaltung einer neuen Stufe der allgemeinen Kultur mit.

Man begreift leicht, daß im Blick auf solche von der Philosophie ausgehenden Wirkungen immer wieder die Meinung auftaucht, es könne sich eine dem Bewußtsein unsicher oder fremd gewordene Religion · durch Philosophie ersetzen lassen, und es müsse die eigentliche Aufgabe der Philosophen sein, als Lehrer der Weisheit den Gemütern den Halt und die Erhebung zu gewähren, die ihnen durch die Religion nicht mehr geboten würden. Indessen besteht ein großer Unterschied zwischen jenem naturgemäßen Einflusse der Philosophie und ihrer absichtlichen Einstellung auf diesen Effekt. Man braucht nur zu bedenken, daß jener Einfluß nichts der Philosophie als solcher Eigentümliches ist: die großen Künstler, Dichter, Schriftsteller erobern sich ebenso oder noch in höherem Grade den Platz im Gemüte ihres Volkes und werden zu seinen geistigen Lehrern und Führern erhoben. Dennoch wird niemand auf den Einfall kommen, der Kunst, der Dichtung, der Schriftstellerei ihre besonderen Aufgaben absprechen und sie einfach auf die Pflege der Weltweisheit verpflichten zu wollen. Worauf es ankommt, ist im Gegenteil jedesmal die besondere Form, in der jede dieser geistigen Tätigkeiten den Bewußtseinsinhalt verarbeitet. Und da richtet nun gerade die Philosophie zwischen sich und dem Gemeingefühl des Volkes eine nie zu beseitigende Schranke auf. Denn ganz abgesehen davon, daß sie ohnehin auf keinem Wege mit irgendwelcher Sicherheit an das Innenleben der großen Mehrzahl der Menschen jemals umgestaltend wird herankommen können, so bliebe doch in jedem Falle bestehen, daß nur immer die fertige philosophische Lehre als der Inhalt der Weltweisheit wirklich der Menge könnte mitgeteilt werden, während der mühsame Weg des Nachdenkens, die von dem Philosophen aufgewandte Denkarbeit ihr nicht zugemutet werden dürfte. Dann aber tritt der Philosoph eben nicht als Denker, sondern als Priester und die philosophische Lehre nicht mehr als Philosophie, sondern als Dogma an die Menschen heran, und als Dogma in der härtesten Form, weil es die Voraussetzung mit sich führt, daß unter den Menschen immer ein Stand der Wissenden und Erleuchteten für sich bleiben muß, während die große Masse sich von diesen die fertige Meinung soll vorschreiben und sich von ihnen auf dem rechten Wege führen lassen. Das aber würde einen großen Rückschritt gegen die Kulturhöhe bedeuten, die mindestens in der christlichen Religion der Geist schon erreicht hat. Denn in dieser gilt zwar unbestritten das Vorrecht der Fachmänner und Wissenden auf allen Einzelgebieten der Theorie und Praxis. Aber wo es sich um die letzte und allgemeinste Entscheidung des sittlich religiösen Willens handelt, da gibt das Christentum in dem freien Glauben des Subjekts jedem Individuum den gleichen Anspruch auf Licht und Leben und läßt in dem Verhältnis zu der ewigen Wahrheit kein Ansehen der Person bestehen.

Der Meinung gegenüber, die in der Philosophie eine Weisheitslehre über alles für alle setzen möchte, genügt es, sich auf die erfahrungsmäßigen Tatsachen zu berufen. Es gibt nämlich wirklich eine Wissenschaft der Philosophie, an der bereits die Jahrtausende gearbeitet haben, deren Geschichte durch die Namen unsterblicher Lehrer geziert ist und die sich durch fachmäßige Arbeit und ein ihr eigentümliches methodisches Verfahren von dem bequemen Räsonnement des gebildeten Verstandes sehr deutlich unterscheidet.

Auch die allgemeine Meinung kann ihr Vorhandensein nicht
leugnen; nur daß sie sehr im Gegensatze gegen ihre Verehrung
für eine leichtverständliche Weisheitslehre, die sich als Philosophie gibt, der Philosophie, die im strengen Gewande der
Wissenschaft einhergeht und in deren mühsame Gedankenarbeit sich einzulassen allzu beschwerlich ist, mit ausge-
sprochenster Abneigung gegenübersteht und sie wegen ihrer
Unverständlichkeit, Weltfremdheit und Nutzlosigkeit zu verspotten liebt. Sie pflückt eben sehr gern die goldenen Früchte
von dem Baume der Wissenschaft, aber das in ihm verborgene
Treiben der Säfte, das ihnen zur Reife verhilft, kümmert sie
nichts; von ihm wendet sie sich mit dem Schauder des natürlichen Menschen vor der grauen Theorie ab. Ebendamit aber
erkennt sie das Vorhandensein einer ihr nicht zugänglichen
besonderen Wissenschaft der Philosophie selber an und gesteht ihr eine selbständige Stellung im Zusammenhange der
Bildungsmächte des menschlichen Geschlechts zu. Wie aber
diese Stellung zu bestimmen sei, das kann wieder nicht die
allgemeine Meinung, sondern nur die Wissenschaft entscheiden.

b) Das Denken des Denkens.

Es liegt nahe, die Philosophie einfach als eine besondere,
den übrigen Wissenschaften nebengeordnete Wissenschaft anzusehen, die so wie jene auf ein eigenes Forschungsgebiet
angewiesen sei und einen besonderen Gegenstand zu behandeln
habe. Dem steht freilich die vorher schon hervorgehobene
Tatsache gegenüber, daß vielmehr die Philosophie sich mit
allem befaßt, was überhaupt Gegenstand der menschlichen
Aufmerksamkeit werden kann. Vielleicht aber müßte man dem
philosophischen Denken um der Wissenschaftlichkeit seines
Tuns willen eine solche Universalität untersagen, sie für einen
Irrweg erklären und ihm ganz bestimmte Aufgaben zuweisen,
über die es unbeschadet seines eigenen Begriffes nicht hinaus-
gehen dürfe. Doch zeigt es sich, daß nicht bloß tatsächlich
das philosophische Denken sich solcher Grenzfestsetzung niemals fügt; sondern jeder Versuch dazu führt in sich selbst
den Widerspruch mit sich, der ihn widerlegt. Und zwar
darum, weil doch schließlich dies Eine von vornherein zu-
gestanden wird, daß Philosophieren reines Denken sei; dem

Denken aber, das die Freiheit schlechthin ist, irgendwo eine
Grenze ziehen zu wollen, ist ein ganz vergebliches Bemühen.
Höchstens daß sich das Denken selber seine Grenze bestimmen
könnte; und das würde bedeuten, daß es frei über dieser
Grenze steht und sie, indem es sie zieht, auch schon aufge-
hoben hat.

Uralt ist die Ansicht, daß die Philosophie die Gründe der
Dinge zu erkennen habe. Soll ihre Aufgabe hierauf beschränkt sein, so erhebt sich sogleich die Frage, wie sie denn
die Gründe der Dinge erkennen soll, wenn sie nicht die Dinge
selber und aus ihnen dann auch ihre Gründe erkennte: sie
wäre damit auf das weite Meer des Erkennens überhaupt
hinausgewiesen, und Philosophie wäre wieder alles wissenschaftliche Tun. Sollte aber der Sinn jener Aufgabe nicht der
sein, daß die Gründe der bestimmten und gegebenen Dinge
erkannt werden sollen, sondern nur die Gründe dafür, daß
es überhaupt so etwas wie Dinge, daß es eine Dinglichkeit
im allgemeinen gibt, so bleibt es völlig unklar, wie man ohne
die Dinge in ihrer Bestimmtheit zu kennen, wissen soll, was
unter dem Ding im allgemeinen oder unter der Dinglichkeit
zu verstehen sei und wie es Gründe für diese geben könne,
in denen nicht auch die Bestimmtheit der Dinge mitbegründet
wäre. So bliebe dann doch der Philosophie nichts übrig als
den ganzen Bereich der Dinge in Betracht zu ziehen.

Die Philosophie seit Kant hat den großen Fortschritt
gemacht, die Dinge nicht mehr als das letzte Gegebene und
von dem wahrnehmenden Bewußtsein Unabhängige, sondern
sie als die Gegenstände anzusehen, die als gewußte dem Subjekte gegenwärtig sind. Danach würde man die Philosophie
dann als die Wissenschaft von den letzten Gründen, dies-
mal nicht der Dinge, sondern des Wissens oder als die Wissenschaft bezeichnen können, die sich mit dem Erkennen und
seinen Gesetzen beschäftigt. Aber hier wiederholt sich dann
auch das gleiche Bedenken wie oben. Wie will man von dem
Wissen handeln, wenn man das Gewußte nicht berücksichtigt,
wie will man das Erkennen untersuchen, wenn man die Erkenntnisse beiseite läßt? Die Philosophie müßte sich über die
ganze Breite des menschlichen Wissens ausdehnen und den
gesamten Reichtum an Inhalt bearbeiten, den das Bewußtsein
in sich vorfindet, wenn sie fruchtbar über das Zustandekommen

der Erkenntnis handeln wollte; und so wäre sie wiederum
schlechthin jede Wissenschaft.

Will man deswegen auch hier die besonderen Bestimmtheiten ausschließen und die Aufgabe der Philosophie darin
suchen, daß sie die Frage zu beantworten habe, wie Wissen
überhaupt, Erkennen ganz im allgemeinen möglich sei,
so ist zu sagen, daß diese Frage selber nicht möglich
ist. Wissen und Erkennen sind keine Substanzen, keine
für sich bestehenden Wesenheiten; jenes ist kein Schrank,
in dessen Fächer beliebiger Inhalt könnte niedergelegt, dieses
keine Zange, mit der beliebige Gegenstände könnten ergriffen
und in das Bewußtsein hineingezogen werden. Erkennen ist
überhaupt nur als Erkennen des bestimmten Gegenstandes,
Wissen nur als Wissen einer bestimmten Wahrheit möglich.
Der Gegenstand formt das Erkennen ebenso wie dieses ihn,
und die Wahrheit gibt nicht minder dem Wissen seinen Begriff als dieses ihr den ihren. Wird das übersehen, so gerät
die Erkenntnistheorie in einen leeren, unfruchtbaren Formalismus; und wenn dieser wohl auch mit unter alles das gehört,
was erfahrungsmäßig und geschichtlich zur Philosophie gerechnet werden muß, so ist doch offenbar, daß sich die Philosophie niemals auf solche Abstraktionen beschränkt, sondern
zugleich immer auch das Konkrete zu begreifen gestrebt hat.
Der besondere Schade, den jener Formalismus dem philosophischen Denken bringt, liegt darin, daß er bei seinem grundsätzlichen Absehen von dem bestimmten Inhalt und ohne Bewußtsein von der Unmöglichkeit, ohne diesen irgend etwas
überhaupt sagen zu können, blindlings nach irgendeinem Inhalte greift, der seinen abstrakten Sätzen über den Erkennt-
nisvorgang erst einen Sinn geben muß, und daß er dabei naturgemäß am ehesten auf den ganz partikularen Inhalt der sinnlichen Wahrnehmung und der äußerlichen Anschauung ver-
fällt, die allgemeineren und umfassenderen Sphären des geistigen Wissens aber außer acht läßt. Auf diese Weise kann
dann nur ein verzerrtes und entstelltes Bild der menschlichen
Bewußtseinstätigkeit sich ergeben, wie denn auch jener Formalismus dem Sensualismus und Materialismus oft genug Vor-
schub geleistet, ja sich selbst mit ihm verbunden hat.

Ein Ausweg scheint sich noch zu bieten, wie man den
formalistischen Gesichtspunkt beibehalten und doch die Philo-

sophie vor inhaltsleerer Abstraktion schützen könne. Man
stellt ihr nicht die Aufgabe, die Möglichkeit des Erkennens
von vornherein und unmittelbar zu untersuchen, sondern man
ordnet sie statt vorn an den Anfang vielmehr hinten an das
Ende der menschlichen Erkenntnisarbeit und schreibt ihr
die Aufgabe zu, die Wissenschaft der vorhandenen Wissenschaften zu sein, deren Möglichkeiten und logische Grundlagen zu untersuchen und also ihnen gleichsam das sie zusammenhaltende Gerüst zu geben. Es wird damit der Philosophie die Stellung der abschließenden Wissenschaft zuge-
wiesen, die zwar auch nicht selbst das Konkrete zu untersuchen hat, aber die Ergebnisse dieser Untersuchung, wie
sie durch die andern Wissenschaften geführt wird, von diesen
übernimmt, um sie endgültig in ihrem Zusammenhange verständlich zu machen. Der eigentümliche Fortschritt, der in
dieser Bestimmung liegt, beginnt gerade in der Gegenwart sich wieder einmal bemerklich zu machen: es ist der
Drang nach der Systematik, das Suchen nach einem einheit-
lich durch den Gedanken zusammengehaltenen Aufbau aller
wissenschaftlichen Erkenntnis. Aber der Mangel bleibt auch
hier noch bestehen, daß der Philosophie äußerliche Grenzen
gezogen werden, die sie zwar als eine besondere Wissenschaft
gegen die andern berechtigt sollen erscheinen lassen, sie aber
gleichzeitig unfrei und widerspruchsvoll machen. Die Philosophie erhält hier eine ähnliche Stellung wie im Mittelalter.
Damals sollte sie die Magd der Theologie sein, die deren Ergebnisse demütig anzuerkennen, sie dann aber logisch sauber
zu ordnen und in einen einleuchtenden, begrifflich begründeten Zusammenhang zu bringen hatte. Jetzt soll sie die
Magd der andern Wissenschaften sein; sie soll sich von ihnen
sagen lassen, was die Wahrheit des Konkreten sei, und soll
dann ihr abstraktes Netz über die mannigfaltigen Konkretionen
der Gegenständlichkeit werfen, um sie geordnet aufzuzeigen
und gesammelt zu erklären, ohne doch selbst ihre Wahrheit
von innen heraus zu entwickeln. Zwischen die Wirklichkeit
des Seins und des Wissens auf der einen und die Philosophie
auf der andern Seite schieben sich also die vielen verschiedenen Wissenschaften, die aus der Wirklichkeit eine erste
Abstraktion herstellen. Der Philosophie fällt dann die Aufgabe zu, die Methodik dieser Wissenschaften zu begründen

und also auf die erste Abstraktion eine zweite zu türmen oder
den Schatten des Schattens zu haschen. Und dabei tritt
zum Schluß doch derselbe Widerspruch hervor, dem wir schon
bei den früheren Bestimmungen der philosophischen Aufgabe
begegnet sind: es soll eine Wissenschaft der Methode geben,
die getrennt von der Behandlung des Inhaltes bestehen soll.
Ja, wenn man zu der zwischen der Wirklichkeit und der
Wissenschaft, zu der zwischen dem natürlichen Bewußtsein
und der fachmäßigen Erkenntnis bestehenden Gegensätzlichkeit die Philosophie als die Synthese betrachten wollte, die
jene beiden Momente zur geistigen Einheit zusammenschließt,
dann würde man zu einem lebensvollen Begriffe der Philosophie gelangen. Dann aber müßte man zugestehen, daß von
Anfang an das Moment, das als These, als Ansichsein gegeben
ist, also die Wirklichkeit, mit dem Momente der Synthese,
also der Philosophie, an sich identisch sei. Man müßte also
die reine Vernunft nicht bloß an das Ende, sondern auch an
den Anfang stellen und die Wirklichkeit als solche schon als
die Tat desselben Geistes begreifen, der in der Philosophie
sich in seiner reinen Wahrheit erkennt.

Denn freilich ist das, was die Philosophie zu einer einzelnen, von den andern genau unterschiedenen Wissenschaft
macht, erstens der Umstand, daß sie die umfassende, allen
sonstigen Bewußtseinsinhalt in sich einschließende Wissenschaft ist. Das aber ist sie zweitens nur deshalb, weil sie
diesen Bewußtseinsinhalt unter der Bestimmung betrachtet,
daß er Gedanke ist. Die Philosophie ist mehr als bloß allgemeines Nachdenken über alles und jedes; sie ist auch mehr
als eine besondere Wissenschaft mit einem begrenzten Forschungsgebiet neben den andern besondern Wissenschaften.
Ihre Eigentümlichkeit liegt darin, daß sie nichts ist als Denken
von Gedanken. Dies ihr Wesen tritt bei ihrer Entstehung in
der griechischen Philosophie sofort ans Licht; es ist dann auch
von den griechischen Denkern klar erfaßt, zuletzt aber in der
Philosophie des deutschen Idealismus zum abschließenden Ausdruck gebracht worden. Die Philosophie beginnt damit, daß
der Mensch sich über die ihm erfahrungsmäßig bekannte Welt
verwundert; er will nicht bei dem stehen bleiben, was die allgemein geläufige Vorstellung ist. So beginnt er über die Vorstellungswelt nachzudenken, in der er lebt, und sucht sie aufzu-

hellen. Sein Gegenstand ist also immer, auch wenn er selbst
sich dessen nicht bewußt ist, dasjenige, was die Menschen denken, es sei von Dingen, die sie außer sich wahrnehmen, es sei
von Vorgängen, die sie in sich beobachten. Über dieses Denken
der Menschen, das naiv, unkritisch, vorstellungsmäßig anfängt, um allmählich immer mehr reflektierend, sichtend, bewußt zu werden, denkt der philosophierende Mensch nach, auch
anfangs noch unbeholfen und an bildliche Vorstellungen gebunden, immer aber in dem Bewußtsein, vermittelst seines
Denkens die Wahrheit herausbekommen und den Irrtum, den
Schein, die bloße grundlose subjektive Gewißheit überwinden
zu können. So ist seine Denkarbeit ganz allgemein; weil sie
dem Denken der Menschen gilt, umfaßt sie alles, was
nur immer das Bewußtsein in sich trägt, soweit es sich
unwissenschaftlich und soweit es sich wissenschaftlich, soweit es sich praktisch, ästhetisch oder theoretisch verhält. Denn im Denken hat der Mensch allen Inhalt, den er
überhaupt hat; alles, was zur sogenannten Außenwelt gehört,
ist ihm ebenso wie die ganze Lebendigkeit seiner Innenwelt,
vom Empfinden an bis zum Wollen, nur durch das Denken
und im Denken gegenwärtig. Und wenn der Philosoph nun
diese Gedankenwelt selbst wieder denkend betrachtet, so hat er
zwar zu seinem Gegenstande den gesamten Umfang alles dessen,
was ist und was nicht ist. Denn von einem Gegenstande kann
schlechthin nur da die Rede sein, wo das Bewußtsein sich in
seiner Innerlichkeit eine Bestimmtheit schafft, der es nach
seiner eigenen Vernünftigkeit eine denkbare Form gibt und
die es mit allen andern Bestimmtheiten nach allgemeinen und
notwendigen Ordnungen zu einer Welt vernünftigen Zusammenhanges entwickelt. In dieser allgemeinen Tätigkeit des
denkenden Bewußtseins liegt die Einheit des philosophischen
Verfahrens mit dem Nachdenken überhaupt begründet; aus ihr
folgt auch, daß in allen Einzelwissenschaften das eigentlich
wissenschaftliche Prinzip, nämlich die Geltendmachung des
Allgemeinen und Notwendigen, weil es das Prinzip des Denkens als solchen ist, auch das Philosophische an diesen Wissenschaften heißen muß. Ebenso aber ist hiermit auch gegeben,
daß über allen diesen besondern Wissenschaften die Philosophie als eine von ihnen verschiedene Wissenschaft steht, die
das gesamte Wissen, durch das Denken in Wissensform ge-

bracht und zum Begriffe gereinigt, zum Gegenstande hat und
darum zugleich die zusammenfassende allgemeine Wissenschaft
ist. So hat schon Sokrates in dem begrifflichen Denken das
Wesen der Philosophie erkannt, so hat Plato zum ersten Male
mit Bewußtsein die Methode des philosophischen Denkens, das
dialektische Verfahren, ausgebildet, und so hat Aristoteles das
Denken des Denkens als Inhalt der Philosophie bezeichnet.
Gewiß, nicht jeder Philosoph ist sich selbst dieses ihres
Wesens bewußt gewesen; dennoch hat alle Philosophie in
diesem Denken des Denkens bestanden. Kants Verdienst aber
ist es gewesen, dem wissenschaftlichen Denken zum klaren
Bewußtsein darüber zu verhelfen.

c) Das geistige Universum.

Wenn sich Kant die Kritik der reinen Vernunft zur Aufgabe stellt, so will das heißen, daß er die reine Vernunft
als dasjenige betrachtet, das sich durch sich selbst kritisiert,
das von keiner außer ihm liegenden Instanz kann beurteilt
werden, sondern frei in sich sein eigenes Wesen bestimmt.
Die reine Vernunft also ist nicht bloß das Kriterium aller
von ihr gewußten Wahrheit, sondern auch das Kriterium
ihrer selbst; d. h. sie ist die unendliche Wahrheit selber,
das geistige Universum, außerhalb dessen nichts gedacht werden kann, das Absolute, dem alles Relative innewohnt, weil
ja sonst das Absolute an dem Relativen seine Grenze hätte
und also nicht absolut wäre. Mit dem Augenblick aber, wo
diese Absolutheit der reinen Vernunft, die Kant selbst durch
seine Kritik tatsächlich anerkannt, wenn auch noch nicht
unverklausuliert ausgesprochen hat, als die unerläßliche Voraussetzung jedes methodischen Philosophierens dem denkenden Geiste zum Bewußtsein gekommen ist, öffnet sich ihm
ein Weg zur Erkenntnis, der über die Auffassung und Untersuchung des besonderen Bewußtseinsinhaltes als einer dem
Subjekt gegebenen Objektivität ebenso wie über die Beobachtung und Prüfung des Bewußtseins als der sich seinen
Inhalt formenden und erzeugenden Subjektivität hinausführt.
Das Subjektive wie das Objektive erscheinen gleicherweise
subsumiert unter der reinen Vernunft, ihrem absoluten Prinzip.
Aller Bewußtseinsinhalt ist Inhalt des vernünftigen Bewußt-

seins; was also dem Bewußtsein oder der Subjektivität ebenso
wie dem Gegenstande oder der Objektivität seine Form und
seinen Inhalt gibt, ist eben die reine Vernunft selber.
Die Abhängigkeit des Gegenstandes vom Subjekt hat man
schon lange vor Kant gewußt; wäre Kants subjektiver Idealismus nichts weiter gewesen als eine Erneuerung des Satzes: esse
est percipi, er hätte die Wissenschaft um nichts gefördert.
Das Neue und Entscheidende war, daß er von dem wahrnehmenden auf das vernünftige Subjekt zurückging, in dem
Subjekt das denkende Ich und die reine Vernunft aufdeckte,
deren Grundbestimmung die Kategorie, deren Werkzeug die
Dialektik ist, und daß er dadurch das Denken anleitete, in
allem, was ihm zum Gegenstande werden kann, die Form der
Vernünftigkeit, die kategorische Gestaltung als die Voraussetzung einzusehen, ohne die ein Erkennen überhaupt nicht
denkbar wäre. Er hat für diese Art der Betrachtungsweise den Ausdruck „transcendental" gebraucht, einen wahrhaft barbarischen Terminus, der nur aus der Zufälligkeit des
individuellen Weges zu erklären ist, auf dem Kant zu seinem
Standpunkte gelangt war. Kein Wunder, daß dieser Terminus den endlosesten Mißverständnissen Unkundiger ausge-
setzt ist. Dennoch wird man sich darein finden müssen, daß
selbst auf dem Gebiete der reinen Vernunfttätigkeit die Macht
des Zufalls ihr Spiel treibt. So gut wir der Laune des Weltgeistes den barbarischen Ausdruck „Metaphysik" verdanken
und nicht anders gekonnt haben als ihn beizubehalten, so gut
werden wir uns auch mit dem Worte „transcendental" wohl
oder übel befreunden und ihm das Verdienst zusprechen
müssen, daß es bestimmt ist, als Bezeichnung für die Vernunftansicht der Dinge zu dienen. Zugleich werden wir dann aber
auch sagen müssen, daß obwohl wir dies Wort und damit
die klare begriffliche Erkenntnis des dadurch bezeichneten
Verhältnisses erst Kant verdanken, doch alle Philosophie, ob
materialistisch, ob idealistisch, immer ihrem Begriffe nach
transcendentaler Idealismus gewesen ist und sein wird. Denn
auch wenn es selber sich dessen nicht bewußt sein sollte, so
ist das philosophische Denken doch immer ein Erkennen des
Erkennens und seiner Inhalte unter der Voraussetzung, daß
sie aus der Vernunft erzeugt sind und daß in der Vernunft
das Kriterium ihrer Wahrheit liegt.

Der gewöhnlichen Vorstellung wird es heute sehr schwer,
den wissenschaftlichen Gedanken eines Universums zu fassen,
an dem alles geistig und vernünftig ist. Während das religiöse Bewußtsein in diesem Gedanken wie in etwas Selbst-
verständlichem lebt und sich ihn ebendeshalb gar nicht klar
zu machen pflegt, erscheint er der Reflexion als ein hor-
rendum, eine romantische Verstiegenheit übermütig gewor-
dener Spekulation. Die Vorherrschaft der naturwissenschaft-
lichen Interessen hat dazu geführt, daß man gar nicht mehr
anders kann als in der Wirklichkeit zwei gänzlich heterogene
Bestandteile vorauszusetzen, einerseits ausgedehnte Materie
oder Energien, die in der Ausdehnung wirksam sind, und
anderseits vernünftige Gesetze, von denen die Materie geformt
wird oder die Energien geregelt werden. Daß diese Voraussetzung in jedem Betracht unmöglich ist, brauchen wir hier
nicht näher zu erweisen. Ein für sich seiendes vernunftloses
Sinnliches kann niemals etwas anderes sein als eine Hypothese, und zwar eine grundlose und irreführende. Was uns in
der Wirklichkeit entgegentritt, ist immer eine Welt sinnvollen
Zusammenhanges und vernünftiger Ordnung. Daß vernünftige
Wesen in einer andern leben könnten, ist unmöglich. Wollte
man dennoch in dieser Wirklichkeit ein irrationales Element
postulieren, das außerhalb ihrer Rationalität beharre, so würde
man theoretisch in den Widersinn geraten, daß man von
etwas redet, von dem es keinerlei vernünftige Einsicht, keine
Möglichkeit für den denkenden Menschen geben kann, es auch
nur in Gedanken aufzufinden; denn in dem Augenblick, wo
der Gedanke ein solches Element bestimmt, ist es als rational
erwiesen. Und praktisch würde man sich in die Unmöglichkeit
versetzt sehen, für sein Verhalten in der Welt sich irgendwie
mit vernünftiger Überlegung einzurichten und mit einem ge-
regelten Weltlaufe zu rechnen; denn, sobald es ein schlechthin
Irrationales in der Welt gibt, hört jede Gewähr dafür auf, daß
es in ihr vernünftig zugehe. Wenn Aristoteles mit einer Un-
ermüdlichkeit, die eher Hartnäckigkeit heißen könnte, sich
immer wieder gegen die Meinung wendet, die Ideen seien selbständige, abgesonderte Wesenheiten, so schreibt sich sein Eifer,
der bei einer so selbstverständlichen und kurz abmachbaren
Sache höchlichst wundernehmen könnte, doch nicht davon her,
daß er den Ideen ihre Bedeutung für den Aufbau der Welt

zu nehmen bestrebt wäre, sondern im Gegenteil davon, daß
er die sinnlichen Dinge nicht als ideenlos und von den Ideen
getrennt will gelten lassen; denn damit wäre eine Erkenntnis
der Wirklichkeit ebenso unmöglich wie eine zweckmäßige
Lebensführung. Die sinnlichen Dinge selbst sind als solche
vernünftig gestaltet und nur darum der menschlichen Wahrnehmung faßbar; hätten sie an der Vernunft keinen Anteil,
so könnten sie auch nicht in vernünftigem Zusammenhange
wahrgenommen werden.

Nun ist dies merkwürdig, daß vielfach auch da, wo man
sich dieser Einsicht nicht verschließt, trotzdem die Hypothese eines ursprünglichen irrationalen Elements, das als
Gegenpol gegen die Vernunft diese zur Tätigkeit antreibe,
festgehalten wird. Es ist ein metaphysischer Manichäismus,
der die Wahrheit in dem Streite zweier Urprinzipien sehen
will. Seltsamerweise übersieht man aber, daß man mit dieser
Annahme eines Irrationalen, das aller Vernunfttätigkeit vor-
ausliege und auf dessen Rationalisierung die Vernunft aus-
gehe, ohne es jemals ganz mit sich amalgamieren zu können,
auch nichts vorträgt als einen besonders gearteten Monismus
der Vernunft. Denn man lehrt, es sei das Vernünftige, daß
die grundlegende Tatsache, von der alles philosophische Erkennen auszugehen hat, die Beziehung der Vernunft auf ein
Unvernünftiges sei. Damit aber ist dies Unvernünftige bereits rationalisiert, in den ursprünglichen vernünftigen Zusammenhang des geistigen Lebens aufgenommen, als eine Erscheinungsform des Vernünftigen bezeichnet. Meinte man im
Ernste, daß es ein Prinzip der Irrationalität gebe, das schlechthin irrational sei und bleibe, so würde man von jedem Versuche absehen müssen, zu irgendwelcher Erkenntnis zu kommen; denn Erkenntnis ist nur da möglich, wo Vernunft ist
und das Vernunftprinzip gilt, Irrationalität aber schließt jedes
Denken und jedes Erkennen aus. Darum ist auch die Meinung, die ihren eigenen Verfechtern unbewußt hinter der
Hypothese des ursprünglichen Irrationalen verborgen liegt,
die, daß wir an dem Irrationalen ein Rationales haben, nur
ein Rationales anderer Art, als es die endlichen Verstandes-
bestimmungen sind, in denen man gewöhnlich die Vernunft
schon vollständig zu besitzen meint. Tatsächlich ist man über
diese Endlichkeiten bereits hinausgekommen, sobald man

jenes ursprüngliche Irrationale unter den Gesichtspunkt
des Zweckes stellt und es als dasjenige bezeichnet, das
bestimmt sei, rationalisiert zu werden. Denn dadurch wird
es in den absoluten Grund der Vernünftigkeit zurückgeführt und aus ihm abgeleitet. Der Zweck nämlich ist immer
das Prius gegen die Differenz, durch die er sich verwirklicht; und ein Irrationales, das die Bestimmung an sich trägt,
nicht irrational bleiben zu sollen, hat offenbar diese Bestimmung nicht aus sich, sondern aus dem ihm vorausliegenden
Vernunftprinzip. Die Entgegensetzung eines ursprünglichen
Irrationalen und der rationalisierenden Vernunfttätigkeit findet
deshalb ihren wahren Ausdruck mindestens erst in dem
Fichteschen Satze, daß sich das Ich das Nicht-Ich setze.
Es ist nur ein Stehenbleiben auf halbem Wege, wenn man
das Irrationale und die Beziehung der Vernunft auf es rein
dogmatisch als die erste Tatsache behauptet und es unter-
läßt, sie aus der Vernunft selber abzuleiten. Sobald man
diese Behauptung nach den Gedankenbeziehungen, die in
ihr enthalten sind, zu prüfen unternimmt, wird man von
ihnen notwendig zu der konkreten Anschauung der Vernunft
als des absoluten Grundes weitergeführt.

Die Vernunft kann nirgends zur Ruhe kommen als in
sich selbst. Das Denken, die reine Tätigkeit der Vernunft,
erreicht seine eigene Vollendung nur als Denken des Denkens. Es ist ein weiter Abstand zwischen dem unmittelbaren
naiven Denken des vorstellenden Menschen und jener Tätigkeit der methodischen Bearbeitung der Gedanken durch das
Denken. Dazwischen liegt die ganze Arbeit der Reflexion und
der wissenschaftlichen Einzelforschung. Aber gerade an diesen
Unterschieden wird die Sonderart der Philosophie deutlich: sie
ist die Wissenschaft, die alles vernünftige Erkennen auf die Erkenntnis der Vernunft zurückführt. Die Möglichkeit einer solchen Wissenschaft wird mit ernsthaft zu nehmenden Gründen von
denen bestritten, die nicht der Vernunft, sondern einem über-
vernünftigen Etwas den Charakter der Absolutheit vindizieren,
während sie von der Vernunft behaupten, daß sie niemals
aus der Differenz herauskomme. Sie sehen dann in der Intuition, in der unmittelbaren Anschauung, bei der die dis-
kursive Verstandestätigkeit ausgeschaltet werden müsse, das
einzige Organ, das Absolute zu fassen, und wollen das Denken,

das Erkennen nur für die Betrachtung des Relativen zulassen.
Diese Meinung tritt schon bei den Indern auf, wenn es in
den Upanishads heißt: „Nicht sehen kannst du den Seher des
Sehens, nicht hören kannst du den Hörer des Hörens." —
„Wodurch man diese ganze Welt erkennt, womit sollte man
das erkennen! Womit, fürwahr, sollte man den Erkenner erkennen!" — Es zeigt sich hier die Unfähigkeit, das reine
Denken vom Bewußtsein überhaupt zu unterscheiden, weshalb
die im Bewußtsein gegebene Gegensätzlichkeit von Subjekt
und Objekt als dem Denken unüberwindlich gilt und ihre
Aufhebung nur im Nichtdenken, in der Auslöschung sowohl
des Subjekts wie des Objekts erreichbar scheint. Aber diese
Negation des Gedankens gesteht damit nur ihr Unver-
mögen ein, das Absolute wahrhaft als Absolutes zu begreifen; sie reißt es von dem Relativen los und verneint
damit gerade seine Absolutheit. Obenein übersieht dieser
Standpunkt, daß ja auch die Intuition, die reine Anschauung
nichts als eine Erscheinungsform des denkenden Bewußtseins
ist, und daß gerade darauf ihr Wert und die Möglichkeit für
sie beruht, der geistigen Wahrheit wirklich inne zu werden.
Ebendarum aber fällt auch sie wie jeder überhaupt mögliche
Bewußtseinsinhalt unter die Bestimmung, von dem Denken
methodisch begriffen und in ihrer Vernünftigkeit entwickelt
zu werden, so daß sie durch das Denken nicht etwa ver-
drängt, sondern bestätigt und begründet wird. Das Überver-
nünftige kann immer nur ein Vernünftiges sein, das irgendeiner beschränkten endlichen Vernunftbestimmung enthoben
ist; aus der Unendlichkeit der Autarkie der Vernunft, diesem
magischen Kreise, kann es auf keine Weise herausfallen.
Ohnehin läßt sich das Denken das Recht nicht nehmen, alles,
was es als in ihm gegeben vorfindet, auf seine Vernünftigkeit hin zu untersuchen, auch seine eigene Produktivität, und
wenn man dem Begriffe der Philosophie als der Erkenntnis
des Erkennens den Einwand entgegenhalten wollte, es müßte
dann ebenso wieder eine Erkenntnis dieser Erkenntnis und
so fort im unendlichen Progreß geben, so liegt es in Wahrheit vielmehr umgekehrt. Alles Erkennen ist, nur dem gewöhnlichen Vorstellungsverlaufe unbewußt, ein Erkennen seiner selbst. Indem die Vernunft sich ihren Gegenstand vorstellt,
bestimmt sie ihn als vernünftigen, — sie findet sich selbst

in ihm wieder und setzt ihn als ein Moment in dem Zusammenhange ihrer Welt, der sie Form und Inhalt gegeben hat. So ist
das Verhältnis zwischen Denken und Sein an sich; indessen
hat das Denken selbst das Bewußtsein dieser seiner Freiheit nicht, solange es nur praktisch vorstellend bleibt. Indem
es aber sich theoretisch zu seiner Welt und zu seinen Vorstellungen zu verhalten beginnt, wird es für sich selbst
frei in der Reflexion, die ausdrücklich nicht den Gegenstand, sondern die Bestimmungen, die sie an ihm hervor-
kehrt, für das Wesentliche des Gegenstandes erklärt und
ihn selbst in lauter Gedankenbeziehungen auflöst. Aus dieser
negativen Haltung zum Gegenstande kehrt dann das Denken
doch wieder zur Position zurück; es sieht sich zuerst genötigt,
sich selbst zum Gegenstande der Reflexion zu machen, und
indem es kritisch sein Wesen untersucht, entdeckt es sein
Anundfürsichsein, die autonome schöpferische Vernunft, in
der es sich nun zusammenschauend, spekulativ, mit der Welt
seiner Gegenständlichkeit vereinigt und im Begriffe die konkrete Unendlichkeit sich entfalten sieht. So wird ihm sein
ganzer Inhalt zu einer Organisation der Vernunft. Die Wissenschaft aber, die ihn dahin führt, ist die Philosophie; sie
verständigt den denkenden Geist über sich selbst und ist so
nichts anderes als das universale System der ihrer selbst bewußten Vernunft.

2. Der spekulative Begriff der Weltgeschichte.

a) Der Geist und die geschichtliche Wirklichkeit.

Die Idee der Totalität liegt allem philosophischen Denken zugrunde. Darum ist Philosophie an sich immer System,
in sich geschlossener und umfassender Zusammenhang des
Gedankens. Wir bezeichnen deshalb auch die Gedanken-
schöpfungen aller großen Philosophen mit dem Namen System,
ganz ohne Rücksicht darauf, in welchem Maße sie ihrer Gedankenwelt bei deren schriftstellerischer Wiedergabe systematische Form gegeben haben. Von dem inneren System des
Gedankens nämlich ist die Systematik der Darstellung wohl
zu unterscheiden. Je reifer eine Philosophie durchgebildet ist,
um so mehr strebt sie naturgemäß danach, auch in ihrer

formellen Erscheinung die Art wiederzuspiegeln, wie ihr Prinzip sich den Stoff, den es bearbeitet, zum inhaltlichen Ganzen gestaltet. Es treten da zwei verschiedene Richtungen hervor: die eine, innerlich beherrscht durch das Bewußtsein der Lebendigkeit des konstruierenden Prinzips, nimmt bald den einen, bald den andern bedeutenden Gegenstand auf, macht an ihm dies Prinzip klar, entwickelt ihn durch dasselbe und führt die Betrachtung von jedem einzelnen Thema zur Höhe ihrer prinzipiellen Gesamtansicht. Die andere Richtung, durch das Bewußtsein von der Notwendigkeit der prinzipiellen Konstruktion beherrscht, gestaltet den Stoff zu Gegenständen bestimmter philosophischer Disziplinen und entwirft einen Organismus der Wissenschaft, der in den einzelnen Disziplinen als seinen Gliedern sich wirkend darstellt. In beiden Richtungen handelt es sich nicht um lückenlose äußere Vollständigkeit, sondern um lebendigen inneren Zusammenhang. Der einen liegt die Gefahr des Steckenbleibens im Fragmentarischen, der andern die des Verflachens im Pedantischen nahe. Das Ideal wäre eine Systematik, die gleichzeitig dem enzyklopädischen Gedanken der Wissenschaft und dem dynamischen Charakter des Denkens gerecht wird.

Wie dem auch sei, so liegt in der Natur der Sache doch ein Zwang, die Mannigfaltigkeit der philosophischen Betätigungen nach dem von dem Begriffe selbst in ihren Gegenständen geforderten Unterschiede zu gruppieren. Es ergibt sich in jedem philosophischen System, auch wenn es sich nicht zu einem Zusammenhange verschiedener Disziplinen ausgestaltet hat, ganz von selbst die Sonderung dreier Gebiete, die in großen Zügen eine übereinstimmende Systematik alles philosophischen Verfahrens bedeutet, weil sie auf die innere Bestimmtheit des vernünftigen Denkens selbst zurückgeht. Der Gedanke wird einerseits als das Prinzip des Erkennens und Wissens überhaupt betrachtet, und das ergibt die Grundwissenschaft, die Erkenntnistheorie, die Logik, die Metaphysik, — man könnte kurz sagen, die Philosophie der bloßen Vernunft. Anderseits erscheint der vernünftige Gedanke als das gegebene Ganze einer in Raum und Zeit ausgebreiteten äußeren und inneren Natur, und die Philosophie hat ihn in dieser seiner Besonderung zu begreifen. Schließlich aber wird der vernünftige Gedanke als die Macht

offenbar, die über diese Besonderung hinübergreift und in
der Form des freien Selbstbewußtseins ein allgemeines geistiges Leben schafft; die Philosophie wird zur Geisteswissen-
schaft, die mit den freien Schöpfungen des Geistes, mit Kunst,
Wissenschaft und sittlich-religiösem Leben sich beschäftigt.
Das Auffallende ist nun, daß die Weltgeschichte in
diese gleichsam natürliche Systematik nicht hineinpaßt, daß sie
weder bloß Natur noch bloß Geist, auch nicht bloß geistige
Natur wie die Seele, oder natürliche Geistigkeit wie die
Sprache ist, sondern daß an ihr beides, Natur und Geist, in
klarem Unterschied und doch in unlöslicher Einheit erscheinen. Damit hängt es zusammen, daß die Philosophie so lange
Zeit gebraucht hat, bis sie sich der Aufgabe bewußt wurde,
die Weltgeschichte systematisch zu begreifen, und daß die
Frage nach der äußeren Einordnung der Philosophie der
Weltgeschichte in die Reihe der philosophischen Disziplinen
auch bei Hegel noch nicht zu befriedender Lösung gekommen ist, obwohl er gedanklich dem Begriffe der Weltgeschichte die gebührende Stelle in dem Organismus der Begriffe
hat anweisen können[1]). Denn indem er sie als die geistige
Wirklichkeit in ihrem ganzen Umfange von Innerlichkeit und Äußerlichkeit[2]) bezeichnet, stellt er sie als
die erscheinende Totalität hin, in der sich der Geist in seiner
absoluten Macht manifestiert, und erhebt ihre Betrachtung
zu der Disziplin, die seinem System den krönenden Abschluß gibt.

. Dieses Ziel konnte nicht eher erreicht werden, als bis
die Philosophie dazu gelangt war, die Idee der Totalität, von
der sie getragen wird, selbst zum reinen Begriff zu entfalten.
Das aber war ihr erst möglich, als sie den Begriff des absoluten Geistes gefaßt hatte; denn erst in diesem wird die
Totalität von jeder abstrakten Entgegensetzung befreit und
als wirkliche innere Unendlichkeit erkannt. Totalität und Individualität sind dann identisch; die Individualität ist selber
geistige Totalität. So hat in der neueren Philosophie das
Verständnis des geistigen Universums sich dadurch vollzogen,

---

[1]) Vgl. hierzu des Verfs. Ausführungen in der Einleitung zu
Hegels Rechtsphilosophie, Phil. Bibl. Bd. 124, S. XXXIV ff.
[2]) ebda. § 341, S. 271.

daß im Denken das Selbstbewußtsein zu dem Begriffe seiner
freien Geistigkeit, das Ich zu dem Bewußtsein seiner vernünftigen Allgemeinheit, der Geist zu der Erkenntnis seiner
schöpferischen Unendlichkeit vordrang. Hier konnte und mußte
sich denn auch dem Denken der Sinn der geschichtlichen Wirklichkeit erschließen, indem es in dieser die letzten Extreme, zu
denen sich die das Bewußtsein konstituierenden Bestimmungen
zuspitzen, in wirklicher Versöhnung anschaulich vor sich sah.
Die Differenz von Subjekt und Objekt ist in dem geistigen
Leben der Individuen aufgehoben, die an den geschichtlichen
Besitztümern ihres Volkes, gleichviel ob bewußt oder unbewußt, Anteil nehmen und in lebendiger Wechselwirkung
miteinander eine Welt der Subjekt-Objektivität ausmachen und
anschauen. Die Differenz von Totalität und Individualität
kommt zur Einheit, indem die Einzelheit, das Individuum,
durch das sittliche Ganze, dem es angehört, zur Allgemeinheit erhoben wird. Das Bewußtsein hat zwischen dem allgemeinen Geiste und zwischen seiner Einzelheit oder dem
sinnlichen Bewußtsein zur Mitte das System der Gestaltungen
des Bewußtseins als ein zum Ganzen sich ordnendes Leben
des Geistes, — das System, welches als Weltgeschichte sein
gegenständliches Dasein hat.

Auf die Seite des Daseins bezogen, wird die Differenz
von Allgemeinheit und Einzelheit zu der von zeitloser
Idee und zeitlicher Vergänglichkeit bestimmt. Auch diese
aber löst sich in der Geschichte auf; denn in ihr verliert der Zeitverlauf den Charakter einer leeren Form-
bestimmung, und jeder seiner Momente erhält für sich einen
eigentümlichen und unvergänglichen Inhalt, so daß die
zeitliche Einzelheit zur überzeitlichen Form umgewandelt und
in die Allgemeinheit der sich offenbarenden Idee aufgenommen wird. „Es gibt kein Einst, wo der Geist nicht gewesen
wäre oder nicht sein würde, er ist nicht vorbei und ist nicht
noch nicht, sondern er ist schlechterdings itzt." (S. 165.) Auf
die Seite des geistigen Lebens bezogen erscheint dieselbe
Differenz in der Entgegensetzung von Notwendigkeit und
Freiheit; und auch diese erweist sich in der Weltgeschichte
als überwunden, indem der Geist sowohl seine unorganische
Natur, die Bestimmungen der äußerlichen Notwendigkeit, zu
Mitteln seiner Freiheit umwandelt, als auch aus der Ge-

bundenheit an seine innere Welt zu dem freien Selbstbewußtsein fortschreitet, das diese seine geistige Bestimmtheit negiert, setzt und zur eignen freien Tat erhebt. „Die Weltgeschichte ist der Fortschritt im Bewußtsein der Freiheit,
— ein Fortschritt, den wir in seiner Notwendigkeit zu erkennen haben" (S. 40). Die Freiheit also ist Voraussetzung
der Weltgeschichte, und die Notwendigkeit, von der die Weltgeschichte in Bewegung gesetzt und erhalten wird, liegt in
dem Bewußtsein der Freiheit; denn die Freiheit ist das Wesen
des Geistes. Die Philosophie, die den Begriff der Totalität
ernst nehmen will, muß ihn so wie mit dem Begriffe des
Geistes auch mit dem der Freiheit in eins setzen.

Wir haben hiermit den Punkt erreicht, wo die Erkenntnis, indem sie sich selbst zum System konstruiert, bei der Geschichte als derjenigen Form der Gegenständlichkeit ankommt,
in der die Differenzen, die das Bewußtsein setzt, wirklich
aufgehoben, Gegenstand und Bewußtsein ein und derselbe
Geist sind und sich als derselbe Geist auch wissen, oder wo
sich der Geist als freies Selbstbewußtsein erfaßt und verwirklicht. Die Freiheit kommt hier dadurch zum freien Ausdruck, daß sie als die Macht über das natürliche Dasein
selbst in natürlicher Form erscheint, die an sich doch geistige
Gestalt ist. Es vollzieht sich in der Weltgeschichte der stetige
Prozeß der Geistwerdung des Natürlichen und der Natürlich-
werdung des Geistigen; gerade weil die Weltgeschichte diese
beiden Seiten der Natürlichkeit und der Geistigkeit gleicherweise an sich trägt, ist sie die erscheinende Totalität, die
Gegenwart des absoluten Geistes oder die wirkliche Freiheit.
Als solche ist sie nach den Momenten ihres Begriffes zu
betrachten.

b) Der Staat an sich und die Vielheit der Staaten.

Der Lebensprozeß, der sich in der Geschichte vollzieht,
findet statt zwischen natürlich daseienden geistigen Gestalten,
die im Bewußtsein ihrer Geistigkeit aufeinander wirken, sich
anziehen oder abstoßen. Die nächste Beziehung, die für alles
geschichtliche Leben den Ursprung bedeutet, ist die zwischen
der Gestalt eines Gesamtbewußtseins und der des ihm angehörigen individuellen Bewußtseins; diese Beziehung er-

scheint als das Leben eines Volkes, das eine sich wissende und frei sich bestimmende Allgemeinheit ist, während jedes besondere Volksglied, als eine sich wissende und frei sich bestimmende Einzelheit, in Wechselwirkung an ihm teilnimmt, von ihm befruchtet wird und es bereichert. Diesem Gebiete des staatlichen Daseins gehören die Merkmale der Freiheit und des Wissens unbedingt zu. Darin liegt der klare begriffliche Unterschied des Staates von den Gemeinschaften, die der Zwang der endlichen Bedürfnisse zustande bringt und von denen die Philosophie der geistigen Natur in einer Diziplin zu handeln hat, die man füglich Soziologie nennen könnte, weil dieser Name nun eingeführt ist. Man soll nur wissen, daß eine solche Wissenschaft mit der Philosophie des Rechts und des Staates so wenig gemein hat wie ein Philatelistenverein mit einem Volke; daß es sich hier wie dort um eine Mehrzahl von Menschen handelt, ist kein ausreichender Verknüpfungsgrund. Der entscheidende Punkt im Staate ist die Macht des Übersinnlichen, des Allgemeinen, des Gesetzes, dem sich der vernünftige Wille mit freiem Entschluß unterordnet; darum gelangt der Mensch im Staate zu seiner Würde als selbstbewußter, freier Geist.

Dieser Bestimmung widerspricht es nicht, daß Hegel in der Weltgeschichte die Freiheit nicht von Anfang an schon verwirklicht sieht. Er unterscheidet nämlich zwischen daseiender und bewußter, d. h. wirklicher Freiheit. Die Menschen im Orient wissen nur, daß Einer frei ist; so ist auch dieser nicht wahrhaft frei. Die Bürger der antiken Welt wissen, daß einige frei sind; sie haben eine abstrakte, an bestimmte endliche Bedingungen geknüpfte Freiheit. Erst im Christentum wird mit dem Bewußtsein, daß alle ihrem allgemeinen Wesen nach und darum jeder in seiner einzelnen persönlichen Bestimmtheit frei seien, die konkrete Freiheit, dies Leben im schlechthin Unbedingten erreicht. Diese Freiheit an und für sich kann es nur da geben, wo man weiß, daß alle frei sind, d. h. daß es zum Begriffe des Menschen gehört, frei zu sein, und daß eben um dieser begrifflichen Notwendigkeit willen alle trennenden Unterschiede und beengenden Schranken das Wesen des Menschen in seiner Wahrheit nicht berühren. Ebendeshalb hat in dem Orient auch der Eine, der frei ist, und haben in der Antike auch die Mehreren, die frei sind, nicht

diese wahre Freiheit, in der das Individuum als solches sich
als in sich unendlich und von ewigem Werte weiß. Zu diesem
Wissen hat sich das Nachdenken erst innerhalb der griechischen Philosophie hindurchgearbeitet, im praktischen Bewußtsein der Menschheit ist es durch die Offenbarungsreligion
erzeugt worden: es hat also das wahre Wissen von der Freiheit vorher in der Weltgeschichte nicht existiert.

Das aber ändert daran nichts, daß an sich der Mensch
das denkende und damit das freie Wesen ist und daß er sich
also in seinem Handeln frei bestimmt, auch wo er auf diese
seine Freiheit nicht reflektiert. Die Individuen im Orient
kennen und üben neben der Unterwerfung unter den Despoten,
in dessen Regiment ihnen die Vernunft ihres eignen Wesens
entgegentritt, auch den Ungehorsam, den Trotz, die Empörung;
sie stehen also in der formalen Freiheit, wie gering inhaltlich
auch diese Freiheit bestimmt sein möge. Und dem antiken
Staate stehen die Halbfreien und Unfreien, die im Unterschiede
von den freien Vollbürgern in ihm nur eine gesetzliche Dul-
dung und eine begrenzte persönliche Sicherheit genießen, bald
dankbar anerkennend, bald gleichgültig, bald feindlich gegenüber und haben auch so ihre Freiheit.

Anderseits kann der Staat nicht ohne das Wissen um
seine Ordnung bestehen. Er verdankt seine Fähigkeit, sich
selbst zu erhalten, nicht einer Gabe der Natur, sondern sowohl
seiner inneren Verfassung, die durchaus nicht immer in formu-
lierten Gesetzen ausgesprochen zu sein braucht, aber in dem
Bewußtsein der Nation als der alles umklammernde und tra-
gende Geist lebt, als auch dem fortdauernden Willen, von diesem Geiste sich umklammern und tragen zu lassen. Auch da,
wo nur ein Despot als der Halt des ganzen staatlichen Organismus erscheint, ist es immer eine geistige Macht, eine allgemeine Idee, die sich zu dem Dasein in diesem einzelnen, von
den andern anerkannten Individuum konzentriert und sich in
dem Verhältnis von Alleinherrschaft und Untertanengehorsam
wissend und wollend immer neu erzeugt.

Deshalb lassen sich die beiden Seiten des innerpolitischen
Verhältnisses, der Staat und das ihm zugehörige Individuum,
nicht nach den Kategorien von Allgemeinheit und Einzelheit
einander entgegensetzen. Der Staat, das Allgemeine, hat nicht
nur die Einzelheit an sich, indem seine Dauer in dem guten

Willen der Einzelnen begründet ist und sein Leben durch sie
sich kundtut, sondern er ist selbst Einzelheit, ein wollendes
Individuum, das die einzelnen Menschen sich unterwirft, sie in
sich und sich in ihnen erhält, und also in sich unendliche, sich
frei bestimmende Gestalt ist. Der Einzelne anderseits nimmt
nicht nur an der Allgemeinheit teil, indem er sich an sie hingibt und in ihr sein wahres Wesen anschaut; sondern er ist
selbst Allgemeinheit, weil er in sich vermittelt, über das
sinnliche Bewußtsein zum Bewußtsein seiner selbst und zum
Vollbringen seiner Wahrheit gekommen ist. So ist, wie wir
schon oben betont haben, Totalität und Individualität eines
und dasselbe geworden, und gleichzeitig hat der Gegensatz
zwischen dem Eins und den Vielen aufgehört; denn das Eins
ist vielmehr die Allheit, und die Vielen wiederum sind die
Einheit, die das innere Wesen der Allheit ausmacht. —
Der Staat ist selbst Einzelheit, und zwar in Naturgestalt
erscheinende Einzelheit. So gehört er mit vielen gleichartigen
Einzelheiten zusammen, und aus deren Beziehungen aufeinander geht eine neue Totalität hervor, der weltgeschichtliche Zusammenhang selbst. Seine äußere Erscheinung ist
der Friedens- und Kriegszustand zwischen den selbständigen
Staaten. Besonders der Anblick von Kriegen kann leicht den
Eindruck wecken, als walte zwischen den Staaten nur die Notwendigkeit natürlichen Zwanges. Diese Explosionen der Gewalt haben den Anschein von Naturereignissen; die sich be-
kämpfenden Mächte sehen aus wie physische Massen, die auf-
einanderprallen und je nach dem Grade ihrer Konsistenz die
andern zertrümmern oder von ihnen zertrümmert werden. Bei
genauerem Zusehen aber zeigt es sich, daß, wie sehr auch natürliche Bedingungen das Verhältnis der Staaten zueinander bestimmen mögen, über diesen natürlichen Bedingungen doch das
nationale Bewußtsein in seiner Freiheit steht und aus ihnen erst
die Mittel gestaltet, die ihm dazu dienen sollen, sich zu den
andern Staaten die angemessene Stellung zu geben. So hat
auch hier die Natürlichkeit die Aufgabe, die inneren geistigen
Verhältnisse, in denen die Nationen zueinander stehen, äußerlich zur Erscheinung zu bringen. Das Ausschlaggebende für
den gegenseitigen Verkehr der Staaten ist doch die eigentümliche Bestimmtheit der nationalen Kulturen, der inneren
Wesensbestimmtheit, die jedes Volk sich selber gibt, und so

sind es auch im Kriege geistige Mächte, die sich aneinander
messen und ihre Gegensätze zum Austrag bringen müssen.
Genau wie bei dem einzelnen Volke innerhalb seiner Grenzen
die Naturelemente dem Geiste den Anstoß geben, sich zu dieser
bestimmten geschichtlichen Gestalt auszubilden, genau so spielen für die internationalen Beziehungen der Völker die Naturelemente ihre Rolle als anregende und bewegende Kräfte. Aber
die Statik und Dynamik der Staatensysteme beruht nicht auf
Naturbestimmtheiten; denn ehe diese für die Geschichte wirksam werden, sind sie bereits durch das Bewußtsein der Nationen hindurchgegangen, von ihm anerkannt, geprägt und in
bestimmter Richtung ausgebildet und verwendet worden. Die
Geschichte vollzieht sich durchaus auf geistigem Boden, innerhalb der Sphäre der Selbstbestimmung und des Selbstbewußtseins.

Dieser geistige Boden ist in der Gestalt des einzelnen
Volkstums eine reale Einheit. Das Verhältnis der vielen einzelnen Volksglieder zu ihr ist ein Verhältnis realer Abhängigkeit. Anders gestaltet sich das Verhältnis der vielen Staaten,
dieser verschiedenen realen Einheiten zueinander. Denn hier
weist die Realität keine höhere Einheit auf, die diese Vielen
unter sich befaßte. Es könnte immer nur eine Idee zu denken
sein, die ihr Allgemeines ausmachte; bei dem Versuch aber,
solche Idee zu finden, steht der Willkür und der Einbildung
die Tür weit offen. Das Gewöhnliche ist, daß man die allgemeine
Idee, unter die sich die Vielheit der Staaten soll subsumieren
lassen, ganz abstrakt und viel zu weit faßt. Man hält sich
etwa an die Idee der Menschheit als solcher, an die des Welt-
bürgertums oder des Weltfriedens, und meint, daß sich in
einer solchen ideellen Einheit die Unterschiede der realen geschichtlichen Einheiten versöhnen sollten. Aber der konkreten
Festigkeit der wirklichen Staaten gegenüber bleibt eine solche
normative Idee vollkommen kraftlos; sie ist in Wahrheit nicht
normativ, sondern negativ gegen die Realität gerichtet. Sie
ist kein Prinzip, das diesem Gebiete der geschichtlichen Beziehungen der Staaten wirklich innewohnte, es zu beseelen
und darin sich kräftig zu erweisen und durchzusetzen ver-
möchte. Sondern sie bleibt darüber als ein unwirklicher Sche-
men schweben und vertröstet die Empfindung, die über die
daseiende Differenz trauert, mit dem Ausblick auf eine zu-

künftige Lösung. Aber selbst dieser Trost ist nicht ehrlich.
Denn die Zeit für diese Lösung schiebt sich stets weiter in
die Zukunft hinaus; das Ziel, auf das die Idee hinweist, bleibt
in immer gleich unerreichbarer Ferne, ein Sollen, das in un-
endlichem Progreß, also niemals verwirklicht wird. Dabei
bleibt die gegenwärtige Welt der Geschichte ohne Licht und
Sinn. Das Einzige, was sich aus dem Suchen nach solcher,
die geschichtlichen Gegensätze vereinigenden Idee ergibt, ist
die Einsicht in die dem Denken aufgelegte Notwendigkeit,
die Vielheit der geschichtlichen Gestaltungen teleologisch zu
begreifen, die Vernunft in diesem bunten, verwirrenden Durch-
einander aufzufinden.

Wo es sich um eine einzelne Gestalt handelt, da liegt
der teleologischen Betrachtung die Idee des organischen
Wachstums am nächsten. Sie läßt sich auch auf die Geschichte
des einzelnen Volkes anwenden. Das Volk erscheint als ein
lebendiges Ganzes; sein Leben hat die Form der immanenten
organischen Entwickelung, gemäß deren es seinen Keim zur
Blüte und zur Frucht entfaltet, bis es schließlich abstirbt.
Ganz anders aber liegt es mit dem Nebeneinander und der
Aufeinanderfolge der verschiedenen Völker und Staaten. Hier
fehlt die eine reale Gestalt, an der sich die ihr innewohnenden
Bestimmtheiten entwickeln könnten. Es kann sich hier nur
um eine Form des inneren Fortschrittes handeln, die über die
endliche Begrenztheit des organischen Wachstums hinausliegt.
Den Weg, auf dem sie zu finden ist, weist uns die Beobachtung, daß in dem Wettkampfe der Geschichte das in sich ge-
sündere, nach seiner geistigen Substanz gediegenere — nicht
etwa das gebildetere — Volk immer die Führung hat, daß
die äußere Macht stets das Korrelat der inneren Tüchtigkeit
ist und also Macht und Recht in der Weltgeschichte identisch
sind. So setzt das vernünftige Bewußtsein es voraus, sobald
es die Weltereignisse beurteilt, und so findet das vernünftige
Nachdenken es bestätigt, sobald es näher nach den Ursachen
und Wirkungen dieser Ereignisse forscht. Dann aber ist offenbar, daß der Sinn des geschichtlichen Fortschrittes in nichts
anderem bestehen kann als in der immer allseitigeren und
vollständigeren Herausbildung dessen, was die eigentliche Ge-
sundheit, Gediegenheit, Tüchtigkeit der menschlichen Natur
ausmacht, oder in der Verwirklichung der begrifflichen Be-

stimmtheit des Menschen. Diese aber läßt sich ausreichend
allein als selbstbewußte Geistigkeit oder reine Freiheit bezeichnen. Nicht der unbestimmte Gattungsname der Menschheit, an den man nach Belieben allerlei schmückende Attribute
fügen kann, genügt zur Zielbestimmung des weltgeschichtlichen Prozesses. Noch weniger kann das Traumbild eines
jenseitigen, sein sollenden Zustandes, der doch in Formen der
beschränkten Diesseitigkeit ausgemalt wird, als die Idee gelten,
die diesen Prozeß leitet. Nur der lebendige Begriff, der sich
die Gattung dienstbar macht und über jedem zuständlichen Sein
frei schaltend sich durch alle wechselnden Figurationen des
Geschehens in seiner eignen reinen Form erhält, der seiner
selbst mächtige Geist, der selbstbewußtes freies Ich ist, kann
als der Zweck der geistigen Wirklichkeit gelten, weil er ihr
Prinzip, nicht bloß ihr Ziel, sondern auch ihr Anfang ist.
Es ist das unvergängliche Verdienst Hegels, diesen Begriff
des Geistes in den Mittelpunkt der Weltgeschichte gerückt
und sie als den Fortschritt im Bewußtsein der Freiheit oder
als den Weg begreifen gelehrt zu haben, auf dem der Geist
zur vollen Herrschaft über sich selbst, zum reinen Genusse
seiner Freiheit kommt. Hegel hat damit sowohl der Un-
bestimmtheit wie der Willkür in der Zielbestimmung der Geschichte ein Ende gemacht; er hat ihren bestimmten Zweck
in dem ihr immanenten Begriffe selbst nachgewiesen, und
wenn man überhaupt gewillt ist, in der Weltgeschichte
eine einheitliche vernünftige Entwickelung anzuerkennen, wird
man diesen Gedanken Hegels vielleicht anders formulieren
oder genauer präzisieren, aber von seinem prinzipiellen Kern
wird die Philosophie so wenig wieder lassen können wie
von dem Kantischen Vernunftprinzip. Für die Art, wie Hegels
Auffassung nicht bloß bei seinen Anhängern, sondern auch
bei seinen Gegnern fortwirkt, ist bezeichnend, wie Robert
Flint in seiner oben erwähnten Schrift[1]) den Inhalt der Geschichte bezeichnet. Er bringt überall, wo er auf Hegel zu
sprechen kommt, die gebräuchlichen Vorwürfe gegen seine
geschichtsphilosophische Methode vor. Er selbst aber spricht
sich über den Sinn der Weltgeschichte folgendermaßen aus:
    „Der Mensch ist Geist und deshalb nicht einfach das,

---

[1]) S. 124.

wozu er gemacht worden ist, sondern das, wozu er sich selbst
macht. Die Menschheit ist ein geistiges Wesen und darum
nicht einfach passiv dem Wechsel und der Veränderung unterworfen, sondern hauptsächlich durch sich selbst geformt und
entwickelt. Die Tat, durch die sich der Mensch selbst zu dem
macht, was er ist, die Selbstbestimmung und Selbstverwirklichung der Menschheit, ist die Freiheit. Diese ist nicht ein
bloß Negatives — das Fehlen des Zwanges; im Gegenteil,
sie ist das in erster Reihe Positive, nämlich der menschliche
Geist selbst, der sich selbst erfaßt, offenbart und sich als
Geist entfaltet. Die Freiheit, mit der sich der Geschichtsforscher beschäftigt, darf nicht mit der sogenannten Willensfreiheit verwechselt werden, über die so viel Streit zwischen
Psychologen und Metaphysikern besteht. Sie ist nicht ein rein
inneres oder individuelles Phänomen, das für sich fertig da-
stünde, abgesondert von jeder äußeren Wirkung auf das Leben
der Gemeinschaft und der Geschichte, sondern sie ist gerade
die Freiheit, die in der Geschichte zur Erscheinung kommt
und von der alle geschichtlichen Vorgänge entweder die Unterdrückung oder die Ausbreitung zeigen. — Der Mensch ist
nicht durch Geburt frei; aber er wird frei in demselben
Maße, in dem er Mensch wird, genau so wie er Mensch wird
in demselben Maße, in dem er frei wird. Nur soweit er es
selbst wird, kann er auch sich selbst erkennen lernen. Die
Menschheit kann zum Gegenstand ihrer eigenen Erkenntnis
nur insofern werden, wie sie sich selbst realisiert und sich
durch ihre Taten und Werke vor sich selber offenbart hat.
Selbsterkenntnis und Selbstbewußtsein sind bedingt durch und
proportional zu der Selbsthervorbringung und Selbstentfaltung, die auf der Freiheit beruht."

c) Weltgeist und absoluter Geist.

Mit diesem immanenten Freiheitsbegriffe fällt die abstrakte Scheidung zwischen der gegenwärtigen Vergänglichkeit und einer zukünftigen, aber ewig unerreichbaren Vollendung dahin. Was die Mannigfaltigkeit der Erscheinung, die
Reihe der Gestaltungen des Bewußtseins zusammenbindet, ist
nicht ein kraftloses Sollen, sondern die lebendige Gegenwart
der unendlichen Energie des Geistes, der sich selber voraus-

setzt, um sich durch die Verneinung seiner selbst zum vollen
Besitze seiner Freiheit zu erheben. Die Versöhnung, die Totalität sind mitten in dem Widerstreite der endlichen Gestalten, in den Gegensätzen der unterschiedenen Individualitäten vorhanden; denn immer ist der ganze Geist in dem Geschichtsverlaufe tätig. Aber die Versöhnung und die Totalität kommen in diesem Verlaufe zu immer klarerem Ausdruck;
indem sich Allgemeinheit und Einzelheit immer deutlicher voneinander sondern, wird ihre Identität immer reiner begriffen.
Denn die ganze Arbeit des tätigen Geistes besteht darin, daß
er sich aus allen Bestimmungen der Einzelheit herausarbeitet,
indem er sie als von ihm selbst gesetzte erkennt und in ihrer
Idealität als seine Momente aufhebt. Das, was man meint,
wenn man von dem Menschheitsideal, von Weltbürgertum und
Weltfrieden redet, ist nicht jenes Abstraktum der Vorstellung,
die sich selbst nicht versteht, jener lederne, leblose Zustand
der Trägheit und Erstarrung, den die Vorstellung sich von
der Zukunft erträumt, sondern ein gegenwärtiges Wirken der
Idee, die Wirklichkeit einer stetigen geistigen Produktion,
durch die sich das Allgemeine im sittlichen Leben der Individuen beständig verwirklicht. Dies Ideal aber wird fortwährend wirklich dadurch, daß die sittliche Gemeinschaft,
das Volk oder die Gemeinde, als Träger der menschlichen
Idealität in Naturgestalt existiert. Aus dem Gegeneinander-
streben der zahllosen Individualitäten, ihrer Leidenschaften
und Interessen stellt die Idee, die mit der Vernunft der
Dinge identisch ist, die wahre Gemeinsamkeit und innere Übereinstimmung der sittlichen Naturen beständig her. Die Gott-
losen dagegen haben keinen Frieden; denn gegenüber aller
Willkür des unsittlichen Eigensinns zwingt das einigende Band
der Notwendigkeit dem Widerstande der selbstsüchtigen Partikularität das Eingeständnis ihrer Ohnmacht und die Anerkennung der unerschütterlichen Herrschaft der allgemeinen
Vernunft und des geistigen Zweckes in der Welt ab. Wohl
kreist alles im ewigen Wechsel des geschichtlichen Werdens;
aber durch allen Wechsel hindurch macht sich in immer höherer Klarheit der Zug geltend zur bewußten Verwirklichung
dessen, was die Menschheit an sich ist. Der Geist ist damit
beschäftigt, sich in seiner eigenen Tiefe zu erfassen und, indem er diese seine Tiefe zu natürlicher Erscheinung an die

Oberfläche bringt, sich in seiner schlechthinnigen Freiheit zu vollenden und gleichsam abzurunden. Bei all seinem Wirken in der Zeit bleibt er als der Träger dieser einheitlichen Tendenz immer mit sich identisch.

Hier erscheint dann die Differenz rein als die Selbstunterscheidung, die der Geist in sich vollzieht. Innerhalb der Einzelgestalt des besonderen Volkes tritt der abstrakte Unterschied von Individuum und Gemeinwesen auf, der noch unmittelbar in der Natürlichkeit wurzelt. Da zeigt die eine Seite ein Verlaufen in die schlechte Unendlichkeit der einzelnen Individuen, während auf der andern Seite die zwingende Macht steht, durch die das Individuelle negiert wird; nur in den außergewöhnlichen Individuen von weltgeschichtlicher Bedeutung stellt sich auf diesem Boden eine wahrhaft persönliche Einheit der beiden Extreme her. Der Zusammenhang der Weltgeschichte dagegen läßt eine Entgegensetzung erkennen, die rein aus der Identität des Geistes hervorgeht und sie manifestiert. Es ist die Reihe der konkreten Volksgeister, die sich zu einer von der Idee durchwalteten Einheit zusammenschließen. Jeder dieser Volksgeister bezeichnet eine bestimmte Stufe des freien Selbstbewußtseins und ist, insofern er diese Stufe darstellt, endlicher Geist, der als natürliche Gestalt wird und vergeht, wächst, reift und 'abstirbt. Denn da der Geist seinem Begriffe nach unendlich ist, trägt er als endlicher Geist den Widerspruch in sich, nicht seinem Begriffe gemäß zu sein. Sein geschichtliches Dasein hat den Zweck, diesen Widerspruch klar zu machen, ihn aufzulösen und dem Geiste über ihn hinwegzuhelfen. Das geschieht dadurch, daß der Volksgeist zum freien Bewußtsein seiner selbst kommt und also sich in seiner natürlichen Bestimmtheit zu negieren befähigt wird. Indem er dadurch in die Allgemeinheit des freien Geistes sich erhebt, geht er in das Verhältnis zu den andern Volksgeistern ein, die sowohl ihm gleichgestellt erscheinen, sofern auch sie endliche Geister darstellen, als auch ihm entgegengesetzt sind, sofern sie verschiedene Stufen in der Entwickelung des selbstbewußten Geistes bedeuten. Das Schicksal der einzelnen Volksgeister wird durch die eigentümlichen Beziehungen unterschieden, die sich aus diesem Verhältnisse ergeben. Dies Verhältnis selbst aber geht beständig hervor aus dem einheitlichen Leben des in der Geschichte tätigen

Geistes, der als diese unendliche Allgemeinheit und der nie
zur Ruhe kommende Prozeß des Selbstproduzierens, als der
Weltgeist sich manifestiert. Er ist die einheitliche Macht,
das Schicksal der einzelnen Volksgeister; aber diese Macht
steht nicht als Extrem auf einer Seite den vielen einzelnen
auf der andern gegenüber, sondern sie ist der Mutterschoß, aus
dem die verschiedenen Gestalten des Bewußtseins hervorgehen, und das schaffende Leben, das sich selbst durch immer
neue Produktionen hervorbringt. Die verschiedenen Prinzipien,
die sich in den Volksgeistern verkörpern, sind alles gleichsam
Definitionen, die der Weltgeist versucht, um sein eigenes
Wesen auszusprechen. Er treibt sich in rastlosem Wechsel
von Werden und Vergehen umher und ist in seiner unermüd-
lichen Negativität dem alles aufwühlenden und nichts unbewegt
lassenden Maulwurfe zu vergleichen, der selbst nur unter-
irdisch tätig ist, aber ein Gebilde nach dem andern an die
Oberfläche schickt. Freilich darf man dies rastlose Bilden
nicht mit der Vorstellung des unendlichen Progresses, des
Fortschreitens nach einem unbestimmten oder unerreichbaren
Ziele verbinden. Die Entwickelung der Weltgeschichte verläuft
nicht geradlinig ins Unendliche. Die Linie ihrer Bewegung
ist einerseits einer Spirale zu vergleichen, die in sich steigern-
der Höhenlage doch die einmal gegebene Grundfläche nicht
überschreitet, anderseits der Ausstrahlung eines Mittelpunk-
tes, der sich zur Kugelfläche ausdehnt und doch die Kugel,
so weit auch ihr Radius wachsen möge, beständig an sich
gebunden hält und durch sich bestimmt. Denn der Geist,
aus dem die ganze Bewegung hervorgeht, ist nicht eine in
sich bestimmungslose Kraft, sondern der sich selbst bestimmende reine Begriff.

Als solcher tritt der Geist in der Geschichte nach seiner
vollständigen Gestalt hervor als der absolute Geist, der
nicht bloß in der beschränkten Lebendigkeit der Volksgeister
und in der unbegrenzten Lebensfülle des Weltgeistes, sondern
zugleich in jeder besonderen Bildung des individuellen Daseins und in jeder vernünftigen Form der Lebensgestaltung
mit sich identisch bleibt und in allem die Einheit des Allgemeinen und des Einzelnen, des Geistigen und des Sinnlichen,
des Ewigen und des Zeitlichen offenbart. Er ist das konkrete
persönliche Leben, das unmittelbare Bewußtsein des geistigen

Ich, das absolute Subjekt, dessen Begriff es ist, sich zu ent-
äußern und in seinen Äußerungen sich selbst wieder zu gewinnen, daß er durch sie verherrlicht werde. Dies göttliche'
Ich wird von Hegel als das Prinzip der Weltgeschichte pro-
klamiert. Die gewöhnliche Vorstellung von der Religion faßt
bei dem Namen Gott nur das eine Moment der Transzendenz
auf, einer Absolutheit, die, weil sie zu dem Relativen nur eine
äußerliche Beziehung hat, in Wahrheit gar nicht absolut ist.
In dem Leben der Religion aber, das von der gewöhnlichen
Vorstellung nicht gefaßt wird, ist die Wahrheit des Gottes-
gedankens beständig wirksam, und der christliche Begriff
der Trinität hat sie auch der Anschauung zu eigen gemacht.
Von der Philosophie wird sie in dem Begriffe des absoluten
Geistes ausgesprochen, der, weil er das selbstschöpferische
Ich ist, ebenso transzendent wie immanent, die Wahrheit und
das Leben aller Dinge ist. Er ist deshalb ebenso außer wie
in der Zeit; die einzelnen Momente dagegen, in denen er sich
nach seiner Lebensfülle bestimmt und unterscheidet, fallen
teils der überzeitlichen, teils der zeitlichen Sphäre zu.

Dieser Unterschied ist für den philosophischen Begriff
der Weltgeschichte von der höchsten Wichtigkeit. Das Verhältnis der geschichtlichen Gestaltungen zur Zeit ist dasjenige,
weswegen der gemeine Verstand die Geschichte nicht als ein
Vernünftiges anerkennen will. Er sieht in ihr nichts als die
Unbeständigkeit und Vergänglichkeit, ein Auftauchen und Verschwinden von Erscheinungen, die eben dadurch, daß sie der
Zeit unterworfen sind, als nichtig erwiesen werden. Dieser
Eindruck wird wohl gar noch durch das Kantische Theorem
von der subjektiven Idealität der Zeit bekräftigt; wenn die
Zeit „nur" unsere Form der Anschauung ist, dann wird das
Geschichtliche, das ganz von der Zeitfolge abzuhängen scheint,
erst gänzlich nur subjektive Erscheinung sein, in der man
keine bleibende sachliche Wahrheit zu finden erwarten darf.
So falsch eine solche Verwendung des Kantischen Theorems
ist, so liegt doch schon in seiner Formulierung durch Kant
selbst ein Mangel, der für das Verständnis der Geschichte er-
schwerend sein kann. Selbstverständlich ist die Bezeichnung
der Zeit als einer apriorischen Anschauungsform der reinen
Vernunft nicht falsch. Sie hat im Gegenteil das große Verdienst gehabt, aus jedem ernsthaften philosophischen Denken

die Vorstellung ein für allemal zu beseitigen, als sei die Zeit
gleichsam ein kautschukartiges Futteral, das sich immer weiter
auseinanderziehen läßt, um immer mehr neue Geschehnisse um-
spannen zu können. Der Mangel des Kantischen Satzes aber
liegt darin, daß Kant zwar den transzendentalen Charakter der
Zeitanschauung feststellt, sie aber nicht aus dem Begriffe der
Vernunft entwickelt oder mit dem Begriffe des Geistes vermittelt. Man kann es heute noch ab und an als einen besonderen Vorzug der Kantischen Methode rühmen hören,
daß Kant sich darauf beschränkt habe, das Erkennen nach
den mancherlei empirisch aufgefaßten Bestimmtheiten seines Verhaltens zu den verschiedenen Gebieten der Gegenständlichkeit zu beobachten und diese Bestimmtheiten als
das ursprünglich Gegebene gelten zu lassen, als ein Faktum, das nicht weiter auf einen tieferen Grund reduzier-
bar ist. Dabei hat Kant doch schon dadurch, daß er das
theoretische und das praktische Verhalten gleicherweise mit
dem Namen Vernunft bezeichnet, den Weg gewiesen, auf
dem das Denken über alle von außen gegebenen Unterschiede
hinweg zur einheitlichen Erkenntnis kommen muß. Es ist ein
Widerspruch in sich selbst, die Vernunft als die autonome
schöpferische Spontaneität zu begreifen und daneben an festen
Bestimmtheiten haften zu bleiben, die der Vernunft eigen
sein sollen, ohne daß man zeigt, wie sie dazu kommt, diese
Bestimmtheiten aus sich heraus zu setzen. So wird dadurch,
daß die Idealität der Zeit auf eine nicht weiter ableitbare
Besonderheit des menschlichen Erkennens zurückgeführt wird,
der Sinn des Kantischen Idealismus in sein Gegenteil verkehrt.
Es entsteht der falsche Mißverstand seiner Erkenntnistheorie,
der sie in das Psychologische hinüberspielt: die Vernunft hat
nun einmal diese Anlage; es ist die Eigentümlichkeit des
menschlichen Denkens, daß es sich gerade dieses Verhältnis
zur Gegenständlichkeit gibt. Damit wird eine ursprüngliche,
äußerliche Gegebenheit statuiert, neben der die freie Tätigkeit des Geistes das Sekundäre ist, — gerade die Ansicht,
die zu entkräften Kant sein ganzes Werk unternommen hat.

Die ganz richtige Beobachtung, daß die Zeit eine
Form der vernünftigen Anschauung ist, muß in den großen Zusammenhang der konstruierenden Vernunft gestellt werden,
den Kant selber uns enthüllt hat. Danach ist die Zeit als eine

Bestimmung zu erkennen, die sich der Geist selber gibt und
die er einer Sphäre seiner Manifestationen als die Form
zugeteilt hat, in der er sich selbst verwirklicht. Diese Sphäre
nun ist die Wirklichkeit, das Leben der Subjekt-Objektivität,
in dem sich die Identität von Natur und Geist in unendlicher
Mannigfaltigkeit produziert. Was die Wahrheit des Geistes
ist, die reine Tätigkeit, die unruhige Negativität des Begriffes, kommt in der Wirklichkeit zur Erscheinung vermittelst der Zeit, die ihre Kinder verschlingt und sie zugleich aufbewahrt. Sie ist Form, aber ebenso Inhalt; nicht
ein gleichgültiger Rahmen für wechselnde Bilder, sondern
selbst der Wechsel, durch den allein die Bilder ihren rechten
Sinn und Zusammenhang empfangen.

Ebendarum aber geht der Geist nicht in der Zeit auf.
Hegel unterscheidet in seiner Phänomenologie den absoluten
Geist und den „ganzen Geist". Dieser ist der Weltgeist, der
seine Gestaltungen unablässig hervorbringt, und von ihm sagt
er: „Der ganze Geist ist in der Zeit, und die Gestalten, welche
Gestalten des ganzen Geistes als solchen sind, stellen sich
in einer Aufeinanderfolge dar; denn nur das Ganze hat eigentliche Wirklichkeit und daher die Form der reinen Freiheit
gegen anderes, die sich in der Zeit ausdrückt"[1]). Die Gestalten, von denen Hegel redet, sind die verschiedenen Volksgeister, deren jeder ein Ganzes, eine Totalität des geistigen
Lebens, eine in sich geschlossene Kulturform darstellt.
Sie folgen sich in der Zeit, und ihre Aufeinanderfolge
macht die Weltgeschichte aus. Innerhalb einer jeden dieser Kulturformen aber bilden sich die mannigfaltigsten
Gestalten des geistigen Lebens, und diese sind für sich nicht
in der Zeit. Es besteht keine zeitliche Aufeinanderfolge in
der Entwickelung des Bewußtseins vom sinnlichen Bewußtsein bis zum spekulativen Denken; sondern alle Formen dieser
Entwickelung bestehen nebeneinander. Ebenso ist es mit Familie, Staat, Gesellschaft, mit Kunst, Religion, Wissenschaft.
Solche Gestalten sind gegen den Zeitunterschied gleichgültig,
sie erhalten sich mit- und ineinander durch allen Wechsel
der Volksgeister hindurch. Indessen bleibt auch unter ihnen
noch ein Unterschied in Beziehung auf die Zeit. Die Ge-

---

[1]) Phil. Bibl. Bd. 114, S. 438.

stalten, die das individuelle Bewußtsein sich gibt, haben
überhaupt keine Geschichte. Das menschliche Individuum ist
zu allen Zeiten und in allen Kulturformen das gleiche, gerade
weil die Individualität die schlechthin unbestimmte Unendlichkeit der Besonderheiten ist. Diese Unendlichkeit wird durch
die besondere Gestalt der geschichtlichen Kulturform ebensowenig eingeschränkt wie die allgemeine geistige Natur,
aus der diese Unendlichkeit hervorgeht: Bewußtsein, Selbstbewußtsein und Vernunft sind in ihrem Wesen und in
ihren Operationen heute dieselben wie vor Jahrtausenden. Die
Gestalten dagegen, die dem sittlichen Ganzen als allgemein-
gültige Momente seiner Totalität angehören, die das Allgemeine, wie es über das Partikulare mächtig ist, zur Wirklichkeit bringen, die sittlichen Gemeinschaften und die geistigen
Mächte der Kunst, der Religion, der Wissenschaft, sie haben
eine Geschichte, wiewohl sie nicht wie die Gestalten des
ganzen Geistes mit der Zeit entstehen und vergehen. Sie sind
das Dauernde mitten im Wechsel dieser Gestalten; aber sie
empfangen in jeder dieser Gestalten eine besondere Form
und verleihen jeder dieser Gestalten ein besonderes Gepräge.
Daher ist es, daß in ihnen nicht der Weltgeist offenbar wird,
der an die Zeit geknüpft und in der Zeit ist, sondern der
absolute Geist, der überzeitlich ist und darum die Zeit sich
dienstbar macht, der in der Zeit sich entfaltet, weil er außer
der Zeit ist. Sie beseelen die einzelnen Gestalten der Volksgeister mit dem Gehalt der bleibenden Wahrheit und ver-
klären den Lauf der Geschichte mit dem Glanze der ewig
präsenten Idee.

3. Die philosophische Behandlung der Weltgeschichte durch Hegel.

a) Der Volksgeist und die Naturelemente.

Aus dem Begriffe der Weltgeschichte und seinen Momenten,
wie wir sie soeben entwickelt haben, muß sich die Stellung
ergeben, die der denkende Geist bei ihrer philosophischen
Behandlung einnimmt. Das System, das als Weltgeschichte
sein gegenständliches Dasein hat, das System der Gestaltungen
des Bewußtseins als ein zum Ganzen sich ordnendes Leben

des Geistes, bildet nicht bloß die Mitte zwischen dem allgemeinen Geiste und dem sinnlichen Bewußtsein, sondern noch viel umfassender die zwischen Denken und Sein, zwischen Geist und Natur überhaupt. Oder richtiger, dies System ist nicht eine abgetrennte Mitte zwischen ihnen, die ihnen ein besonderes eigenes Dasein ließe, sondern es ist in erscheinender Wirklichkeit die alles umfassende Totalität, an der sie als Momente vorhanden sind. Dem unbefangenen Bewußtsein liegt es nahe, einerseits den Geist, abstrakt als Geist gefaßt, von der Welt der Wirklichkeit abgesehen, — so wie er etwa vor der Schöpfung der Welt wäre, — für das Höhere zu halten im Vergleich mit seiner Manifestation im zeiträumlichen Dasein. Anderseits neigt es dazu, in der Wirklichkeit die äußere Natur, dies feste System einer nach abstrakten Gesetzen geordneten Vielheit der sinnlichen Dinge, für das eigentlich Wirkliche und Wichtige zu halten im Vergleich mit den der Vergänglichkeit verfallenden Bildungen der Geschichte. In Wahrheit aber sind diese beiden Extreme, Geist und Natur in ihrer Abstraktion, eben darum, weil sie Extreme sind, unvollkommene Bestimmungen des Geistes. Dieser findet seine vollständige Verwirklichung erst in dem lebendigen Ganzen, das als Weltgeschichte, als das Reich der sich in natürlicher Erscheinung frei bestimmenden Gestaltungen des Bewußtseins die absolute Wahrheit des Geistes unablässig erzeugt und erneut. Der Geist vollbringt in diesem System der Wirklichkeit durch die vielverschlungene Kette seiner Gestalten nicht nur die in ihm liegenden unendlichen Gestaltungsmöglichkeiten, sondern zugleich vergewissert er sich in dieser seiner Produktion beständig seiner Freiheit, mit der er jede mögliche Bestimmung, indem er sie verwirklicht, auch in dem Zusammenhange aller seiner Momente wieder aufhebt und seiner einheitlichen Idee unterwirft. In dieser seiner Tätigkeit treten die Bestimmungen, die den Geist an sich, in seiner Abstraktion, konstituieren, die Kategorien des reinen Denkens, als die für alle Gegenständlichkeit geltenden Normen hervor: die Logik erscheint als Moment der Wirklichkeit. Und ebenso tritt dabei der Geist für sich, nach seiner Subjektivität, dem äußerlichen Dasein mit der Freiheit des Bewußtseins gegenüber und setzt die Natur sich zur Unterlage für die Offenbarung seiner Freiheit und zum Werkzeuge für die Vollbringung seines Zweckes: die Natur erscheint als Moment der Wirklichkeit. Die Weltgeschichte aber macht die Wirklichkeit als solche, die „geistige Wirklichkeit in ihrem ganzen Umfange von Äußerlichkeit und Innerlichkeit" aus.

Bei der Behandlung der Weltgeschichte muß man also sich gegenwärtig halten, daß weder die bloße logische Schematisierung dem Gegenstande gerecht werden kann, noch daß er einfach auf Verhältnisse der natürlichen Entwickelung sich zurückführen läßt. Es muß immer die konkrete Betrachtungsweise festgehalten werden, die das zeiträumlich bestimmte Individuelle gleichzeitig als das geistig Typische und in sich eine Totalität Bildende begreift. Das unmittelbare Kennzeichen für diese Eigenart der weltgeschichtlichen Phänomene bildet, wie wir oben schon entwickelt haben, ihr Verhältnis zur Zeit. Und es ist von höchster Wichtigkeit, dies Verhältnis bei ihrer Behandlung scharf aufzufassen. Für die Natur, deren einzelne Prozesse sich ebenso wie die geschichtlichen Vorgänge in der Zeit abspielen, bleibt die Zeit eine über ihr waltende äußerliche Ordnung. Die Natur selbst stellt eine gegen alle Veränderungen gleichgültige Dauer dar; was sich an Veränderungen in ihr zuträgt, fällt stets wieder in die Dieselbigkeit zurück. Es findet wohl ein Wechsel statt; aber dieser Wechsel ist selbst Dauer und Unveränderlichkeit, unter ein bleibendes Gesetz gestellt und stetig sich wiederholend. Ganz anders ist es in der Weltgeschichte. Es geschieht nichts Neues unter der Sonne; das trifft für die natürliche Sonne zu, aber die Geschehnisse der geistigen Wirklichkeit fallen nicht unter dieses Wort. Hegel bemerkt mit Recht, daß unter der Sonne des Geistes beständig Neues sich begibt. Der Satz, daß alles schon dagewesen sei, verliert auf dem Boden der Geschichte jede Geltung; selbst das, was man mit Hegel die „ernsten Wiederholungen der Geschichte"[1]) nennen könnte, ist Wiederholung nur in dem Sinne, daß die allgemeine Kategorie des geschichtlichen Werdens daran hervortritt, bildet aber für sich immer wieder eine ausgesprochen individuelle Gestalt: der Fall Babylons ist etwas durchaus anderes als die Zerstörung Jerusalems oder der Untergang

---

[1]) Rechtsphilosophie (Phil. Bibl. Bd. 124, S. 369).

Roms. Es hilft für das Verständnis der einzelnen geschichtlichen Zustände sehr wenig, wenn man das Hauptgewicht auf
das legt, was sie mit früheren Zuständen gemeinsam haben;
denn die Natur zwar wiederholt sich immer, die Geschichte
dagegen wiederholt sich nie. Dort herrscht der Kreislauf,
hier der Fortschritt; dort ist die Zeit das inhaltlose Schema,
hier ist sie selbst die sichtbar wirkende Macht des Begriffs,
scheidend, entfaltend, abschließend und richtend.

Weil die Zeit in der Geschichte so durchaus als ein in-
haltsvolles Moment wirksam ist, so läßt sie sich zur Auf-
stellung abstrakter Schemata für den Geschichtsverlauf schlechterdings nicht verwenden. Die Konstruktion von aufeinander-
folgenden Zeitaltern der Geschichte nach feststehenden Zeit-
längen, Jahrhunderten oder Jahrtausenden, die Berechnung,
wann wieder eine Epoche in der Weltgeschichte eintreten
müsse oder wie lange die Herrschaft einer bestimmten Kultur-
periode dauern könne auf Grund von Zahlenreihen, die man
nach früheren Beispielen errechnet hat, verkennt den innerlichen Charakter der geschichtlichen Zeit. Nur da, wo die
Idee der Geschichte selbst an die natürliche Grundlage gebunden ist, weil sie menschliche Individuen zu ihrem Material hat, ist eine schematische Zeiteinteilung möglich, die
Einteilung nach Generationen. Die Zeit der Vollreife des
Menschen läßt sich auf etwa dreißig Jahre im Durchschnitt
angeben; dreißig Jahre ungefähr wird also eine bestimmte
Generation in Geltung sein, wird ihre Geistesart dem Volksleben sein Gepräge geben. Und da die Dreizahl die natürliche
Zahl für jede Entwickelung ist, so wird in der Aufeinanderfolge von drei Generationen sich der Ablauf bestimmter geistiger Strömungen vollziehen, so daß tatsächlich das Jahrhundert, das ja das richtige Maß für drei Generationen ist,
ein sachlich begründetes Zeitmaß für einzelne geschichtliche
Erscheinungen bildet. Aber einerseits empfängt auch hier
das zeitliche Schema überhaupt erst einen Sinn durch die
von der Zahl ganz unabhängige inhaltliche Bestimmung; denn
an sich kann jedes Jahr als der Anfang einer Generation
gerechnet werden, und es liegt ausschließlich an der geistigen
Einheit, welch eine Gruppe von dreißig oder hundert Jahren
man unter dem Namen einer Generation oder eines Jahrhunderts zusammenfaßt. So liegt beispielsweise für die neueste

Geschichte der Anfang der geschichtlichen Jahrhunderte um
die Jahre 1640, 1740, 1840, nicht aber am Beginn der Jahrhunderte unserer Zeitrechnung. Und anderseits geht über
das Maß des geschichtlichen Jahrhunderts keine äußerlich
durch die Zeit gegebene Regel des geschichtlichen Werdens hinaus, die als allgemeiner Maßstab die Abwand-
lung der Perioden der Weltgeschichte beherrschte. Jede
geschichtliche Gestalt trägt ihr eigenes Zeitmaß in sich selbst;
wie Hegel statarische Gestalten von solchen unterscheidet, die
im Zeitverlauf auftreten und vergehen, so betont er auch
den Unterschied zwischen der kurzen Entwickelung, die der
Islam gehabt hat, und der langsamen Entfaltung der christlichen Kultur. Nicht die Zeit ist es, die der geschichtlichen
Gestalt ihr Werden und ihre Dauer vorschreibt. Die geschichtliche Gestalt ist es, die der Zeit ihre Bestimmung gibt,
wie ja auch die Zeitrechnungen nach geschichtlichen Ereignissen festgelegt worden sind. Die Zeit ist berufen, das Schicksal der geschichtlichen Gestalt zur Anschauung zu bringen, so
daß, wenn wir von der Aufeinanderfolge der Zeiten reden, die
Zeiten selbst als charakteristische Gebilde gemeint sind, die
den Geschichtsverlauf ausmachen. So erzwingt sich der Begriff der besonderen Totalität, der jede geschichtliche Einzelheit beherrscht, ganz von selbst die Beachtung, wo man an die
philosophische Behandlung der Weltgeschichte herantritt.

Dieser Begriff will nun auch beachtet sein, sobald man
die einzelnen Momente und inneren Beziehungen ins Auge
faßt, die an den besonderen geschichtlichen Gestalten hervortreten. Es kommt alles darauf an, daß man keine dieser
mannigfaltigen Bestimmtheiten anders als in ihrem lebendigen
Verhältnisse zu dem ganzen Geiste betrachte, der sich seine
besondere Gestalt und in ihr eben jene Bestimmtheiten gegeben hat. Die Gefahr, durch ausschließliches Hervorheben
irgendeiner Seite des Ganzen den Sinn der geschichtlichen
Erscheinung zu verfehlen, ist gerade wegen der Mannigfaltigkeit der jedesmal vorhandenen einzelnen Momente überaus
groß. An jeder geschichtlichen Gestalt sind zwei Momente
deutlich zu unterscheiden: das eine ist der Stoff, den der
Geist als das Material zu seiner Tätigkeit vorfindet und
benutzt. Es ist ein geläufiger Irrweg, diese Naturelemente als die wirkenden Ursachen und bestimmenden Trieb-

kräfte der ganzen geschichtlichen Entwickelung anzusehen.
Man übersieht dabei das andere Moment, nämlich die
eigenartige Ausbildung, die sich der Geist vermittelst
dieses Stoffes gibt. Die Einheit dieser beiden Momente nun
ist eben der Geist selbst, der sich als der Geist dieses bestimmten Volkes in einer sittlichen Gemeinschaft verwirklicht.
Gewiß kommen Klima, Rasse, Sprache, Wirtschaft, Tech-
nik als Bedingungen und Voraussetzungen, als Elemente der
inneren und äußeren Natur für das geschichtliche Werden
überall in Betracht; aber wozu der Geist eines Volkes diese
seine Naturelemente gestaltet, das liegt nicht in diesen Elementen selbst, sondern in dem Prinzip der Freiheit, in dem
Bewußtsein und Willen, womit gerade dies Volk an die Aufgabe
geht, sich selber auszubilden. Wenn im einzelnen Falle Land
und Volk so zusammenstimmen, daß die Beschaffenheit des
einen die Entwickelung der Eigenart des andern begünstigt,
so liegt eine Fügung der in der Weltgeschichte waltenden
Vernunft vor, die zwei aufeinander angelegte Elemente miteinander zu gegenseitiger Förderung verknüpft hat, und die
Länder samt ihren Bewohnern treten unter diesen Umständen
in das Drama der Weltgeschichte als Mitwirkende ein. Werden dagegen die Länder von Völkern besetzt, die nichts mit
ihnen anzufangen und sich in ihnen nicht aufwärts zu entwickeln wissen, so fallen sie aus dem weltgeschichtlichen Zusammenhange heraus und bleiben für ihn ohne aktive Bedeutung.

Genau so, wie das Prinzip des Volksgeistes für die Ver-
wertung der Naturelemente bestimmend ist, gibt es übrigens
auch allen Produktionen der lebendigen Tätigkeit des Volkes
ihr eigentümliches Gepräge. Die rationalistische Auffassung der
Geschichte verführt leicht dazu, das, was ein Volk in irgendeinem besonderen Zweige der geistigen Tätigkeit geleistet hat,
als Muster für alle anderen Völker aufzustellen und den Wert
des Volkes nach dieser Leistung abzuschätzen. Aber was die
Leistung wirklich bedeutet, das zeigt sich doch erst, sobald
man erkennt, wie sie aus dem eigentümlichen Geiste dieses
Volkes geboren ist und ihm entspricht, woraus sich dann sofort ergibt, daß sie nicht einfach anderswo zum Gegenstande
der Nachahmung geeignet ist. Ebenso aber kann sich auch
herausstellen, daß ein Volk auf irgendeinem Gebiete Staunens-

wertes geleistet hat, ohne doch mit seiner ganzen Geistesart
an die Höhe heranzureichen, die es in dieser Einzelheit erreicht hat. Es wird dann leicht seine geschichtliche Bedeutung überschätzt, weil man diese eine mehr zufällige und
natürliche Vollkommenheit, abgesehen von der geistigen Beschaffenheit und der Reife des Selbstbewußtseins, in den
Vordergrund rückt.

b) Die Totalität und ihre Momente.

Diese Reife des Selbstbewußtseins in einem Volke beruht
aber auf der geistigen Einheit, in der die Einzelnen sich
mit dem Ganzen fühlen, dem sie angehören. Es tritt hier eine
zweite Gliederung an der geschichtlichen Gestalt hervor; dies-
mal aber geht sie nicht auf die Scheidung des Elementarischen
von dem Gestalteten, sondern auf die zwischen den Trägern
der Gestaltung selbst. Das Volksganze ruht einesteils auf
den gegebenen organischen Lebensformen, dem Allgemeinwesen oder dem Staate, mit seinen Gesetzen und Institutionen,
und wird andernteils aufrechterhalten durch die Beteiligung
der unbestimmten Einzelheit, die grenzenlose Menge der Individuen, deren Wille dem Allgemeinwesen dient und es zugleich beeinflußt. Die Abstraktion pflegt auch hier die Momente, die zusammengehören, voneinanderzureißen und das
eine oder das andere für das maßgebende zu nehmen. Heute
freilich ist wenig Neigung dazu vorhanden, wie es zu Hegels
Zeiten noch war, die Staatsmacht wie ein durch den Zufall
der Natur den Individuen auferlegtes Fatum für das allein
Berechtigte zu erklären, dem gegenüber das geistige Leben
der Individuen bedeutungslos bleibe. Um so geläufiger ist
heute die Anschauung, die den allgemeinen Willen, den Staat,
für die Summe der Einzelwillen ausgeben und seine Geschichte aus der Psychologie der Masse konstruieren möchte.
Nun ist der ersten Meinung darin beizupflichten, daß für
den Staat Macht und Recht in der Tat identisch sind, —
sehr im Unterschiede gegen die durch das Recht, das im
Staate gilt, aufgerichteten Ordnungen der privaten Verhältnisse. Aber diese Identität selbst, ja das Dasein von Macht
sowohl wie Recht, ist nur möglich auf dem Grunde einer die
Vielen zur Einheit verbindenden Gesinnung. Für den Staat

ist Macht nicht Naturgewalt und Recht nicht formaler Anspruch; sondern in dem Bewußtsein der Vernünftigkeit des
eigenen Daseins wurzelt die Macht, und in dem Dasein der Vernünftigkeit des bewußten Willens besteht das Recht. Wenn aber
nun die zweite Meinung die unendliche Zufälligkeit der Einzelwillen für dies vernünftige Bewußtsein ausgeben will, so verkennt sie ganz, daß der amorphen Masse der unablässig auf-
tauchenden und verschwindenden Individuen überhaupt nur
eine allgemeine Vernunft Gestalt und Zusammenhang geben
kann, eine Vernunft, die nicht erst aus dem Zusammenkommen
der Vielen hervorgeht, sondern die der einzige Grund dafür ist,
daß sie zusammenkommen. Ohnehin gibt es den schlechthin
Einzelnen nirgends; er ist immer Glied eines geistig geformten
Zusammenhanges, einer Gemeinschaft sittlicher Wesen, und
gehört, noch ehe sein individuelles Bewußtsein erwacht, der
vernünftigen Allgemeinheit an. Der Staat also ist früher als
das Individuum, und das Volk ist niemals die Summe der im
Augenblick lebendigen, dem Gemeinwesen zugehörenden Einzelnen, sondern der von einem Geiste beseelte Organismus,
der wie sich der körperliche Organismus durch den Stoff-
wechsel, so durch den Wechsel der Individuen sich beständig
erhält.

Erscheint so die Individualität als das Mittel zur Verwirklichung der geschichtlichen Aufgabe, so tritt uns eine
neue Entgegensetzung zweier in der Weltgeschichte miteinander wirksamer Momente entgegen, bei deren Betrachtung
es wiederum gilt, die ihnen zugrunde liegende Einheit nicht
zu übersehen; es ist der Gegensatz der besonderen Individuen,
denen die Führung der Staatsgeschäfte zufällt, der Politiker,
Herrscher und Heerführer, zu dem am öffentlichen Leben
nur in sehr bescheidenem Maße beteiligten Haufen der bürgerlichen Individuen, der Masse. Es ist ein alter Streit, ob
die Staatslenker die Geschichte machen oder ob der Geschichtsverlauf bestimmt wird durch die im Schoße der Volksmasse
sich vollziehenden wirtschaftlichen und kulturellen Veränderungen. Und es ist sehr merkwürdig, wie jede dieser beiden
Meinungen von ihren Verfechtern selbst preisgegeben wird,
sobald sie von den geschichtlichen Vorgängen sprechen, die
ihre eigene Gegenwart betreffen. Da erklären die einen alles
für auf das Beste bestellt, was von den Fürsten und Regie-

gierungen ist unternommen worden; aber der Unverstand der
Massen hat, so versichern sie, die besten Absichten der Leitenden verdorben. Da wird von den andern mit der größten
Emphase verkündet, daß nichts als die in der Tiefe des Volkslebens wirkenden Kräfte den Lauf der Geschichte bestimmen,
und zugleich wird auf das wütendste über die Könige und
Feldherren hergezogen, die durch ihre Eroberungssucht und
ihren Blutdurst die Welt ins Elend stürzen. Wer also eigentlich die Geschichte macht, kann keine der beiden Parteien
sagen. Es ist eben ganz unmöglich, das Volk, das ein lebendiges Ganzes ausmacht, in einen allein wirkenden und einen
bloß dienenden Teil zu trennen. 'Die Personen, die politisch die
Geschäfte zu führen haben, gehören mit zu dem Volke und sind
durch denselben Geist gebildet, Vertreter der gleichen Ideen,
die dem Volke im ganzen sein unterscheidendes Gepräge geben.
Es ist ebenso kurzsichtig, die Weisheit und die kluge Berechnung, die ehrgeizigen Absichten und die Leidenschaften
der Regierenden als das anzusehen, was über das Schicksal
der Welt entscheidet, wie es unwürdig und unvernünftig ist,
aus dem Instinkte der Massen, aus den sinnlichen Bedürf-
nissen des großen Haufens den geschichtlichen Fortschritt
herzuleiten. Er vollzieht sich aus dem inneren Gesetze des
Geistes heraus, der sich durch das Wachstum und Reifen des
bestimmten Volksgeistes und durch das gegenseitige Verhältnis der verschiedenen Volksgeister zueinander seinen Weg
bahnt, dabei die Tätigkeit der Individuen in Bewegung setzt
und als Mittel benutzt, ihnen einen weiten Spielraum der Zufälligkeit für das Gewährenlassen der privaten wie der nationalen Eigentümlichkeiten offen läßt, aber diese ganze Fülle
der Individualität unter dem Endzwecke seines Fortschrittes
bändigt.

Damit aber zeigt sich uns nun die letzte Gegenüberstellung
zweier Momente, die zugleich die vollkommenste Erscheinung
der Identität im geschichtlichen Leben darbietet, die Beziehung zwischen der die Weltgeschichte lenkenden allgemeinen Vernunft, der Vorsehung, wie der religiöse Glaube
sie nennt, und ihren Werkzeugen, den einzelnen großen Män-
nern oder geschichtlichen Individuen, die das Werk der Vorsehung auszuführen berufen sind. Es ist unbedingt wahr, daß
diese großen Männer die Geschichte machen; sie stehen

wohl in ihrem Volke, aber sie überragen es, und ihre Häupter
schauen Horizonte, zu denen der Blick ihrer Zeitgenossen
nicht reicht. Darum sind sie Seher und Führer, Schöpfer
und Vollender. Zugleich aber ist auch dies unbedingt wahr,
daß die Geschichte diese großen Männer macht; sie
treten in dem Zeitpunkt auf, wo die Kräfte des Lebens sich zur
Geburt einer neuen‾geistigen Gestalt des Daseins zusammen-
gefunden haben, und sie helfen dieser neuen Gestalt ans
Licht. Das Notwendige, das im Fortschritte der Geschichte
gerade jetzt eintreten muß, sind sie zu vollziehen berufen;
sie tragen es in ihrem Innern als eine ihnen natürliche Anschauung, die ihnen aus tieferen Gründen emporgestiegen
ist als aus verständiger Überlegung und mühevollem Grübeln.
Sie sind so als Individuen unmittelbar die Träger einer allgemeinen geistigen Wahrheit; in ihnen wird der Sinn und
die Bedeutung der Persönlichkeit in ihrer höchsten Vollendung
unmittelbar anschaulich: die reine Identität des Ich mit der
ewigen Idee. Darum sind sie die Heroen, die Chorführer in
dem Reigen der Menschheit, der die Einheit mit dem göttlichen
Geiste zur Mitgift und zur Aufgabe zugeteilt worden ist;
und an diesen großen Gestalten erkennen alle Geschlechter
ihr eigenes bestes Teil und die Stufen im Aufstiege zu der
Höhe der geistigen Freiheit, zu der die Weltgeschichte hin-
strebt. Sie sind die leuchtenden Beweise des Dichterwortes,
höchstes Glück der Erdenkinder sei nur die Persönlichkeit.

Wie sich die Idee in der Persönlichkeit konzentriert,
so stellt sie in der Stufenfolge der geschichtlichen Gestaltungen, die in den großen Persönlichkeiten ihre Repräsen-
tanten haben, den ausgebreiteten Inhalt und Begriff des Geistes dar. Jede einzelne Gestaltung ist erst in dem Zusammenhange mit diesem ganzen Inhalt und Begriff ganz verständlich. Die Philosophie muß deshalb den Geschichtsverlauf
immer auch nach dieser Seite von dem Gesichtspunkte der
Totalität aus betrachten. Oder alle philosophische Behandlung der Geschichte muß Philosophie der Weltgeschichte
sein. Man kann keine Philosophie der Geschichte Indiens
oder Preußens schreiben; es sei denn, daß man die Absicht
habe, diese einzelne geschichtliche Erscheinung ganz deutlich
als ein wesentliches Moment in der Offenbarung des Weltgeistes nachzuweisen. Darum kann alle Spezialhistorie für die

Philosophie nur die Bedeutung haben, daß sie dieser das notwendige Material für die philosophische Bearbeitung liefere; für die Spezialhistorie aber hat die Philosophie der Geschichte wiederum die Bedeutung, daß ihr durch sie die vorausliegenden Prinzipien geliefert werden, die es ihr ermöglichen, in der geschichtlichen Erscheinung, mit der sie sich beschäftigt, das Wesentliche von dem Unwesentlichen zu unterscheiden. Dagegen könnte freilich der Historiker zweierlei einwenden. Erstens nämlich könnte er sagen, daß er die Philosophie nicht brauche, um zu seinem Gegenstande den richtigen Standpunkt zu finden; sein natürliches Urteil, sein gesunder Sinn und klarer Blick sei mehr wert für das Zurechtfinden in den ihm vorliegenden Problemen als philosophische Spekulationen. Und zweitens könnte er darauf hinweisen, daß ja die Philosophie der Geschichte eine ganz junge Wissenschaft, die Historie aber uralt sei; habe sie früher ohne die Philosophie auskommen können, so werde sie dazu jetzt wohl auch imstande sein. Hierauf ist zu erwidern, daß zweifellos keine wissenschaftliche Schulung die natürliche Einsicht und vernünftige Anschauung ersetzen kann; das aber gilt nicht etwa bloß der philosophischen Schulung gegenüber, sondern trifft genau so auch für die spezielle Ausbildung in der historischen Wissenschaft zu. Wem die Gabe nicht verliehen ist, die Dinge von der richtigen Seite zu sehen, den schützt keine Gelehrsamkeit davor, in eine Verkehrtheit über die andere zu verfallen. Daß es aber ein Schade oder daß es auch nur überflüssig sei, wenn jemand die ihm in seiner Intelligenz mitgegebene gesunde Intuition sich nachdenkend zum Bewußtsein bringt und sie sich durch prinzipielle Begründung erst wirklich zum freien geistigen Besitz macht, das wird man schwerlich behaupten wollen. Diese Tätigkeit aber ist eben Philosophie, und das, was sie in der gemeinsamen methodischen Arbeit des Nachdenkens Vieler geleistet hat, verschmähen, um auf eigne Hand, d. h. unmethodisch, sich über seine Anschauungen klar werden zu wollen, das dürfte kaum für ein sachgemäßes Verfahren gelten. Ebenso ist es unbestreitbar, daß die philosophische Betrachtung der Geschichte erst spät zur wissenschaftlichen Methode gelangt ist; aber die Gedanken, auf denen sie sich aufbaut, sind in der Historie schon. immer vorhanden ge-

wesen. Herodot, der Vater der Geschichte, hat sich von einer
ganz bestimmten Vorstellung über das Verhalten der Gottheit zu den menschlichen Dingen und über eine in ihnen
zutage tretende höhere Gerechtigkeit leiten lassen; und Thu-
kydides wiederum hat geschrieben aus einer bestimmten Vorstellung heraus über die Eigenart hellenischen Geistes im
Unterschiede von den Barbaren und über eine den menschlichen Handlungen immanente Schicksalhaftigkeit. Das aber
sind Elemente geschichtsphilosophischer Auffassung, und ohne
solche hat es nie einen Historiker gegeben. Wenn nun in
der Entwickelung des menschlichen Denkens die Stufe erreicht worden ist, wo diese Elemente methodisch begriffen
und die geistigen Prinzipien für das Verständnis der Geschichte
als solcher systematisch entwickelt werden, so täte die historische Wissenschaft nicht wohl, wenn sie von dieser Arbeit
nicht die eigene Disziplin fördern lassen wollte.

Die Gefahr, daß eine Geschichtsphilosophie, die sich in
subjektiven Reflexionen und abstrakten Schematismen, in Ana-
logiespielereien und künstlichen Regelmäßigkeiten bewegt, die
unbefangene Sachlichkeit der historischen Wissenschaft un-
günstig beeinflussen könne, wird niemand leugnen. Auch miß-
verstandener Hegelianismus mag hierin mancherlei gesündigt
haben. Aber damit ist die Geschichtsphilosophie als solche nicht
verurteilt. Sobald sie darauf gerichtet ist, dem besonderen
Charakter ihrer Gegenstände in sachlichem Nachdenken gerecht
zu werden, sobald sie daran festhält, die Geschichte als den
von allem naturartigen Geschehen klar unterschiedenen, überall
auf das Individuelle der Gestaltungen hinauskommenden Prozeß des geistigen Lebens zu behandeln, kann sie nur dazu
beitragen, daß sich das Interesse und das Verständnis für
die Welt der geschichtlichen Wirklichkeit verstärkt und auf-
hellt. Hat doch auch die Erfahrung genügend bewiesen,
welch einen unvergleichlichen Antrieb das historische Studium durch das Aufblühen der Geschichtsphilosophie in unserer klassischen Literaturepoche und insbesondere durch Hegels
geschichtsphilosophische Leistung empfangen hat.

c) Das Gesamtbild der Weltgeschichte.

Hegels Behandlung der Geschichte verdankt ihren umfassenden Einfluß zum guten Teile der divinatorischen Kraft,

mit der er das Eigentümliche der geschichtlichen Gestalten
herauszufinden und zu bestimmen gewußt hat. Diese Kraft
liegt jenseits der diskursiven Tätigkeit der Intelligenz; Hegel
hat sich auf sie als auf den subjektiven Ausgangspunkt für
jeden großen wissenschaftlichen Fortschritt berufen, indem
er auf das Beispiel Keplers verwiesen hat, der seine epochemachende Entdeckung rein aus der Klarheit seiner inneren
Anschauung, aus voller Vertrautheit mit dem Gebiete, in dem
er sich bewegte, geschöpft habe (S. 149 f.). Dazu läßt sich
dann natürlich keine wissenschaftliche Ableitung mehr geben. Es
ist hier die Stelle, wo die Intelligenz als schöpferisch, poetisch
oder inspiriert auftritt und der Geist in ihr seine Wahrheit
unmittelbar ausspricht. Die Mantik allein aber macht es nicht;
der große Denker wird zwar immer ein großer Prophet, ein
Offenbarer geheimnisvoll ihm aufgegangener Wahrheiten sein,
aber nur deshalb, weil er es. nicht bei dem Geheimnisse und
der Intuition hat bewenden lassen, sondern erkennend zur
Klarheit über sich und seine Erkenntnis vorgedrungen ist
und dem Nachdenken die Wege gewiesen hat, auf denen sich
diese Erkenntnis bewähren läßt. Hier kommt es auf die Sorgfalt des methodischen Vorgehens, auf die Gewissenhaftigkeit
der wissenschaftlichen Arbeit an, und nur, weil Hegel es
hieran nicht hat fehlen lassen, ist es ihm gelungen, seine
Gedanken dem Bewußtsein der gebildeten Menschheit bleibend
einzuprägen. Er geht überall aus auf die klare sachliche
Bestimmtheit und vollständige konkrete Auffassung; alles Sich-
verlieren in Allgemeinheiten, alles Schweifen ins Unbestimmte
ist ihm zuwider. Er paart, was am schwersten vereinbar erscheint, die Nüchternheit der gelehrten Methode mit dem
Hochfluge des divinatorischen Gedankens. Die Gegner haben
ihn darum bald als Pedanten, bald als Romantiker verschrieen;
aber sie zeigen damit nur, daß ihnen das Verständnis für
die geistige Einheit mangelt, die hinter diesen so entgegengesetzten Seiten seines Wesens steht und dank derer er sich
in dem Geistesleben aller künftigen Zeiten seinen unvergänglichen Platz gesichert hat. Er steht eben in dem Mittelpunkte
dessen, was das Leben des Gedankens ausmacht; in dem
Begriffe, der das klar Bestimmte, der ὁρισμός, also in sich
selbst begrenzt ist, erkennt er zugleich das in sich selbst
Unendliche, den sich konzentrierenden Geist. So erweitert er

den Begriff zur Unendlichkeit, indem er die Mannigfaltigkeit, die Gegensätzlichkeit, die Universalität entwickelt, die ihm innewohnen; aber immer hält er an der Bestimmtheit des Begriffes fest, dessen Unendlichkeit nichts als sein innerer Reichtum ist und der deshalb nie sich in das Unbestimmte auflöst, sondern nur sich selber eine immer vollkommenere Form gibt. Die Endlichkeit der Verstandesbestimmung und die Unendlichkeit der Vernunftanschauung einen sich so für Hegel unablässig in der lebendigen Tätigkeit des Begriffes; sie schließen einander nicht aus, sondern geben erst zusammen die Idee in ihrer Wahrheit wieder.

Wie sehr dieses bewußte Festhalten an dem Gleichgewichte zwischen Analyse und Synthese, das ihm ja gerade von seiner Richtung auf die geschichtlichen Probleme her zur Notwendigkeit geworden ist, der philosophischen Behandlung der Geschichte dienlich sein muß, liegt auf der Hand. Zunächst greift Hegel mit sicherem Gefühl aus der Unermeßlichkeit des geschichtlichen Stoffes das Gebilde heraus, in dem sich der Geist der Geschichte seine jedesmal besondere Gestalt gibt, das Volk, die sittliche Gemeinschaft, die den unbestimmten Zu- und Abfluß der unzähligen Individuen und ihr ungebundenes Wollen und Begehren zur begrenzten Einheit zusammenfaßt und zur vernünftigen Freiheit von ihrem natürlichen Selbst erzieht. Im Volke findet jene Vielheit ihren Begriff; im Staate bildet der Begriff sich zum wirklichen Organismus, und im Rechte oder der Verfassung gestaltet er sich die Ordnung, nach der er lebt. Diese drei Bestimmungen, Volk, Staat, Recht oder Verfassung, gehören so untrennbar zu- und ineinander, daß jede die beiden andern unmittelbar mit sich führt und sie zusammen eine Totalität bilden, die sich gleichsam durch sich selbst erhält und für alles, was sonst an Bestimmungen in dem geschichtlichen Prozeß hervortreten könnte, die gleichmäßige Voraussetzung ausmacht. Haben doch alle übrigen verständigen Tätigkeiten und geistigen Beziehungen der Individuen untereinander, so wichtig sie für das Leben der Gesamtheit und für die Verhältnisse des Gemeinwesens sein mögen, jenes einheitliche Gebilde des Staates zu ihrem Boden und Träger; ihm verdanken sie Dauer, Sicherheit und eigentümliche Färbung. Die Geschichte eines Volkes, wie mannigfaltig sie auch durch

äußere Einwirkungen beeinflußt werden und eine wie bunte
Folge von Ereignissen sich auch in ihr zeigen möge, wird
in ihrem wesentlichen Inhalte durch die Entwickelung gestaltet, die der Volksgeist selber nimmt.

Hegel findet in der Geschichte der antiken Völker, der
Griechen und Römer, die bezeichnendste Form für den Ablauf
einer solchen Entwickelung. Diese besteht darin, daß der
Volksgeist zuerst nach seiner Eigenart sich in die verschiedensten Richtungen des gesellschaftlichen, sittlichen und intellektuellen Lebens ausbildet, um dann die unendliche Freiheit des Individuums geltend zu machen und sich durch seine
erworbene Bildung gegen seine gegebene anfängliche Bestimmtheit zu kehren; in diesem Widerstreite der Richtungen
seines Lebenstriebes zerstört er seine wirkliche Gestalt und
hilft durch ihre Auflösung einem neuen überlegenen Prinzipe
zur Geburt, das nun aber nicht mehr ihm angehört, sondern
das Prinzip eines andern Volksgeistes ist. Indessen gilt diese
Regel nicht wie ein allgemeines Gesetz. Bei den Staaten, die
noch auf dem Boden der substanziellen Einheit stehen, wo also
die Individualität noch überhaupt nicht für sich berechtigt
ist, findet sich ein bloßes Nebeneinander der alles absor-
bierenden despotischen Macht und der ihr blind ergebenen
oder eigensinnig sich entziehenden Individualität, das zu
keiner inneren Vereinigung und Entwickelung führt; das
Ganze kann dann in ursprünglicher Starrheit fortdauern, das
Volk auf der einmal eingenommenen Stufe unveränderlich
beharren, ohne daß aus seinem Schoße ein neues Prinzip
sich erhübe. So schildert Hegel die statarischen Staaten des
östlichen Asiens. Gerade umgekehrt wird da, wo durch das
Christentum die Individualität absolut berechtigt und der Staat
für sie zu einem Moment herabgesetzt worden ist, durch das
ihre Freiheit nicht mehr eingeschränkt werden kann, das Staatswesen als eine verständige, gesetzliche Ordnung außerhalb
des Innenlebens der Individuen sich erhalten. Weil der Volksgeist in der germanischen Welt in sich selbst schon das Prinzip der Unendlichkeit mit Bewußtsein verkörpert, so können
vollkommen neue Prinzipien, denen er erliegen müßte, nicht
mehr auftauchen. Er kann zu höheren Stufen seines Prinzips sich durchringen, ohne dadurch sein staatliches Dasein
einzubüßen. So stellt Hegel die europäischen Staaten der

Neuzeit dar. Daneben ist der einfache Verlauf, der dem natürlichen organischen Leben entspricht, in der Geschichte der einzelnen Völker überall zu beobachten, daß ein Volk sich in sich bis zu einem gewissen Punkte entwickelt hat und dann gewohnheitsmäßig eine Weile auf der einmal erreichten Höhe stehen bleibt, um allmählich an dem Absterben der inneren Tätigkeit und des prinzipiellen Fortschreitens zugrunde zu gehen und der aufstrebenden Macht eines Volkes von tieferem Gehalte zur Beute zu fallen. Notwendig mündet also die Geschichte des einzelnen Volksgeistes immer wieder in die des Weltgeistes ein; der ganze Geist, in die verschiedenen Gestalten der Volksgeister sich einbildend, führt, indem er die Völker sich aneinander messen, zueinander sich gesellen und widereinander ringen läßt, den ganzen Reichtum seiner Gestaltungskraft in den geschichtlichen Prozeß hinein.

Daß der Begriff des Volksgeistes für die Philosophie der Geschichte außerordentlich aufhellend gewirkt hat, läßt sich nicht verkennen. Es verschlägt wenig, festzustellen, bei welchem Schriftsteller der Ausdruck Volksgeist zuerst aufgetaucht ist; er lag zu Hegels Zeit in der Luft. Von sachlicher Bedeutung ist nur, in welchem Sinne man den Ausdruck gebraucht, und da ist zu sagen, daß Hegel mit großer Klarheit den Volksgeist als das Lebensprinzip faßt, das für alle Bildungen im Volksganzen maßgebend ist, als den inneren Typus, der sich überall in den Schöpfungen der praktischen, theoretischen und Phantasietätigkeit des Volkes ein äußerliches Dasein gibt, der aber nicht seinerseits irgendwie ein abgesperrtes Sonderleben führt. Darin liegt der Unterschied gegen die Art, wie die Romantik und die historische Rechtsschule den Begriff des Volksgeistes verwendet; sie stellt den Volksgeist als eine ursprüngliche Bestimmtheit in Gegensatz gegen die späteren Entwickelungen des Kulturlebens und deshalb auch als den Schöpfer des Gewohnheitsrechtes in Gegensatz gegen die Ausbildung des Gesetzesrechtes. Sie will ihn so in seinem Fürsichsein gegen die mannigfaltige und die verschiedensten fremden Einflüsse in sich verarbeitende Geistesbildung ausspielen, die auch Heterogenes und Entgegengesetztes in sich aufzunehmen und sich zu assimilieren vermag. Die Romantik sieht nicht, daß eben diese Tätigkeit der Assimilation ein Lebens-

beweis des Volksgeistes ist, der seine Freiheit und Selbst-
herrlichkeit dadurch bewährt. Es tritt hier die Verwandtschaft
zwischen Rousseau und der Romantik klar zutage, die beide
auf das Ursprüngliche als das Vollkommenere zurückgehen,
der eine, indem er ganz abstrakt die Natur der Kultur, die
andere, indem sie die frühere, einfachere Kulturstufe der späteren, komplizierteren vorzieht. Das geistige Prinzip aber,
das in einem geschichtlichen Volke sich verkörpert, ist nicht
so ohnmächtig, daß es nicht imstande wäre, die fortschreitende Kultur in der Bahn zu halten, die seinem Inhalt entspricht, und alle Zuflüsse von anderswoher in diese Bahn zu
leiten. Der Volksgeist ist an sich als Geist frei und an keine
andere Bestimmtheit gebunden, als die in seinem eigenen
Prinzip liegt. Solange er diesem Prinzip treu bleibt, vermag
er sich in jeder Umwandlung der Kulturformen durchzusetzen und allen Lebensäußerungen der Nation ihr einheitliches Gepräge zu geben. Nur dann, wenn in ihm selbst die
Differenz auftritt und er, in sich gespalten, bereits einem
andern neuen Prinzip zur Entstehung verhilft, zerfällt die
einheitliche Gestalt der nationalen Kultur und mit ihr Staat
und Volk.

Diese Beziehung nun, in der das staatsbildende Prinzip
des Volksgeistes zu den gesamten innerstaatlichen Produktionen
des geistigen Lebens steht, macht die Staatengeschichte notwendig auch zur Kulturgeschichte. Es ist nicht so, daß
die sogenannte politische Geschichte, die hauptsächlich von
den äußeren Ereignissen in dem Völkerleben, infolgedessen
besonders viel auch von Krieg und Feldherrnruhm zu berichten hat, eine niedere, untergeordnete Art von Geschichtschreibung wäre, die endlich von einer höheren, dem Geiste
der Neuzeit entsprechenden kulturgeschichtlichen Darstellung
abgelöst werden müßte. Vielmehr ist gerade darum, weil in
der Geschichte der Geist die Form des natürlichen Daseins
angenommen hat, das Ausschlaggebende die Art, wie sich
der Volksgeist in natürlicher Kraft als Staat unter Staaten
durchsetzt und behauptet, und an seinem gesunden Bestehen
in der Realität hängt die ganze Existenz aller seiner idealen
Güter. Deshalb ist es die höchste Spitze der Idealität und
die wahre Verklärung des Volksgeistes, daß sich das Volk
zur Erhaltung seiner Existenz in den Kampf auf Leben und

Tod begibt und lieber das natürliche Dasein als die Freiheit verliert, in dem eignen Staate nach dem eignen Geiste zu leben. Aber darum läßt sich auch von einer auf den inneren Sinn der Ereignisse eingehenden Staatengeschichte die Kulturgeschichte gar nicht trennen.

Kommt es für das Verständnis jeder geschichtlichen Gestalt vor allem darauf an, die innere Bestimmtheit des Volksgeistes zu erkennen, so muß die Philosophie der Weltgeschichte diesen Volksgeist in erster Linie da aufsuchen, wo er sich geistig am unmittelbarsten ausspricht, und das ist die Religion. Bei Hegel ist die Weltgeschichte in auffallend hohem Maße Religionsgeschichte; aus der Stellung, die sich ein Volk zur Gottheit gibt, läßt sich das geistige Prinzip, das in ihm sich verkörpert, am reinsten bestimmen. Doch ist wohl zu beachten, daß in seinem starken Wirklichkeitssinn Hegel auch hier nicht schematisch verfährt. Mit dem Augenblick, wo er zu der Behandlung der germanischen Welt, d. h. der Völker von christlicher Kultur übergeht, treten für ihn die Unterschiede in dem religiösen Leben der Völker zurück, obwohl sie ja auch dort unzweifelhaft vorhanden sind, wie er es beispielsweise an dem Verhalten der romanischen und germanischen Nationen zu der Reformation zeigt. Aber mit dem Christentum ist die Religion zu einer Sphäre geworden, in der die nationale Eigenart sich zwar auch noch geltend macht, aber doch nicht mehr grundsätzlich legitimiert erscheint; jetzt ist in der Religion das allgemein Menschliche allein das vorwiegend Berechtigte, und die Eigenart der Nationen ist, um sich rein für sich zu entfalten, auf andere Sphären des geistigen Lebens gewiesen.

Nicht minder beachtenswert ist es, daß die Berücksichtigung der nationalen Kunst in Hegels Geschichtsphilosophie verhältnismäßig sehr zurücktritt. Der Religionsgeschichte gesellt er hier keine Kunstgeschichte, obwohl er in seiner Ästhetik gerade die geschichtliche Entfaltung des künstlerischen Ideals mit besonderer Liebe dargestellt hat. Eigentümlicherweise legt er auf die Seite des Kunstschaffens das meiste Gewicht bei der Betrachtung des alten Ägyptens, während er bei dem Kunstvolke $\varkappa\alpha\tau'$ $\dot\varepsilon\xi o\chi\dot\eta\nu$, bei den Griechen, der Kunst als solcher überhaupt keinen eignen Abschnitt widmet und als das objektive Kunstwerk der Griechen eigentlich ihre

Religion ansieht. Die Erklärung hierfür liegt darin, daß Hegel
bei den Ägyptern die Unfähigkeit sah, ihr eignes Wesen ver-
standesmäßig, in der Freiheit des Gedankens auszusprechen
und deshalb ihre Kunst als die ihrem Charakter angemessene
Form erkannte, sich selbst ihr Inneres gegenständlich zu
machen. Bei den Griechen dagegen trat ihm die bewußte Freiheit eines heiteren, ja leichtsinnigen Verstandes entgegen, der
nicht bloß im Werke der bildenden Kunst, sondern in aller
geistigen Tätigkeit das Innere rein ins Äußere einzubilden vermochte und darum imstande war, aus dem gesamten innern
und äußern Leben des Volkes ein einziges Kunstwerk zu
machen. Man wird es natürlich immer als einen Mangel bedauern dürfen, daß Hegel zum Beispiel an dem griechischen
Tempel, dem glänzendsten Spiegelbilde des griechischen Geistes, hier in der Philosophie der Geschichte stumm vorüber-
geht, ebenso daß er für die so überaus bezeichnenden Schöpfungen des christlichen Kunstgeistes in den verschiedenen
Kirchenbauformen kein Wort der Erwähnung findet. Aber man
darf erstens nicht vergessen, daß Hegels Ausführungen nicht
in der Gestalt vorliegen, in die er sie etwa für eine Veröffentlichung in Buchform würde gebracht haben, und man muß
zweitens bedenken, daß wir es mit Vorlesungen zu tun haben,
die in der kurzen Frist eines Universitätshalbjahres den Überblick über die gesamte Weltgeschichte geben sollten. Hegel
selbst hat am Schlusse dieser Vorlesungen das Bedauern ausgesprochen, daß er „dem Reize habe entsagen müssen, das
Glück, die Perioden der Blüte der Völker, die Schönheit und
Größe der Individuen" usf. (S. 938) näher zu schildern. Er hat
sich auf das beschränken müssen, was für den Begriff der
Sache notwendig schien, und hat deshalb bei jeder geschichtlichen Gestalt nur das hervorgehoben, was gerade für sie das
besonders Bezeichnende war.

Deshalb aber liegt in dieser Form seiner Darstellung
doch auch wieder ein eigentümlicher Vorzug. Hegel, dem
man so gerne vorwirft, er habe alles Tatsächliche in seinen
abstrakten Formeln verflüchtigt und jeder lebendigen Entwickelung das pedantische Schema seines dialektischen Drei-
taktes aufgenötigt, behandelt jedes der Völker, denen er in
seiner Philosophie der Weltgeschichte seine Aufmerksamkeit
zuwendet, in eigener Weise. Er hätte es wahrlich leicht genug

gehabt, überall die gleiche Chrie anzuwenden: Naturelemente, geistiges Prinzip, Staatswesen, Kulturleben, äußere Geschichte. Überall würde dieses Schema ganz gut gepaßt haben. Aber Hegel genügt solche Einförmigkeit nicht. Er wählt für jedes einzelne Gemälde, das er in dieser Betrachtung der Weltgeschichte an die andern reiht, einen eigentümlichen Rahmen und gibt ihnen allen besondere Linien der Komposition. Das Individuelle, soweit es zugleich das Typische an den Erscheinungen ist, möglichst prägnant herauszustellen, ist ihm die Hauptsache; darum gibt er jeder der Gestalten, die er uns zeigt, auch ein individuelles Gewand.

Zu dieser Eigenart seines Verfahrens gehört es auch, daß Hegel in diesen Vorlesungen die Wissenschaften, insbesondere die Philosophie, beinahe ganz nebensächlich behandelt. Mit starker Betonung werden sie eigentlich nur an zwei Stellen eingeführt, in der griechischen Geschichte mit dem Auftreten der Sophisten und der Sokratiker und in der neueren Geschichte mit dem Auftreten der modernen Aufklärung. Selbst bei der großen Religionswende am Beginn der christlichen Zeit und bei. der Reformation am Beginn der Neuzeit erscheinen neben der Religion die Wissenschaften und die Philosophie doch nur an zweiter Stelle. Aber das entspricht auch genau dem geschichtlichen Befunde; das Auftreten der Aufklärung in Griechenland und in der Neuzeit sind die beiden einzigen Fälle, wo das Denken in seiner abstrakten Form unmittelbar den Gang der Geschichte bestimmt hat. Sonst hat es immer großer Modifikationen bedurft, bis der reine Gedanke zu einer im Volksgeiste wirksamen lebendigen Form sich gestalten und so zu dem Fortschritte der Weltgeschichte, der doch auf ihm beruht, in der natürlichen Wirklichkeit beitragen konnte. Daß Hegel, dem doch die Geschichte der Philosophie über alles am Herzen lag, der Versuchung widerstanden hat, sie in dieser Philosophie der Weltgeschichte irgend näher zu berücksichtigen, ist ein sprechendes Zeugnis für die Sachlichkeit seiner Arbeitsweise.

Er hat eben die Weltgeschichte betrachten, nicht irgendeine Spezialgeschichte geben wollen. Darum ist er auf die Spezialgebiete der Kultur nur da eingegangen, wo sie für die Staatengeschichte von entscheidender Bedeutung geworden sind. Neben dieser Art der Behandlung besteht natürlich die

philosophische Betrachtung jener Spezialgebiete für sich durch
eine Reihe besonderer Disziplinen zu Recht. Wir haben schon
bemerkt, daß die Erkenntnis der Schöpfungen des absoluten
Geistes, der Kunst, der Religion, der Wissenschaft mit der
Betrachtung ihrer Geschichte schließlich zusammenfällt; erst
in der Geschichte entfalten sie ihren Inhalt und den Reichtum ihrer Bestimmungen. Wenn die Philosophie sich diesen
Gebieten speziell zuwendet, dann muß sie den Gesichtspunkt,
der für die Philosophie der Weltgeschichte der hauptsächlichste
ist, die Betrachtung der verschiedenen Volksgeister als in sich
zur Totalität zusammengefaßter Gestalten, hinter der begrifflichen Entfaltung der Bestimmungen zurücktreten lassen, die
jedem dieser besonderen Gebiete zu eigen sind und sich durch
die Fortbewegung jener geschichtlichen Einheiten hindurch
erhalten und verwirklichen. So ergänzen sich diese beiden
Zweige der Philosophie, die beide das Leben des Geistes in
der Geschichte zum Gegenstande haben. Den Ausgleich zwischen beiden aber und den Abschluß der philosophischen Betrachtung der geschichtlichen Wirklichkeit überhaupt wird
dann die Betrachtung derjenigen Tätigkeit des menschlichen
Geistes bilden, die nichts anderes ist als die Selbstbesinnung
des Geistes auf seine eigene Wahrheit, also des philosophischen
Denkens selbst, das jedesmal den Begriff der geschichtlichen
Gestalt ausspricht, aus der sie hervorgeht. In der Geschichte
der Philosophie, die nichts anderes als eine Philosophie dieser
Geschichte sein kann, fügt der denkende Geist dem Gewölbe,
zu dem er den ganzen Umfang des menschlichen Wissens
systematisch verbunden hat, den Schlußstein ein. Hier laufen
alle Linien der Betrachtung der Subjektivität wie der Objektivität, der geschichtlichen Wirklichkeit und ihrer zeitlosen
Inhalte in dem einen Begriffe des seiner selbst und seiner
gesamten Welt bewußten, sich selbst und damit das Universum
erkennenden Ich zusammen, und der konkrete, sich in der
Geschichte offenbarende Geist lebt in der geschäftigen Ruhe
seiner ewig gegenwärtigen Vollendung.

Drittes Kapitel.

Die Tatsachen und die Philosophie der Weltgeschichte.

1. Auswahl und Gliederung der Tatsachen.

a) Das Wesen der geschichtlichen Tatsache.

Immer wieder begegnet man, wo von Hegels Geschichtsphilosophie die Rede ist, der Behauptung, daß Hegel die historischen Tatsachen zugunsten seiner philosophischen Konstruktionen vergewaltigt habe. Soll damit gemeint sein, daß er die einzelnen geschichtlichen Fakta, auf die er sich bei seiner Betrachtung stützt, falsch darstelle oder in einen unrichtigen Zusammenhang bringe, so dürfte es sehr schwer halten, diesen Vorwurf zu begründen. Natürlich darf man bei der Beurteilung der Arbeit Hegels nicht von dem Stande des historischen Wissens ausgehen, den unsere Gegenwart erreicht hat. Man muß dessen eingedenk bleiben, daß Hegel unmöglich mehr wissen konnte als die Geschichtsforscher seiner Zeit und mit dem empirischen Material vorliebnehmen mußte, das die zeitgenössische Historie ihm zu liefern imstande war. Behält man das im Auge, so wird man anerkennen müssen, daß er sich dies Material mit ganz außerordentlicher Sorgfalt zu eigen und zunutze gemacht und mit großer sachlicher Treue die ihm zur Verfügung stehenden geschichtlichen Daten wiedergegeben hat. Es ist doch ein beachtenswertes Zeugnis für seine Gewissenhaftigkeit, wenn namhafte Sinologen unserer Zeit über das Gemälde, das er von China entworfen hat, urteilen, daß es zwar selbstverständlich weder für die jetzigen Zustände, noch allgemein für die ganze Vergangenheit des Reiches der Mitte zutreffe, daß es aber einen zeitlich begrenzten Zustand dieses Reiches,

eben den, für den er in der damaligen Literatur über China
die nötigen Unterlagen fand, mit möglichster Treue beschrieben habe. Daß im übrigen von historischem Gesichtspunkte aus seine Schilderung der orientalischen Welt vielfach
nur noch insofern von Wert ist, als wir aus seinen Ausführungen uns über den Stand des damaligen historischen
Wissens auf diesem Gebiet ein Bild machen können, dafür
kann Hegel natürlich kein Tadel treffen. Im Gegenteil, es
liegt ein hohes Lob für den Philosophen darin, daß man ihn
getrost als Zeugen für das Maß der damaligen Kenntnisse
auf einem verhältnismäßig entlegenen und schwer zugänglichen Wissensgebiete ansehen kann.

Sehr eigentümlich ist ohne Frage die Stellung, die Hegel
der sogenannten höheren geschichtlichen Kritik gegenüber
einnimmt, die damals für die Erforschung der griechischen
und römischen Geschichte neue Grundlagen zu schaffen be-
gann. Uns Späterlebende muß der geringe Respekt befremden,
den er für die Leistungen eines Niebuhr oder Otfried Müller
äußert. Aber jedenfalls entspringt seine Abneigung gegen
sie nicht einem Mangel an Ehrfurcht vor den geschichtlichen
Tatsachen. Gerade dieser Mangel ist es ja, den er ihnen zum
Vorwurf macht. Er nimmt sich der urkundlichen Überlieferung an gegen Konstruktionen, die ihm luftig und grundlos
scheinen. Gewiß hat ihn seine Verehrung für die antiken
Schriftsteller daran gehindert, das Recht einer geschichtlichen
Forschung einzusehen, die gerade jene urkundliche Überlieferung selbst erst kritisch zu untersuchen unternimmt. Er meint
von vornherein, die alten Geschichtschreiber hätten die Sachen
doch besser wissen müssen als die durch Jahrtausende von
jener Zeit getrennten modernen Historiker. Dabei begegnet
es ihm aber selbst, daß er historische Kritik an den Alten
übt. Er lehnt die Darstellung und Beurteilung der athenischen
Demokratie, wie sie von den Sokratikern, von Plato, Xeno-
phon und Aristoteles gegeben wird, als tendenziös ab und
beruft sich auf den Perikles der thukydideischen Darstellung
als den einzig kompetenten Zeugen. Müssen wir also um-
somehr bedauern, daß sein Ärger über die kritische Hy-
pothesensucht ihn den prinzipiellen Wert der kritischen Methode nicht hat erkennen lassen, so werden wir doch auch
nicht vergessen dürfen, daß tatsächlich von dem, was die

Pioniere dieser Methode als sichere Ergebnisse ihrer Untersuchungen aufstellen zu dürfen geglaubt haben, auch kaum
ein einziger Punkt bis heute stehen geblieben und in dieser
Rücksicht also der Widerspruch Hegels gegen sie genügend
gerechtfertigt worden ist.

Ohnehin wäre es doch allzu wunderlich, wenn ein so
besonnener Denker wie Hegel bei der Behandlung der geschichtlichen Tatsachen gerade die Grundsätze verleugnet
hätte, die er selbst als die maßgebenden aufgestellt hatte.
Man hat schon öfter darauf hingewiesen, daß die Art, wie
Hegel die Aufgabe des Geschichtschreibers bestimmt hat, fast
wörtlich bei Ranke wiederkehrt. Wenn Hegel sagt: „die Geschichte hat nur das rein aufzufassen, was ist, was gewesen
ist" (S. 3) und: „die Geschichte aber haben wir zu nehmen,
wie sie ist; wir haben historisch, empirisch zu verfahren"
(S. 7), so ist kaum anzunehmen, daß er hinterher die geschichtlichen Tatsachen mißachtet und willkürlich umgeprägt
habe. Gerade unsere neue Ausgabe seiner Vorlesungen
über die Weltgeschichte, die nicht ein Buch aus ihnen hat
machen, sondern zeigen wollen, wie Hegel vor seinen Zu-
hörern sein Material ausgebreitet und beleuchtet hat, wird es
unmöglich machen, künftighin von seiner Arbeit anders als
mit dem Zugeständnis zu reden, daß er durchaus sorgsam
mit den historischen Fakten umgegangen ist und die Tatsachen, die er für seine Zwecke hat in Betracht ziehen wollen,
richtig und sachlich wiederzugeben sich bemüht hat.

Dennoch könnte es scheinen, als ließe sich gegen die Un-
befangenheit der Hegelschen Methode gerade deswegen ein
Zweifel geltend machen, weil Hegel ganz offenbar nach eigenem Urteil die Tatsachen sich ausgewählt hat, die er für
den Zweck seiner Darstellung brauchbar fand. Zwar blieb
ihm natürlich gar nichts anderes übrig, als aus der Unendlichkeit historischer Einzelheiten sich eine beschränkte Anzahl herauszusuchen und sich damit zu begnügen, daß er
solche Tatsachen vorführte, die er für wichtig, ja für aus-
schlaggebend hielt. Dadurch aber ist unstreitig seine Subjektivität bei der Betrachtung der Geschichte mit ins Spiel
gekommen, und so könnte sich doch vielleicht schon ganz
allgemein der Verdacht subjektiver Willkür gegen ihn erheben
lassen. Man hat aber auch an diesen Umstand der be-

wußten Auswahl des geschichtlichen Stoffes anknüpfend besondere und bestimmte Anklagen gegen ihn erhoben. Erstens nämlich erklärt man es für eine Willkür, die den Tatsachen Gewalt antut, daß Hegel die Weltgeschichte ausschließlich in der Aufeinanderfolge und Nebeneinanderstellung einer ganz geringen Anzahl von Nationen findet, als ob alle übrigen Völker und Staaten gar nicht dazu gehörten und gar keine Geschichte hätten. Zweitens sieht man eine ganz unberechtigte Eigenheit Hegels darin, daß er unter Weltgeschichte schlechterdings nur Staatengeschichte versteht, während doch alle Zweige des menschlichen Geisteslebens ihre Geschichte haben. Und drittens erhebt man gegen ihn den Vorwurf, daß er sich bei der Gliederung des Geschichtsverlaufs von seinen vorgefaßten Ideen über dialektischen Fortschritt habe leiten lassen und dementsprechend die Tatsachen in ein Schema gepreßt habe, das ihnen an sich fremd sei. Indessen wird sich bei näherem Zusehen zeigen, daß nicht auf Hegels Seite die Voreingenommenheit liegt, daß vielmehr diese Anklagen auf vorgefaßten Meinungen und ungenügender Bekanntschaft mit dem ganzen Standpunkte Hegels beruhen.

Was zunächst den allgemeinen Anstoß betrifft, daß Hegel nur solche Tatsachen ausgewählt habe, die ihm sozusagen in seinen Kram paßten, so muß doch betont werden, daß kein Historiker ohne eine nach bestimmten Gesichtspunkten vorgenommene Auswahl aus der schier unübersehbaren Masse von Einzelheiten auskommt. Er kann überhaupt keine geschichtliche Darstellung geben, wenn er nicht, er mag schreiben, über welchen Gegenstand es sei, das, was ihm ganz unwichtig erscheint, völlig wegläßt, das, was er für unbedeutend und nebensächlich hält, kurz abtut, bei dem Entscheidenden aber und Hauptsächlichen ausführlich verweilt. Deshalb wird es sich gar nicht vermeiden lassen, daß ebenso je nach dem Zwecke, den der Historiker verfolgt, wie nach den grundlegenden Überzeugungen, in denen er lebt, derselbe Gegenstand von den verschiedenen Schriftstellern ganz verschieden aufgefaßt und dargestellt wird. Der eine wird Dinge hervorheben, auf die der andere kaum eingeht; dieser wird die Tatsachen ganz anders gruppieren als jener. Wem von ihnen aber und ob überhaupt einem von ihnen Willkür vorgeworfen werden kann, das muß dann erst wieder den Gegen-

stand einer neuen historischen Untersuchung bilden. Ohne Zweifel liegt in der Aufgabe, die dem Historiker gestellt ist, auch
die Möglichkeit eines Abirrens in die Willkür, weil sein sub-
jektives Urteil unentbehrlich für ihre Lösung ist. Es gibt
der geschichtlichen Darstellungen genug, die man „eine Reihe
von Tatsachen, gesehen durch ein Temperament" nennen
könnte. Das Entscheidende ist, ob der Historiker sich seinem Temperament überläßt, oder ob er selbstlos und be-
sonnen die Vernunft der Dinge zu erfassen versteht. Hegel
selbst hat die Abhängigkeit der Historie von der Subjektivität
des Geschichtschreibers klar hervorgehoben und hat auch
auf den Unterschied zwischen willkürlicher und sachgemäßer
Behandlung des Gegenstandes hingewiesen. Der Historiker ist,
wie Hegel sagt, „nicht passiv mit seinem Denken; er bringt
seine Kategorien mit und sieht durch sie das Vorhandene.
Wer die Welt vernünftig ansieht, den sieht sie auch vernünftig an; beides ist in Wechselbestimmung" (S. 7). Wer
also eine einseitige, der Vernunft der Sache nicht angemessene
Auffassung an den Gegenstand heranbringt, wird ihm nicht
gerecht werden und dem Vorwurf der Willkür nicht entgehen können. Je universaler dagegen und von subjektiven
Vorurteilen freier ein Historiker den Dingen gegenübersteht,
um so zutreffender wird er den Zusammenhang der Tatsachen
darstellen und diese gleichsam selber zum Sprechen bringen.
Und wieder wird man es von vornherein als wenig glaubhaft
ansehen müssen, daß gerade Hegel diese vernünftige Be-
sonnenheit sollte vermissen lassen, die er selbst als das Erfordernis für eine fruchtbare Betrachtung der Geschichte
bezeichnet. Seine Methode, die darauf ausgeht, gerade die
einander entgegengesetzten Momente der Erscheinung in voller
Schärfe zu erfassen, um sie dann zur Totalität zusammenzubringen, mußte ihn dagegen wenigstens sichern, daß er in
der Weise eines borniertes Parteigängers den natürlichen
Lauf der Dinge verkannte oder einem Vorurteil zuliebe ver-
fälschte. Wer wie er die Vernunft in den Dingen zu ehren
bemüht war und, wie sich aus seinem Werk ergibt, den verschiedensten, auch den seiner Eigenart widerstrebenden Stand-
punkten gerecht zu werden verstand, dem wird man zutrauen
dürfen, daß er in der Anlage seiner Darstellung nicht nach
Willkür, sondern nach sachlichen Erwägungen verfahren ist.

Und man wird gut tun, sich die Mühe nicht verdrießen zu
lassen, sondern zu fragen, was ihn wohl zu eben diesem
Gange seines Verfahrens veranlaßt hat. Die wider ihn er-
hobenen Anklagen rühren gerade davon her, daß man den
leitenden Gedanken seines Werkes nicht genügend Aufmerksamkeit schenkt und insbesondere meint, für ihn müssen die
Worte Geschichte und Weltgeschichte ebenso unbestimmte
Allgemeinheiten bedeuten wie für das gemeine Bewußtsein.
Aber in der Tat wird man seine Stellung zur Einzelheit in
der Geschichte nicht verstehen, wenn man sich nicht erst
den Begriff der Geschichte überhaupt und Hegels Begriff
der Weltgeschichte gegenwärtig hält.

Seinen spekulativen Begriff der Weltgeschichte haben
wir oben eingehend betrachtet. Die Frage bleibt, ob in der
natürlichen Erscheinung dessen, was wir Geschichte zu
nennen pflegen, die Merkmale gegeben sind, die jenen spekulativen Begriff rechtfertigen. Man ist sehr im Irrtum,
wenn man von Hegel behauptet, er habe willkürlich sich
jenen Begriff konstruiert. Im Gegenteil wird man von ihm
sagen dürfen, daß er im getreuen Auffassen dessen, was die
natürliche Erscheinung der Geschichte ausmacht, den meisten,
die sich mit dem Gegenstande beschäftigen, überlegen ist.
Was man in erster Linie verlangen kann, ist doch, daß jemand,
der sich wissenschaftlich mit einem Gegenstande beschäftigen
will, von diesem eine verständige Definition zu gewinnen
versucht. Diese ist etwas anderes als der spekulative Begriff
der Sache; aber sie ist zur Erfassung jenes Begriffs ebenso
wie zu seiner sachgemäßen wissenschaftlichen Behandlung
im einzelnen die unerläßliche Vorbedingung. Der Anschein,
daß es so zwei Begriffe desselben Gegenstandes gebe, wird
durch die verschiedene Methode hervorgerufen, durch die
man sich dabei dem Gegenstande nähert. Natürlich wird die
verständige Definition unter den spekulativen Begriff subsumiert; aber ohne sie kann es zu jenem nicht kommen. Man
kann beispielsweise von Kunst, von Religion ganz sachgemäße
Definitionen geben, die doch den geistigen Zusammenhang
dieser Momente in der Offenbarung des absoluten Geistes beiseite lassen und deshalb philosophisch zum spekulativen Begriff
noch erweitert werden müssen: Kunst ist die vernünftige Tätigkeit der Realisierung von Phantasiegebilden; Religion ist das

praktische Sichbeziehen des Subjekts auf die Gottheit. Der Philosophie wird es dann zukommen, aus solcher Definition die tiefere Begriffsbestimmung zu entwickeln. So geht es auch mit dem Begriff der Geschichte. Die Bestimmung, die Hegel für sie gefunden hat, daß sie der Fortschritt im Bewußtsein der Freiheit sei, begreift die besondere tatsächliche Gestalt unter sich, in der sich dieser Fortschritt in der Wirklichkeit darstellt. Und die Merkmale dieser Gestalt müssen in klarer Einsicht aufgefaßt werden, wenn man überhaupt von der Geschichte reden will.

Hegel hat in seiner Einleitung darauf verzichtet, eine derartige Definition der Geschichte, der Weltgeschichte zu geben, und hat sich darauf beschränkt, sich auf die allgemeine Vorstellung davon zu berufen. Er konnte darauf vertrauen, auch von dieser allgemeinen Vorstellung aus seine Zuhörer zu einer klareren Anschauung der Sache nach ihren empirischen Bestimmungen hinzuleiten. Aber die Gewähr dafür, daß man über zufällige Bemerkungen hinweg zu einer wohlbegründeten Anschauung der Dinge komme, liegt nur darin, daß man sich bemüht, sie nach ihren wesentlichen Merkmalen von andern verwandten Erscheinungen zu unterscheiden und dadurch ihre Eigenart zu definieren. Diese verständige Definition ist die eigentliche Aufgabe der Einzelwissenschaft; die wissenschaftliche Betrachtung geht von ihr aus und beweist im Fortschritte der Untersuchung ihre Richtigkeit. Sie hält sich an die fürsichseiende Erscheinung der Sache und ist so etwas anderes als der spekulative Begriff derselben; aber indem sie die Sache nach ihren empirischen Bestimmungen erfassen lehrt, ermöglicht sie erst ihre philosophische Eingliederung in die Totalität des geistigen Lebens überhaupt. So mag der Gelehrte, der sich im Rahmen seiner Disziplin zu halten entschlossen ist, von der philosophischen Begriffsbestimmung immerhin nichts wissen wollen; die definitorische Bestimmung seines Gegenstandes ist für ihn unumgänglich, wenn er irgend wissenschaftlich zur Klarheit kommen will. Versuchen wir demnach, in Kürze festzustellen, wie Hegel die Begriffe Geschichte und Weltgeschichte, abgesehen von seinem philosophischen Systeme definiert.

Nicht alles, was auf Erden oder gar im Weltall geschieht, ist Geschichte. Darüber werden auch alle die einer

Meinung sein, die mit dem Worte Geschichte nur eine unbestimmte und schillernde Vorstellung verbinden. Sie geben
ohne weiteres zu, daß der Zweig unseres Wissens, den man
Naturgeschichte nennt, außerhalb des Gebietes der Wirklichkeit fällt, für das wir den Ausdruck Geschichte brauchen.
Im alltäglichen Leben sagt man wohl einmal: das ist eine
nette Geschichte; aber jedermann weiß, daß hier das Wort
Geschichte in ganz anderem Sinne gebraucht wird, als den
die Wissenschaft der Geschichte damit verbindet. Das gesamte Reich des Naturgeschehens, die ungeheure Masse der
Geschehnisse des privaten Lebens rechnet niemand ernsthaft
zu den Gegenständen der Historie. Dabei ist aber keineswegs
ausgeschlossen, daß nicht Vorgänge aus jenen Sphären bei
dem mitwirken, was wir Geschichte nennen. Nur kommen
sie da nicht nach ihrem eigenen sachlichen Zusammenhange
und in ihrer fürsichseienden Bedeutung in Betracht, sondern
gleichsam als Rohmaterial für den bildenden Zweck, der in
der Geschichte waltet; diese hat an ihnen das, was Hegel
ihre unorganische Natur nennen würde und was er als In-
gredienzien bezeichnet, die sie sich zu assimilieren und zu ver-
arbeiten hat. Aus diesem Verhältnisse allein erhellt schon,
daß es sich für die Geschichte um die Ereignisse handelt,
die auf geistigem Boden sich zutragen, auf dem Boden, der
von dem Allgemeinen, dem in sich Vernünftigen eingenommen
wird, wo das für alle Bedeutsame und Wichtige, das Handeln und Verhalten, das Denken, Fühlen und Wollen des seiner
selbst bewußten, an sich freien und vernünftigen Menschen
sich abspielt. Das Allgemeine kommt hierbei zur wirklichen
Erscheinung, indem es als die geistige Einheit eines Volkes
sich zu einer bestimmten Gestalt in einem Staate formt, der
seinerseits in sich die mannigfaltigen Organisationen des
Lebens im Geiste trägt und ihnen ihr bestimmtes Gepräge
mitteilt, wie er das seine von ihnen erhält. Die Religion, die
Wissenschaft, die Kunst gehören in das Ganze des Staates
mit hinein und geben als seine inneren Momente dem äußeren
Bau seiner Verfassung erst den konkreten Gehalt. Diese ganze
geistige Wirklichkeit aber macht die Wahrheit jeder einzelnen
menschlichen Existenz aus. „Jedes Individuum findet sich
in einem bestimmten Vaterlande, einer bestimmten Religion,
einem bestimmten Kreise von Wissen und Vorstellungen über

das, was recht und sittlich ist" (S. 30). Daß mit diesen Hinweisen das Gebiet, das wir als den Boden der Geschichte anzusehen pflegen, ganz im allgemeinen zutreffend umschrieben
ist, wird man nicht leugnen können. Es ist die Welt des
geistigen Lebens in seiner Wirklichkeit als natürlicher Erscheinung; das Ausschlaggebende für diese natürliche Erscheinung ist das Dasein der Vernunft in dem sittlichen Leben
eines Volkes. In ihm hat sich das Bewußtsein zu einer Totalität entfaltet und gestaltet, die das Individuum und sein
unmittelbares Bewußtsein mit dem allgemeinen Geiste und
seinen idealen Bildungen in eine Einheit des Tuns und der
Gesinnung zusammenschließt, eine Einheit, die in beständigem
Werden ist und durch den allgemeinen Geist vermittelst der
Individuen ebenso fortwährend hervorgebracht wird, wie sie
als das Substanzielle und Dauernde zugleich ihre eigene Voraussetzung und Grundlage bildet. Die Einheit und Totalität
des im Staate verfaßten Volkes ist der gegebene Schauplatz
für alle besonderen Erscheinungen und Kreise des geschichtlichen Daseins; was irgend unter den Begriff der geschichtlichen Tatsache kann gerechnet werden, empfängt diese Bezeichnung nur darum, weil es in irgendeiner notwendigen
Beziehung zu diesem geistigen Boden, zu dem sittlichen Leben
eines Volkes steht. An ihn ist das Interesse der Geschichte
geknüpft.

Von diesem Gesichtspunkt aus kann man dann freilich
auch den Begriff der geschichtlichen Tatsache noch enger
zu fassen sich berechtigt fühlen. Es ließe sich der Satz aufstellen: Nicht alles, was auf dem Boden und im Zusammenhange des geschichtlichen Lebens geschieht, ist Geschichte.
Wir brauchen uns nur des oben erwähnten Unterschiedes zwischen dem Hauptsächlichen, dem Nebensächlichen und dem
Unbedeutenden zu erinnern, das bis zum Wertlosen und Nich-
tigen geht. Der Historiker ist völlig im Rechte, wenn er
zahllose geschichtliche Daten als vollkommen gleichgültig beiseite läßt; das ganze Reich der Akzidenzen und Zufällig-
keiten, das für den Beobachter in den mannigfaltigsten
Beziehungen von höchstem Reiz ist, braucht ihn gar nicht
zu kümmern, wenn er den großen Gang der geschichtlichen
Notwendigkeit beschreibt. Anderseits aber darf man auch
des Wortes nicht vergessen: nichts in der Welt ist unbe-

deutend. Zwischen Notwendigkeit und Zufälligkeit klafft kein
Abgrund, so daß sie zueinander in keinerlei Beziehung ständen. Vielmehr ist es die Freiheit der alles Seiende durch-
waltenden Vernunft, in der diese beiden Momente des Geschehens fortwährend eins werden und wechselweise ihre Bestimmtheit austauschen. Nichts erscheint oft so notwendig
als der Zufall, weil er der Vernunft der Sache zum Ausdrucke verhilft, nichts so zufällig als die Notwendigkeit,
durch die eine unvorhergesehene, zwar unbedingt vernünftige,
aber der Einsicht bisher verborgene Wendung der Dinge
herbeigeführt wird. Deshalb läßt sich auch in bezug auf
geschichtliche Einzelheiten niemals sagen, ob nicht unter
irgendeinem bestimmten Gesichtspunkte das, was mit den entscheidenden Ereignissen verglichen als bloßes Beiwerk und
der Aufmerksamkeit unwürdig erscheinen könnte, nicht eine
eigentümliche Bedeutsamkeit besitze und zur Aufhellung des
historischen Zusammenhanges sehr nützlich sei. In dieser
Rücksicht kann etwa die Anekdote dem Historiker höchst
willkommen sein und seiner Darstellung nicht bloß Glanz
und Farbe, sondern auch tiefere Wahrheit verleihen. Hegel
selbst hat sich ihrer gern bedient; und ganz allgemein darf
wohl gesagt werden, daß auch die kleinste Besonderheit, die
sich als Merkmal für die Eigenart eines Volkstums verstehen
läßt — und sei es nur ein Zug der Mode oder auch der
individuellen Laune — im richtigen Zusammenhange von
wesentlicher Bedeutung erscheinen könnte. Damit ist dem
Gebärdenspähen und Geschichtentragen nicht das Wort ge-
redet. Dem Verfasser hat ein Sohn Leopold von Rankes als
eine mündliche Äußerung des Vaters den Satz mitgeteilt:
„Als Historiker kenne ich die Menschen nur oberhalb des
Nabels; was unterhalb sich befindet, geht mich nichts an".
Das mag eine Mahnung sein, die Historie nicht abgleiten zu
lassen in Sphären, die außerhalb des Begriffs der Geschichte
liegen. Daß eine Abstufung unter den bunt zusammengewür-
felten Daten des geschichtlichen Lebens objektiv vorhanden
ist, daß Vorübergehendes und Bleibendes, Oberflächliches und
Tiefgehendes sich sachlich voneinander unterscheiden, und
daß es die Aufgabe des Historikers ist, mit sonderndem Geiste
jegliches an seinen rechten Platz zu stellen, darüber kann
kein Streit herrschen.

b) Weltgeschichte, Staatengeschichte, Geistesgeschichte.

Von dieser Unterscheidung aus wird dann auch erkennbar, mit wie gutem Recht Hegel die Gliederung zwischen den verschiedenen Völkern betont, die im Verlaufe der Geschichte auf dem Welttheater auftreten. Nicht alle Völker der Erde sind geschichtliche Völker. Alle, die so gut wie völlig im Banne des Naturlebens beharren, sind trotz der geistigen Elemente, die selbstverständlich auch bei ihnen zur Ausbildung kommen, wie Sprache, Recht, Sitte, Religion, dennoch geschichtslose Völker und spielen in der Geschichte nur eine passive Rolle, insofern sie von den geschichtlichen Völkern unterworfen und dienstbar gemacht werden. Die einzige Form der Aktivität, die sie zeigen, ist das Ausbrechen in wilde Eroberungs- und Plünderungszüge, die positiv nichts zu dem Werke des geschichtlichen Geistes hinzufügen und nur dazu dienen, die Widerstandskraft der Kulturvölker anzuspornen und ihnen die Beruhigung dieser ungebändigten Kräfte zur Aufgabe zu machen. Neben diesem Unterschiede aber zwischen geschichtlichen und geschichtslosen Völkern bleibt auch innerhalb der geschichtlichen Völker eine Abstufung bestehen, die jeder Historiker ebenso wie jeder gesund empfindende Beobachter der Wirklichkeit ohne weiteres anerkennt. Unter den Völkern, die bewußt auf geistigem Boden stehen, deren sittliche Kultur die Individuen irgendwie zu einem Leben in der freien Hingabe an allgemeine geistige Zwecke befähigt, bleiben die einen an staatsbildender und damit an kulturfördernder Kraft hinter den andern mehr oder weniger weit zurück und füllen neben den Protagonisten der Weltgeschichte höchstens Nebenrollen aus. Man kann unter ihnen die bedingt geschichtlichen Völker unterscheiden, die es niemals dazu bringen, selbständig in den Gang der Weltgeschichte einzugreifen, sondern von den weltgeschichtlichen Völkern in den Kreis ihrer Interessen hineingezogen worden sind, ihnen zu deren Zwecken gedient oder sich zwischen den konkurrierenden Weltmächten neutral zu halten verstanden haben. An sie lassen sich die begrenzt geschichtlichen Völker anreihen, die auf kürzere Zeit und mit einseitigen Zielen eine selbständige Stellung eingenommen und in einem re-

spektabeln Umkreise dominiert haben, ohne doch die Weltgeschichte mit einer neuen Entwickelung der geistigen Kultur bereichert und eine besondere, inhaltlich berechtigte Gestalt des Bewußtseins hervorgebracht zu haben, wie etwa
Karthago in der antiken, Burgund in der mittelalterlichen
Welt. Über ihnen stehen dann die im eigentlichen Sinne weltgeschichtlichen Völker, Mächte, deren jede ein ganz bestimmtes
geistiges Prinzip von ewiger Bedeutung verkörpert und deshalb im Laufe der Geschichte einmal die führende Rolle inne-
gehabt hat. Man mag sich noch so sehr gegen begriffliche
Konstruktionen verwahren und auf die empirische Auffassung
des in den geschichtlichen Tatsachen vorliegenden Bestandes
sich beschränken wollen, es gehört unfraglich zu diesem Bestande gerade die Tatsache, daß nicht jedes Volk geschichtlich
dem andern gleich steht, daß die Gemeinschaft der geschichtlichen Völker nicht eine homogene Masse, sondern einen vielfach differenzierten Organismus bildet. Daß die Geschichte
der Russen, der Balkanvölker, der Ungarn, daß die Geschichte
der Portugiesen, der Skandinavier, der Niederländer, daß die
Geschichte der Polen, der Spanier, der Italiener, daß schließlich die der Franzosen, Engländer und Deutschen, so inter-
essant eine jede von ihnen sein mag, doch weltgeschichtlich
von sehr verschiedenem Belange sind, das empfindet jedermann ganz unmittelbar, und keinem Historiker wird es ein-
fallen, es zu leugnen.

Hier liegt der Grund zu der für Hegels Anschauung so
überaus bezeichnenden, bisher nie mit genügender Schärfe her-
vorgehobenen Unterscheidung zwischen den beiden Worten
Geschichte und Weltgeschichte. Der Gegenstand, den
er philosophisch in einer besonderen Disziplin behandelt, ist
die Weltgeschichte; sie bestimmt er als jenen Prozeß in dem
Bewußtsein der Freiheit, der sich in der Aufeinanderfolge
der großen „weltgeschichtlichen" Völker vollzieht. Zu diesem
Prozeß verhält sich das ganze, schier unermeßliche Feld
der geschichtlichen Begebenheiten selbst wieder nur wie ein
gewaltiger Unterbau, auf dem er sich aufwärts entwickelt, oder
wie ein mächtiges Reservoir, aus dem er seine Säfte zieht.
Und damit ist dann auch die Verschiedenheit der Aufgaben
des Historikers und des Geschichtsphilosophen deutlich gemacht, die gewöhnlich in einer gewissen Unklarheit bleibt.

Hegel selbst hat die verschiedenen Arten der Geschichtschreibung in höchst geistvoller Weise dargestellt. Man kann
sie noch allgemeiner in die beiden fundamental voneinander
verschiedenen zusammenfassen: die wesentlich berichtende Darstellung, die den kausalen Zusammenhang der Ereignisse,
ihren mannigfaltigen Inhalt in bezug auf alle möglichen
menschlichen Verhältnisse, auch den in ihnen sich vollziehenden Kampf der Ideen und Prinzipien schildert und für die
deshalb immer das Ereignis für sich in seiner Besonderheit
und Verklammerung mit den andern Ereignissen das Haupt-
interesse bietet, und die wesentlich philosophische Betrachtung, der es auf den teleologischen Zusammenhang der Gestalten des Bewußtseins ankommt und die deshalb die einzelnen Begebenheiten überhaupt nicht um ihrer selbst willen,
sondern nur soweit sie den Geist eines weltgeschichtlichen
Volkes in seiner eigentümlichen Bedeutung offenbaren, ins
Auge faßt. Gewiß wird ein wahrhafter Historiker nur der
sein, dem eine solche Betrachtung des geschichtlichen Stoffes
nicht fremd ist; die rechte Würdigung der geschichtlichen
Zusammenhänge wird immer mindestens auf der Intuition ihres
teleologischen Gehaltes, ihrer prinzipiellen Bedeutsamkeit beruhen. Aber das ändert an der Tatsache nichts, daß die Arbeit
des Historikers eine Leistung von ganz anderer Art und von
ganz eigentümlichem Werte bleibt, der die Philosophie der
Weltgeschichte nicht im mindesten ins Handwerk pfuscht.
Diese kann so wenig ohne die Arbeit des Historikers bestehen, wie jener die Anregung von der Hand weisen sollte,
die ihm der Geschichtsphilosoph für die Auffassung der großen,
die Weltgeschichte beherrschenden Prinzipien bieten kann.

Es ist sehr bemerkenswert, daß Hegel gerade auch in
Rücksicht auf die geschriebene Geschichte den Unterschied begründet, den er zwischen den Völkern nach ihrem
Anteil an dem Prozesse der Weltgeschichte macht. Den Völkern, die berufen sind, im Entwickelungsgange der Menschheit
ein bestimmtes geistiges Prinzip, eine begrifflich notwendige
Gestalt des Bewußtseins zu verkörpern, wohnt das Bewußtsein dieses ihres Berufes inne. Sie wissen etwas von der
Bedeutung, die sie im Kreise der Völker haben; bei ihnen
erwacht deshalb auch in erster Linie das Bedürfnis, sich ihre
Schicksale und Taten in sachlicher Darstellung gegenständ-

lich zu machen und also ihre Geschichte zu schreiben. Der
Doppelsinn, den das deutsche Wort Geschichte besitzt, daß
es zugleich die res gestae selbst und zugleich den Bericht
darüber bezeichnet, erscheint so tiefer begründet. Die Begebenheiten, die wirklich den Namen Geschichte verdienen,
sind eben diese, die bei dem Volke, in dem sie sich zugetragen haben, eine objektive Darstellung gefunden haben.
Denn damit ist der Beweis geliefert, daß es sich um ein
Volk handelt, das so weit zur Freiheit des Selbstbewußtseins
gelangt ist, um sich sein eigenes Leben zu objektivieren und
in seiner Welt sich als geistige, gestaltende Kraft zu fühlen.
Man könnte danach in Hegels Sinne sagen, die Weltgeschichte
spiele sich unter den Völkern ab, die eine eigene Geschichtschreibung besessen haben und besitzen.

Doch auch hier sind noch Abstufungen zu beachten. In der
orientalischen Welt verweilt Hegel mit besonderer Ausführlichkeit bei den Indern, von denen er ausdrücklich erklärt, daß
ihnen der geschichtliche Sinn ganz abgehe und ihre historische
Überlieferung vollkommen phantastisch und märchenhaft sei.
Aber auch die andern Völker des Orients haben das, was
wir unter Geschichtschreibung zu verstehen pflegen, nicht
hervorgebracht, sondern erst Herodot gilt als Vater der Geschichte. Dennoch sind jene Völker zu den weltgeschichtlichen
zu rechnen; das Bewußtsein ihrer geistigen Bestimmung hat
in ihnen gelebt, ja, es hat sie auch zur Schaffung geschichtlicher Denkmäler befähigt. Wenn der Inder in seine Über-
lieferungen die maßlosesten Erdichtungen hineinträgt, so
bleibt doch bestehen, daß er die Prosa einer geschichtlichen
Darstellung wenigstens angestrebt hat. Es hängt mit dem geschichtlichen Prinzip seines Volksgeistes zusammen, daß er
unfähig ist, sich verständig zu begrenzen, und daß so die
phantastische Verwirrung seines Inneren in seinem historischen Denken zum Vorschein kommt. Anderseits haben die
übrigen Völker des Orients ihre ausführlichen Annalen, Kö-
nigslisten und ähnlichen Urkunden, die zwar historische
Wissenschaft und Kunst noch vermissen, aber das staatliche und damit das geschichtliche Selbstbewußtsein sehr
deutlich erkennen lassen. In der neuen Zeit wiederum ist
durch die allgemeine Verbreitung der Bildung die Kunst und
die Wissenschaft der Historie zu sämtlichen Nationen des

europäischen Kulturkreises gedrungen; sie sind geschichtliche
Völker, weil sie eine Geschichtschreibung haben, aber trotzdem
können sie nicht alle gleicherweise als weltgeschichtlich führende Völker zählen. Bei Nationen von minderer geschichtlicher Bedeutung ist zwar die formelle Ausbildung der persönlichen Gelehrsamkeit vorhanden, aber was diese selbst erst
zur Hervorbringung von Werken befähigt, die als geschichtliche Denkmale gelten können, der Gemeingeist einer ihres
geschichtlichen Berufes sich bewußten und im sittlichen Leben
des Staates zur wahren Freiheit vorgedrungenen Nation, steht
nicht hinter ihr. Es ist also auch hier ein Verhältnis der
Wechselwirkung. Nicht bloß das Vorhandensein einer Geschichtschreibung gibt der Geschichte des Volkes ihre Bedeutung, sondern auch die Geschichte des Volkes macht erst
eine Geschichtschreibung möglich, die es als ein weltgeschichtliches Volk legitimieren kann. Deshalb wird man es Hegel
als Verdienst anrechnen dürfen, daß er innerhalb der Unendlichkeit des irdischen Geschehens die Geschichte als einen
ganz charakteristischen Komplex von Erscheinungen abge-
grenzt hat, dessen einigendes Band in der freien Tätigkeit
des kulturbildenden Geistes besteht. Und man wird auch zugeben müssen, daß es mindestens einen guten Grund hat, als
Geschichte im eigentlichen Sinne nur den Verlauf von Begebenheiten anzusehen, der in dem Volke, das ihn erlebt hat,
geistig und verständig aufgefaßt und der Nachwelt urkund-
lich überliefert worden ist.

So könnte man Hegels Begriff der Geschichte etwa folgendermaßen formulieren: Geschichte ist jeder Zusammenhang
von Ereignissen, der innerhalb der von ihm berührten Nationen mit Verstand und sachlichem Urteil erfaßt und in
schriftlicher Aufzeichnung den späteren Geschlechtern überliefert worden ist. Hiervon aber würde dann noch der engere
Begriff der Weltgeschichte zu unterscheiden sein, in die
von den mancherlei geschichtlichen Zusammenhängen nur die
hineingehören, in denen sich die notwendigen Momente in
dem Prozesse des Weltgeistes wirklich darstellen. Man muß
sich eben, will man Hegels Auffassung gerecht werden, darüber klar sein, daß er unter Weltgeschichte nicht das versteht, was dieser Name den meisten nach dem ersten Ein-
drucke zu besagen scheint, eine Erzählung alles dessen, was

sich jemals in der Welt zugetragen hat. Daß diese rohe
Vorstellung sich überhaupt mit dem Gedanken einer wissenschaftlichen Erkenntnis nicht verträgt, wird ja wohl jeder
bei genauerer Überlegung einsehen. Die Vernunft beruhigt
sich nicht mit der Anhäufung einer gleichförmigen und ge-
staltlosen Masse aller möglichen Geschehnisse auf allen möglichen Schauplätzen der Welt. Sie fühlt sich getrieben, den
Sinn und Zweck daraus ans Licht zu bringen. Sobald man
das eingesehen hat, wird man auch Hegels Begriff der Weltgeschichte verstehen und wird bemerken können, daß in ihm
das Eigentümliche dieser Tätigkeit der Vernunft ganz richtig
zum Ausdruck gekommen ist. Hegel bezeichnet mit dem Namen
der Weltgeschichte die Reihe von Entwickelungen, die durch
den Endzweck des natürlichen Daseins, die Vollendung des
Geistes zu seiner anundfürsichseienden Freiheit, regiert werden und um dieses Zweckes willen sich in allem geschichtlichen Werden als das eigentlich Bedeutsame und sachlich
Entscheidende herausheben, dem alles sonstige Geschehen als
Mittel dient. Oder in einem Satze formuliert könnte man
Hegels Begriffsbestimmung der Weltgeschichte so ausdrücken:
Weltgeschichte ist die Aufeinanderfolge der verschiedenen
als natürliche Gestaltungen sich darstellenden Stufen des Be-
wußtseins, in der sich der Prozeß der Selbstbefreiung des
Geistes vollzieht.

Natürlich steht es jedem frei zu sagen, daß die Weltgeschichte nicht dies, sondern etwas anderes sei. Nur möge
er dann auch eine recht klare und genaue Begriffsbestimmung dessen mitteilen, was er unter Weltgeschichte versteht. Vor allem möge er nicht meinen, daß er den Begriff
einer Wissenschaft der Weltgeschichte dadurch erreichen
könne, daß er sie als eine bloße Summierung oder Zusammenfassung aller einzelnen Völkergeschichten betrachtet. Denn es
würde dabei dann doch immer auf die Gesichtspunkte an-
kommen, nach denen solche Summierung und Zusammenfassung
vorzunehmen sei, die ja niemals in dem bloßen Aneinander-
reihen oder Hintereinanderaufzählen bestehen kann. Vielleicht,
daß er, sobald er sich nach solchen Gesichtspunkten umzu-
sehen beginnt, die erst die Weltgeschichte zu einer eigenen
Erscheinung und ihre Behandlung zu einer eigenen Disziplin
machen, bald merken wird, wie seine Definition dem Sinne

nach ungefähr auf dasselbe hinausläuft, was Hegel in der ihm eigenen Terminologie zum Ausdruck gebracht hat. Gewiß aber, daß er jedenfalls Hegel dasselbe Recht wird zugestehen müssen, das er für sich in Anspruch nimmt, nämlich die Darstellung der Weltgeschichte gemäß dem vorzutragen, was er unter Weltgeschichte versteht. Woraus dann folgt, daß Hegel, wenn er seine Philosophie der Weltgeschichte auf Grund seiner Begriffsbestimmung des Gegenstandes gestaltet, höchstens eines Irrtums in dieser Definition, nicht aber einer wissenschaftlichen Willkür geziehen werden dürfte.

Ebensowenig kann man es Hegel als Willkür anrechnen, daß er die Weltgeschichte wesentlich als Staatengeschichte behandelt. Aus allem, was wir bisher über das Verhältnis des Staates zu den besonderen Bildungen der geistigen Kultur gesagt haben, geht schon zur Genüge hervor, daß er nicht im mindesten daran gedacht hat, diese Bildungen in ihrer Wichtigkeit für die Geschichte gering zu achten. Aber wo er die Weltgeschichte darstellt, ist er durch den Begriff der Sache genötigt, jene verschiedenen Kulturgebiete, Religion, Kunst, Wissenschaft nicht in dem besonderen Zusammenhang zu betrachten, den jedes einzelne für sich bildet, sondern nach der Verbindung, in der sie gemeinsam jedesmal mit dem Geiste des weltgeschichtlichen Volkes stehen, von dem er redet. Dabei darf nun nicht vergessen werden, daß wir es, wie schon erwähnt, in seinem Werke mit Vorlesungen zu tun haben, in denen er durch die äußeren Umstände zur Kürze genötigt war und nur die besonders wichtigen Beziehungen hervorheben konnte. So erklärt es sich, daß er durchgängig auf die Religionsgeschichte sehr sorgsam eingegangen ist, — sieht er doch in der Religion die reinste Selbstdarstellung des Volksgeistes —, während die andern Zweige des geistigen Lebens verhältnismäßig zu kurz zu kommen scheinen. Aber das ist eben darum nur Schein, weil Hegel mit seiner Philosophie der Weltgeschichte ja gar nicht die gesamte Systematik des geschichtlichen Lebens zu geben beabsichtigt. Er bietet vielmehr damit nur den ersten, gleichsam allgemein orientierenden Teil. An diesen schließen sich weiter an zunächst die philosophische Betrachtung der Kunst- und der Religionsgeschichte, wie er sie in seinen Vorlesungen über Ästhetik und Religionsphilosophie entwickelt hat. Daß er in diesen Vorlesungen die allgemein begrifflichen Deduktionen und die Darstellung des geschichtlichen Entwicklungsganges der Kunst und der Religion zu einem Ganzen verbunden hat, darf uns nicht blind dafür machen, in wie hohem Grade sie geschichtsphilosophischen Inhaltes sind. Bei dieser Darstellung aber tritt nun das, was für die Philosophie der Weltgeschichte das bestimmende Moment war, der Zusammenhang dieser geistigen Sphären mit der Besonderheit des jedesmaligen Volksgeistes zurück, und der Nachdruck liegt auf dem Nachweise der Entfaltung der Idee, die sich in der einzelnen geistigen Sphäre verkörpert. Hier dient die gegebene Eigenart des Volksgeistes zur Erklärung der besonderen Stufe der Kunst- oder Religionsbildung; dort dienen Religion und Kunst zur Illustrierung der Eigenart des Volksgeistes. Wenn Hegel heute gelebt hätte, dann würde er vielleicht auch noch andere Zweige der geschichtlichen Kultur, etwa die Sittengeschichte oder die Kulturgeschichte als ein Ganzes, philosophisch behandelt haben. Aber man darf die Leistung eines Denkers, der immer ein Kind seiner Zeit bleibt, nicht nach ihrer Vollständigkeit in der Breite der Materie beurteilen wollen. Die Frage ist, ob seine Methode sich bewährt hat, das Gebiet zu erschließen, dem sie gilt, nicht ob er selbst alle Seitenpfade dieses Gebietes begangen hat. Auch in dieser Rücksicht ist das Ganze früher als die Teile. Die geistige Konzeption des Ganzen aber hat Hegel nicht bloß geliefert, indem er in der Philosophie der Weltgeschichte es in seinen einfachsten Grenzlinien umschrieben und in der Philosophie der Kunst und Religion besondere Momente des Ganzen ihrerseits als geistige Totalitäten entwickelt hat, sondern er hat endlich seine Systematik der geschichtlichen Welt mit der Geschichte der Philosophie abgeschlossen, die den Gang der Weltgeschichte in seiner unter- oder überirdischen Bewegung aufzeigt, den verborgenen Grund des geistigen Lebens, aus dem alle sichtbaren geschichtlichen Erscheinungen hervorgehen oder in den sie münden. Die Philosophie der Weltgeschichte, die er als einen Zusammenhang der Staatengeschichte auffaßt, ist also für Hegel bei weitem nicht die einzige geschichtsphilosophische Disziplin. Und der Vorwurf, daß er keine andere Geschichte kenne als Staatengeschichte, findet in Hegels Werk keine Stütze.

c) Die Perioden der Weltgeschichte.

Daß nun der Gang des Weltgeistes nach vernünftigen, aus dem Begriff hervorgehenden Bestimmungen sich regle, daß demzufolge für die Betrachtung der Geschichte der kontinuierliche Verlauf der Ereignisse in sachlich begründeten Perioden sich ordne, ergibt sich von selbst. Man kann hinzufügen, daß nicht bloß die Kontinuität, sondern auch die Scheidung der Zeiten durch epochemachende Wendungen im Geschichtsverlaufe objektiv sich der Betrachtung aufdrängen. Dennoch steht natürlich die zeitliche Einteilung der Weltgeschichte nicht am Himmel geschrieben, und es bleibt dem Nachdenken und Urteil des einzelnen Forschers vorbehalten, sie sich nach den ihm vorliegenden Tatsachen und nach seiner Deutung ihres Sinnes zurechtzulegen. Daß dabei gerade für die allgemeinsten Einschnitte sich eine sehr weitgehende Übereinstimmung zwischen allen vernünftigen Menschen ergeben wird, ist ohne weiteres klar. Und doch läßt sich dann wieder über die größere oder geringere Wichtigkeit dieser von allen anerkannten Einschnitte streiten. Bei Hegels Einteilung der Weltgeschichte fällt am stärksten auf, daß er die Haupteinschnitte so rein sachlich gemacht hat, daß darüber sein gewöhnliches Einteilungsschema in die Brüche zu gehen scheint. Schwerlich wird irgend jemand etwas dagegen einwenden, daß er den Aufgang und den Untergang der Antike als zwei entscheidende Epochen gelten läßt. Er selbst aber macht in der Antike zwischen Griechentum und Römertum einen ebensolchen Einschnitt und gliedert sein Gemälde der Weltgeschichte in vier Partien: die orientalische, die griechische, die römische, die germanische Welt. Diese Vierteilung aber entspricht der Triplizität gar nicht, die er sonst überall hervorhebt. Deshalb schon sollte man von künstlicher und gezwungener Anordnung bei dieser Periodisierung nicht reden.

Im übrigen läßt sich gegen sie mancherlei einwenden; man wird aber gut tun, auch dabei nicht zu vergessen, daß Hegel immer sehr ernsthaft aus der Sache, wie sie sich ihm darstellt, ihre Bestimmungen zu entnehmen bestrebt war. Die Art, wie er am Schlusse seiner Rechtsphilosophie die vier

Reiche der Weltgeschichte charakterisiert[1]), zeigt in ihrer
knappen Formulierung vielleicht noch deutlicher als die ausgeführte Schilderung in seinen Vorlesungen über die Weltgeschichte, wie sehr ihm die Würdigung der Eigentümlichkeit dieser Gestalten am Herzen lag. Wäre zu seiner Zeit die
Kenntnis Vorderasiens schon weiter fortgeschritten gewesen,
so hätte er wohl zwischen den beiden ostasiatischen Reichen
China und Indien auf der einen Seite und den übrigen
Reichen der orientalischen Welt auf der andern genau solch
einen Einschnitt gemacht wie zwischen dem Griechentum und
Rom. Sondert er doch ohnehin jene beiden ersten Reiche
als die statarischen von den andern ab, die in historischer
Entwickelung aufgeblüht und vergangen sind. Bedenken wir
nun, daß er auch in der germanischen Welt Epochen von
höchster Bedeutung eintreten läßt, so dürfte man sogar sagen,
daß eigentlich eine Dreiteilung der Weltgeschichte seinem
eigenen Aufrisse am besten entsprechen würde; man müßte
den Orient, die Antike und die christliche Welt als die drei
Hauptgestalten unterscheiden und alle sonstigen Gliederungen
unter diese fallen lassen.

Nur dürfte man nicht in den Irrtum verfallen, als liege
bei Hegel eigentlich doch die hergebrachte Periodenteilung
in Altertum, Mittelalter und Neuzeit vor. Von ihr ist tatsächlich bei ihm keine Spur zu finden, was am klarsten
daraus erhellt, daß er eine seiner großen Perioden, die germanische Welt, für sich allein nach diesem Schema gliedert.
Gerade damit hat er die Erkenntnis bewährt, die bei den Sach-
kundigen inzwischen zum Gemeingut geworden ist, daß sich
diese drei Perioden innerhalb jeder großen geschichtlichen
Erscheinung finden und nichts weiter bedeuten als die selbst-
verständliche Regel ihres natürlichen Verlaufes. Bei genauem
Nachsehen wird man auch finden können, daß Hegel,
wenngleich er in den Darstellungen der andern weltgeschichtlichen Reiche sich der Ausdrücke Altertum, Mittelalter und
Neuzeit nicht bedient, doch der Sache nach überall die gleiche
Periodisierung im Sinn hat. Dagegen hat er sich für den Ablauf der ganzen Weltgeschichte ganz und gar nicht an dieses
Schema gehalten. Es wäre ja gewiß nicht unrichtig, wollte

---

[1]) Phil. Bibl. Bd. 124, S. 275 ff.

man die Zeit der orientalischen Weltmächte als das Altertum, die der Antike als das Mittelalter, die christliche Zeit als die Neuzeit der menschlichen Kultur bezeichnen; aber man hätte damit nichts als eine formale Bestimmung gegeben, die das Charakteristische für diese verschiedenen Weltzeiten überhaupt nicht erkennen läßt. Nur in einem Punkte läßt Hegel diese Periodisierung gleichsam auf die Weltgeschichte im ganzen übergreifen, nämlich da, wo er zu der letzten Periode der germanischen Welt, zu der Neuzeit kommt. Diese faßt er nicht bloß als die Neuzeit dieser einen geschichtlichen Gestalt, sondern in absolutem Sinne als die neue Zeit für die gesamte Weltgeschichte. Denn in der Reformation hat der Geist den letzten Schritt getan, der ihm zu dem Bewußtsein seiner unendlichen Freiheit noch nötig war, und hat das Individuum als solches dazu befähigt, sich als vernünftiges Subjekt und also selbst als das Allgemeine, Wahre und Göttliche zu begreifen. Es kann seitdem nicht mehr die Rede davon sein, daß der Geist ein neues Prinzip entwickele, das bisher noch unbewußt in ihm gelebt hätte. Er ist in der Totalität seiner Bestimmung sich selber durchsichtig geworden; wie mit dem Christentum die absolute Religion, so ist mit der Reformation die absolute Freiheit des subjektiven Geistes aufgetreten, und die Aufgabe der Weltgeschichte kann nun nicht mehr darin bestehen, aus einer einseitigen Bestimmung des Geistes zu einer andern fortzuschreiten, sondern nur den gewonnenen Begriff der Totalität in all seinen Momenten immer klarer auszuprägen und die Wirklichkeit nach ihm umzugestalten. Auf diese Weise hat dann in der Tat der Begriff der neuen Zeit eine sehr konkrete Bedeutung erlangt.

Im übrigen hat Hegel mit dem Sinne für das Konkrete, der ihn auszeichnet, auf formale Bezeichnungen der Weltperioden, die er annimmt, ganz verzichtet und sie einfach inhaltlich nach den Völkern genannt, deren Geistesart diesen Stufen des Bewußtseins ihr Gepräge gegeben hat. Weil es sich aber um Gestalten handelt, die in dem Kleide des natürlichen Daseins auftreten, so hat er auch von den natürlichen Elementen, die ihr äußeres Leben bedingen, anschauliche Merkmale zur Unterscheidung der aufeinander folgenden Weltzeiten hernehmen können. Er bezeichnet die orientalische

Welt als die des gediegenen Festlandes, in der zuerst das
Prinzip der breiten Stromebenen allein auftritt, dem sich
dann aber auch das des wasserarmen Hochlandes und anderseits das der schmalen Seeküste gesellt. Die Antike im allgemeinen ist ihm die Mittelmeerwelt; in dieser ist das Prinzip des Griechentums die vielfach gegliederte Mannigfaltigkeit, die es nur zu einem idealen Einheitspunkte bringt,
das des Römertums die gewaltsame, durch den Machtwillen
erzwungene Einheit der ihrer selbständigen Geltung beraubten
Besonderheiten. Die germanische Welt schließlich hat zum
Prinzip die im mittleren und nordwestlichen Europa vorhandene Ausgleichung der verschiedenen geographischen
Gegensätze und die Richtung auf das Weltmeer. Diese geographischen Bestimmungen geben zugleich der Bewegung der
Weltgeschichte eine bestimmte lokale Richtung; sie nimmt
ihren Anfang im fernen Orient und schreitet immer weiter
gegen Westen vorwärts. Wollte man auf Grund der Ausdehnung, die inzwischen der Kulturaustausch auf der Erde
genommen hat, an die Tatsache dieser Bewegung einen Ausblick in die Zukunft knüpfen, so könnte man meinen, daß,
wie mit der Reformation geistig die Totalität der Bildung
des Menschen erreicht worden ist, so dieselbe Totalität natürlich die Möglichkeit ihrer Verwirklichung erreichen wird
mit dem Zeitpunkte, wo die Bewegung der Weltgeschichte
den Weg um die Erde wird vollendet haben und die Völker,
von denen die Kultur ihren Anfang genommen hat, nun für die
Kultur der neuen Zeit erobern wird.

In anderer Weise knüpft Hegel seine Betrachtung an den
Begriff des organischen Wachstums an und läßt die Entwickelung der Menschheitsgeschichte in dem Bilde der Lebensalter
des Menschen anschauen. Die Reiche Ostasiens gleichen danach
der Kindheit, die Westasiens den Knabenjahren; Ägypten, das
Land, das sich selbst ein Rätsel ist, bezeichnet die Zeit des
Überganges zum Jünglingsalter, die unruhig drängende Zeit des
rätselvollen Werdens. In Griechenland hat der Geist die Stufe
des entwickelten Jünglingsalters, der ihrer selbst gewissen
geistigen Schönheit und heiteren Frische erreicht, wogegen
Rom den harten Dienst und die strenge Arbeit der männlichen
Jahre versinnbildlicht. Die christlich germanische Welt ist
dann dem Greisenalter gleichzustellen, das aber für das Leben

des Geistes nicht etwa das Alter des Verfalls, sondern das einer sich immer erneuernden Fülle bedeutet. Um dieser Fülle willen, die alle früheren Prinzipien in sich aufgehoben hat, und als die Synthese der vorhergehenden Standpunkte anzusehen ist, stellt Hegel auch die Epochen dieser Weltzeit in Analogie zu Epochen der früheren Zeiten. Er vergleicht das Reich Karls des Großen mit dem persischen, die Zeit der Reformation und Renaissance mit der Blütezeit Athens und die neueste Zeit mit der Weltherrschaft Roms (S. 766). Aber er ist weit davon entfernt, diese Analogien irgendwie zu gesetzlichen Normen zu stempeln und den Gang der Geschichte oder die Entfaltung der in ihr auftretenden geistigen Prinzipien aus Naturbestimmtheiten herleiten und nach abstrakten Regeln errechnen zu wollen. Er steht fest auf dem Boden der Einmaligkeit und Konkretheit aller geschichtlichen Erscheinungen und sucht eine jede nach ihrem ganzen Verlauf und allen Momenten ihrer Gestalt ausschließlich aus dem ihr eigenen Prinzipe heraus verständlich zu machen. Es ist dies der Volksgeist, dessen Wesen und Erscheinung deshalb den nächsten Gegenstand der Philosophie der Weltgeschichte bildet.

2. Die Staatsformen und ihre Entwickelung.

a) Die allgemeinen Regierungsarten.

Der Volksgeist schafft sich in dem Staate seinen Körper. Auf jeder Stufe seiner Entwickelung gibt sich das Bewußtsein die äußere Gestalt, die dem Stande seiner inneren Reife und geistigen Freiheit entspricht. In der besonderen Staatsform jedes einzelnen Volkes ist darum die eigentümliche Bestimmtheit seines Prinzips, die Beschaffenheit seines vernünftigen Willens zu bleibendem Ausdruck gekommen. Wir haben bereits davon gesprochen, daß in der Staatsform die ganze geistige Wirklichkeit des Volkes gleichsam wie in einem schirmenden Gefäße eingeschlossen ist und daß deshalb die Philosophie der Weltgeschichte, die es mit dem Zusammenhang und Aufeinanderwirken der einzelnen Volkseinheiten zu tun hat, wesentlich Staatengeschichte sein muß. Sie betrachtet die vielfachen einzelnen Ereignisse der Völkergeschichte nicht nach ihrem pragmatischen Zusammenhange,

die geistigen Schöpfungen der Nationen in Religion, Kunst
und Wissenschaft nicht nach ihrer Beziehung auf ihre allgemeine Idee, sondern zieht sie nur zur Illustrierung der besonderen Gestalt herbei, die der eigentümlich bestimmte Volksgeist sich gegeben hat. Es handelt sich ihr darum, das Prinzip des einzelnen Staates und die Einflüsse deutlich zu machen,
unter denen sich dies Prinzip kraft seiner inneren Bestimmtheit zur Entfaltung hat bringen, sich in seiner Eigenart sieg-
reich hat behaupten können und schließlich auch an ihr hat
zugrunde gehen müssen. Dies Werden, Gedeihen und Welken
vollzieht sich in der Form des staatlichen Daseins. Darum
ist es für die Arbeit Hegels von entscheidender Bedeutung,
wie er die Staatsformen und ihre Entwickelung in ihren
gegenseitigen Verhältnissen und in ihrer inneren Vernünftigkeit aufgefaßt hat.

Wir begegnen bei ihm einer zwiefachen Betrachtungsweise. Die erste geht von dem allgemeinen Begriffe der
Staatsform aus und entwickelt aus ihm eine Reihe gleich-
bleibender Bestimmungen, die in den verschiedenen geschichtlichen Gestaltungen wiederkehren. Die andere dagegen fußt
auf dem besonderen Prinzip des einzelnen Staates und leitet
dessen Verfassung aus diesem Prinzip ab, das jenen gleichbleibenden Bestimmungen in jedem Falle erst ihr eigentümliches Gepräge und eine von allen andern Staatsformen abweichende Gestalt gibt. Wenn er diese zweite Betrachtungsweise selbst als die wichtigere und zum konkreten Begreifen
des Gegenstandes notwendigere bezeichnet, so begleitet doch
auch die erste den ganzen Verlauf seiner Darstellung. Die
einfachen Urformen gleichsam alles staatlichen Zusammen-
schlusses, wie sie der Verstand aus der Erscheinung der
Wirklichkeit herausliest, bleiben, so mannigfach sie auch durch
die lebendigen Individualitäten der verschiedenen Volksgeister
modifiziert werden, doch immer wie das Gerüst eines Bau-
werks maßgebend.

Die allgemeinen Unterschiede der Staatsverfassungen
leitet Hegel aus der „Totalität des staatlichen Lebens" ab,
die sich je nach dem Grade ihrer Entfaltung in verschiedener
Form zur Erscheinung bringt. Er stellt danach den „abstrakten, jedoch notwendigen Gang in der Entwickelung selb-
ständiger Staaten" fest. Es wäre verkehrt, wollte man in

dieser allgemeinen Regel ein Gesetz von der Art der Natur-
gesetze sehen, die den passiv sich verhaltenden Gegenstand
einem ihm aufgezwungenen Muß unterwerfen. Der Entwickelungsgang, den Hegel hier zeichnet, ist nicht aus äußeren
Ursachen herzuleiten, sondern ergibt sich aus der inneren
Beschaffenheit der Sache selbst, die darin ihre eigene Natur
zur Entfaltung bringt. Die Notwendigkeit also dieses abstrakten
Ganges ist die freie oder vernünftige Notwendigkeit des Begriffs und ist wohl der gedankenlosen Willkür, aber nicht dem
überlegten und sachverständigen Wollen entgegengesetzt. Im
Gegenteil kann sie dieses Wollens als ihres Werkzeuges,
durch das sie sich vollzieht, gar nicht entbehren. Das hebt
Hegel hervor, wenn er sagt, daß in diesem Gange „jedesmal die bestimmte Verfassung eintreten muß, die nicht Sache
der Wahl, sondern nur diejenige ist, welche gerade dem
Geiste des Volkes angemessen ist" (S. 126). Der Geist des
Volkes also und die Stufe seiner Entwickelung ist zuletzt das
Entscheidende; in der Natur aber solcher lebendigen Geistigkeit ist eine Reihe von Vernunftbestimmungen gegeben, die
diesem ganzen Gebiete der Ausgestaltung des Volksgeistes
nirgend fehlen können und mitten in der individuellen Verschiedenheit eine gewisse logische Gleichartigkeit aufrechterhalten. Hegel hat nicht einen generalisierenden Schematis-
mus im Sinne, sondern das Aufzeigen einer immanenten Form
der Entwickelung. Erinnern wir uns dessen, daß er auf die
Stufen des weltgeschichtlichen Prozesses das Bild des organischen Wachstums des Menschen angewendet hat, weil es
sich auch in jenem Prozesse um ein bewußtes Leben handelt, mit dem die Perioden dieses Wachstums in einer natürlichen Verwandtschaft stehen. Ganz ähnlich sieht er in dem
Leben der Staaten sich die verschiedenen Verfassungsformen
ablösen, die eine natürliche Aufeinanderfolge bilden, aber
dem inneren Geiste keinen fremden Zwang antun; denn sie
entsprechen gerade seiner Natur. Die freie Lebendigkeit des
einzelnen Volksgeistes wird dadurch nicht gehemmt, daß sie
an jenem „abstrakten, jedoch notwendigen Gange" seiner Entwickelung die ideelle Determination ihres ansichseienden
Wesens hat.

In der Bezeichnung der Stationen jenes Ganges schließt
sich Hegel anscheinend an die alte aristotelische Einteilung

der Staatsformen in Monarchie, Aristokratie und Demokratie an. Er respektiert diese Einteilung in abstracto nicht bloß wegen seiner unbegrenzten Verehrung für Aristoteles, sondern weil er ihr das Verdienst zuerkennt, den „notwendigen Unterschied von Regierenden und Regierten" (S. 119) nach seinen allgemeinsten Formen bestimmt anzugeben. In concreto betont er sogleich ihre Unzulänglichkeit, da durch solche aus dem Begriffe geschöpften Einteilungen nur die Grundbestimmung herausgehoben, aber keine einzige wirkliche Gestalt, Gattung oder Art in ihrer konkreten Ausführung erschöpft werden könne, vielmehr eine unendliche Fülle von Modifikationen und Mischformen vorhanden sei, die der Begriff zulasse, wiewohl sie an sich unklar seien. Ebendeshalb darf jene Einteilung auch nicht als ein Maßstab angesehen werden, an dem die vorhandenen Verfassungen daraufhin geprüft werden könnten, welche wohl die denkbar beste sei. Denn darüber entscheidet nicht jene äußere Form der Einteilung, sondern vielmehr der innere Geist des Volkes, der sich die ihm angemessene Verfassung aus dem eignen Drange nach seiner Verwirklichung schafft.

Die wichtigste und charakteristischste Abweichung Hegels von Aristoteles liegt freilich in der veränderten Stellung zu diesem ganzen Problem. Ihm erscheinen die verschiedenen Staatsformen nicht so sehr als ruhende Unterschiede wie als Momente einer Bewegung, in der die Totalität des staatlichen Lebens sich dem Grade der politischen Reife gemäß zur Erscheinung bringt. Er betrachtet weniger das Nebeneinander als die Aufeinanderfolge und rechnet zur vollständigen Entwickelung jeden Staatswesens das Durchlaufen aller dieser Momente als notwendig. Dabei sieht er sich dann genötigt, die alte aristotelische Einteilung zu erweitern, indem er eine zweifache Art der Monarchie unterscheidet, eine anfängliche, auf patriarchalischer Grundlage beruhende Alleinherrschaft und die abschließende, auf der Ausbildung eines durchgeführten gesetzlichen Zustandes beruhende Regierung eines Königs, der die zusammenhaltende Spitze der politischen Organisation darstellt. Auch jener erste patriarchalische Despotismus bedeutet schon eine Form des sittlichen Lebens; es ist dort ein Zusammenhang des Willens in der Volksgemeinschaft vorhanden, der sie zum Bewußtsein und zum

Dienste des Allgemeinen befähigt, wenngleich er sich nur als Unterwürfigkeit unter die absolute Macht des Despoten zeigt. Dieser Identifizierung des Allgemeinen, der Substanz, wie Hegel sagt, mit einem natürlichen Subjekte folgt als Gegenwirkung die Herrschaft der Besonderheit, die ebensowohl als Regierung der Privilegierten in Form der Aristokratie, wie als Regierung der zufälligen Individuen in der Demokratie erscheinen kann. Diese führt zu einer „zufälligen Aristokratie" und zu einer Tyrannis, aus der dann die neue Königsherrschaft, die wahre Monarchie hervorgeht, die nicht wie der Despotismus die besonderen Sphären des Volkslebens unterdrückt, sondern sie, durch das von ihr gehütete allgemeine Gesetz in vernünftige Schranken gefaßt, eigenkräftig neben dem politischen Mechanismus gewähren und sich entfalten läßt. Daß diese genetische Betrachtung der verschiedenen Staatsformen ebenfalls nur „die Grundbestimmung heraushebt" und daß in der Geschichte der einzelnen Staaten diese Aufeinanderfolge nicht jedesmal rein sich vollzogen hat, ist selbstverständlich. Einesteils gelangen natürlich lebendige Gestalten, und zu ihnen sind auch Völker und Staaten zu rechnen, nicht unbedingt zum vollen Durchleben aller begrifflich möglichen Wachstumsstadien. Wie Menschen vor Eintritt in das Greisenalter sterben, so können auch Nationen auf einem unausgebildeten Standpunkte stehenbleiben und hinwelken. Andernteils hängen wiederum die einzelnen Staatsformen mit den Prinzipien der einzelnen Volksgeister so eigentümlich zusammen, daß selbst wenn es sich um Staaten handelt, bei denen die vollständige Aufeinanderfolge jener verschiedenen Momente erkennbar ist, doch das eine Moment während des ganzen Verlaufes immer die Vorherrschaft behält und die andern nicht zur reinen Erscheinung kommen läßt.

Die Völker bleiben dann je nach ihrer inneren Bestimmtheit auf irgendeiner Station dieses Entwicklungsganges der Staatsform stehen; sie können sie entweder überhaupt nicht überschreiten, oder wenn sie es tun, so bringen sie es doch nicht zu der wahren Form der höheren Stufe, sondern erreichen nur eine hybride, dem Begriffe nicht entsprechende Modifikation. Der irgendwie patriarchalische Anfang kann wohl bei allen vorausgesetzt werden; aber die Aufgabe, sich über ihn durch Aristokratie und Demokratie bis zur Monarchie durchzuarbeiten, ist erst im weiteren Fortschritte der Geschichte überhaupt lösbar geworden. Die Monarchien im Orient sind, auch wenn sie auf Zustände folgten, die dem Feudalwesen und den Städterepubliken Europas ähnlich waren, doch wieder Despotien geblieben; ja selbst jene Formen einer Herrschaft der Besonderheit haben dabei die Merkmale der patriarchalischen Despotie an sich getragen. So zeigt das Kaisertum in China, obwohl es auf der sorgfältigsten politischen Organisation ruht, doch in seiner spätesten Zeit noch dieselbe Regierungsform wie von Anbeginn. Anderseits ist schon in der griechischen Königszeit trotz der patriarchalischen Form des Regiments der Zug zur demokratischen Unabhängigkeit der Individuen vorherrschend, und zu einer gegliederten monarchischen Organisation hat es die griechische Welt auch unter Alexander und den Diadochen nicht gebracht. Wiederum bei den Römern schlägt von Anfang an die aristokratische Note vor, und das Kaisertum, mit dem die römische Welt sich vollendet, ist selbst wieder mehr eine zufällige Tyrannis als eine geordnete Monarchie. Am ehesten wird man sagen können, daß in der germanischen Welt, die ja für Hegel als die Synthese aller vorhergehenden Gestalten gilt, bei der Abfolge der verschiedenen Staatsformen nicht wie in den früheren Perioden ein einzelnes Moment sein Übergewicht behauptet hat, sondern jeder dieser Formen die Möglichkeit, sich konkret nach dem eigenen Begriffe zu gestalten, gewährt worden sei. Freilich aber macht Hegel selbst darauf aufmerksam, wie die ganze Entwickelung des germanischen Wesens jederzeit die Tendenz auf die wahrhaft monarchische Verfassung an sich trägt. Da diese nun in der Tat selbst wieder die Synthese der übrigen Verfassungsformen bildet, so läßt sich wohl zugeben, daß gerade für die Tendenz zur Monarchie die Bedingung gewesen sei, daß auch jene andern Verfassungsformen klar zum Vorschein kamen. Die alte germanische Gemeinde baut sich auf dem rein demokratischen Prinzip auf, das Frankenreich enthält ebenso die Elemente des Despotismus wie der Aristokratie; über das Feudalwesen des Mittelalters geht es dann zur Ausbildung der Monarchie fort. Immerhin ist es deutlich, daß die verschiedenen Momente hier keineswegs in so bestimmter zeitlicher Aufeinanderfolge sich ablösen, wie es Hegels allgemeines Schema angibt;

außerdem zeigen sie sich auch in sehr viel reicherer Differenzierung. Wie Hegel zweierlei Arten von Monarchie unterschieden
hat, so müßte auch für die Aristokratie und die Demokratie eine
mindestens zweifache Sonderung festgestellt werden. Hegel
hat das tatsächlich auch getan; sein Bild der römischen
Aristokratie und das sehr sorgfältig ausgeführte Gemälde
des mittelalterlichen Feudalsystems haben kaum einen Zug
miteinander gemein, und in der modernen Demokratie hat
er ein · völlig anderes Gebilde gesehen als in der antiken.
Wenn wir dies alles in Betracht ziehen, dann verstehen wir,
daß er im Grunde auf die begriffliche Unterscheidung der
Staatsformen, so praktisch sie für den ersten Überblick sein
mag, nicht viel Gewicht legt. Ausdrücklich bemerkt er, daß
es keine Demokratie ohne aristokratisches Prinzip geben
könne; er stellt die Monarchie nicht neben, sondern über die
beiden andern Verfassungsformen und betont, daß die andern
Momente in ihr begriffen, enthalten seien. So kommt er dazu,
rund heraus zu erklären, daß er sich, wo er von Verfassungen
rede, nicht bei abstrakten Unterscheidungen aufhalten werde
wie die von Demokratie, Aristokratie, Monarchie. Und er
fügt hinzu: „es sind ganz andere Bestimmungen, auf die es
bei Betrachtung der Verfassungen, des politischen, wesentlichen Zustandes in einem Volke ankommt" (S. 121 f.). Wenn
er trotzdem hernach oft genug sich der hergebrachten Bezeichnungen bedient und auch die Verfassungsformen ihrem
Werte nach immer wieder im Anschlusse an jene Bezeichnungen beurteilt, so ist das ein Beweis dafür, daß in diesen
Bezeichnungen ein Element der Wahrheit enthalten ist, das
bearbeitet sein will, wenngleich es zum konkreten Begreifen
der wirklichen Verfassungen der geschichtlichen Völker nicht
ausreicht.

Der Unterschied nämlich zwischen Regierenden und Regierten, wonach diese abstrakte Einteilung der Verfassungen
vorgenommen worden ist, hat keineswegs für das Verständnis der wirklichen Beschaffenheit der Völker die entscheidende
Bedeutung. Vor jener Trennung liegt begrifflich das Dasein
des Volkes als einer Einheit. Durch den in ihm lebenden gemeinsamen Geist ist es zu einer sittlichen Organisation gestaltet, und dieser Geist gibt der ganzen Organisation ihre
Form; er bestimmt auch die Art, wie der Unterschied von

Regierenden und Regierten auftritt. Jede Art aber, in der
er erscheinen kann, muß in dem Begriffe des Staates als
einer Einheit der ganzen Volksgemeinschaft begründet sein;
sonst würde diese Einheit durch den Unterschied zerstört
werden. Daraus folgt, daß die verschiedenen Formen des Unterschiedes sämtlich notwendige Momente des Staatsbegriffs bezeichnen müssen und daß deshalb auch in keinem Staate eines
der Momente völlig fehlen kann, die in diesen Verfassungsformen
sich verkörpern. So gewinnen dann diese Unterschiede wieder
einen tieferen Sinn, indem sie auf die notwendigen Bedürfnisse für den Bau jeder staatlichen Einheit hinweisen. Von
dieser Seite betrachtet erscheinen sie als die Träger von
Prinzipien, die als ewig berechtigt gelten müssen.

Es geht dann nicht mehr an, eine dieser Bestimmungen
als die allein berechtigte zu behaupten und die andern zu verwerfen, sondern man muß jeder ihr Recht zukommen lassen. So
wird gleich mit dem Worte Demokratie das Prinzip ausgesprochen, das den innersten Grund für das Dasein eines
Staates überhaupt bildet. Denn was bedeutet Herrschaft des
Volkes anders als daß ein Volk die Herrschaft über sich
selber hat, d. h. einen souveränen Staat bildet, weil es keinen
fremden Gesetzen und Gewalten, sondern denen gehorcht, die
es selber als die seinen und eignen anerkennt? Darin besteht
überall die Freiheit eines Volkes und aller Individuen im
Volke, daß die Ordnung im Staate die von der eignen Volksgemeinschaft gewollte und befolgte ist; welche besondere
Form der Verfassung das Volk haben mag, das kommt hierbei noch gar nicht in Betracht. Auch im despotisch regierten
Staate ist der gute Wille des Volkes, nach der bestehenden
Ordnung zu leben, die Bedingung dafür, daß der Staat erhalten bleibe; das Volk ist in jedem Falle der Bürge für
die Geltung der bestehenden Herrschaft. Entzieht es ihr
dauernd seinen Gehorsam und seine Zustimmung, so muß
sie zu Boden fallen. Nicht einmal dem Orient fehlt in diesem
Sinne das demokratische Element. Ist doch in den großen
Weltreichen des Ostens der monarchische Absolutismus gerade die volkstümliche Verfassung. Dem demokratischen
Prinzip wird dort also eben dadurch genug getan, daß
der Staat die Gestalt einer patriarchalischen Despotie hat.
In dem Augenblicke, wo er diese Gestalt verliert, zerfällt er,

und das Volk büßt seinen organischen Zusammenhang, seine
Einheit und seine Freiheit ein. Das sehen wir, wenn es er-
laubt ist, auf Beispiele aus unserer Gegenwart zu verweisen,
jetzt an China und an Rußland; wenn dort wieder geordnete
große Staatswesen entstehen sollen, dann muß China seinen
Sohn des Himmels und Rußland sein Väterchen Zar wieder-
bekommen. Denn nur diese Form der staatlichen Organisation
entspricht dem Geiste des Volkes und also auch dem Sinne
des demokratischen Prinzips. Demnach kann es durchaus folge-
richtig sein, wenn sich das demokratische Prinzip in einem
Staate dadurch bezeugt, daß die Verfassungsform absolu-
tistisch ist, sobald nämlich das Volk für eine selbstbewußte
gleichmäßige Beteiligung aller Bürger an dem Gange der
Staatsgeschäfte nicht reif und nicht willig dazu ist. Immer
bestimmt die Geistesart der Bevölkerung die Form der Regierung, und deshalb kann es einen Staat, der nicht innerlich
eine Demokratie wäre, überhaupt nicht geben.

Genau dasselbe gilt nun auch für die Begriffe Monarchie
und Aristokratie. Der Staat als eine Einheit der mannigfaltigsten Lebensprozesse und Geschäfte kann ohne die Gliederung
in leitende und angeleitete Kräfte, in Amtsträger und Privatper-
sonen, in Führer und Massen nicht existieren. So werden immer
die Sachverständigen und Einsichtigen, die für die Wahrung
des Staatsinteresses durch Erziehung und Überlieferung Vor-
gebildeten, die durch Freiheit von Sorgen für das persönliche Bedürfnis zur Beschäftigung mit den Staatsangelegenheiten Befähigten im Staate an der Spitze der Geschäfte
stehen und für ihren Gang verantwortlich sein müssen. Das
heißt, es geht ohne Aristokratie nirgends ab, und überall,
wo man eine bestehende Aristokratie abgeschafft hat, da beginnt auf der Stelle eine neue sich zu bilden. Es ist also auch
jeder Staat, unbeschadet seiner äußeren Verfassungsform,
innerlich eine Aristokratie. Nicht minder aber folgt aus dem
Begriff des Staates, daß in ihm stets eine oberste entscheidende Stelle vorhanden sein muß, die durch den Ausspruch
ihres Willens die staatliche Tätigkeit in jedem Fall in Gang
setzt, die auseinanderstrebenden Meinungen zum gemeinsamen
Handeln eint und die Autorität des Staates vertritt. Auf
einen einzelnen Staatslenker konzentriert sich die Staatsgewalt überall; selbst wenn man ein Zweimännerkollegium mit

der obersten Gewalt betraut, muß immer einer sich dem
andern fügen; denn will jeder seine besondere Meinung durchsetzen, so hat der Staat überhaupt keine Leitung. Natürlich
braucht jener oberste Staatslenker kein Fürst, nicht einmal
ein Präsident zu sein; auch ʾein Premierminister oder ein
kommandierender General kann die monarchische Spitze des
Staates bilden; vorhanden wird diese Spitze stets sein. Und
also gibt es auch keinen Staat, der nicht innerlich eine Monarchie wäre, welch eine Verfassung er auch haben möge.

b) Die geschichtliche Bestimmtheit der Verfassungen.

Die Staaten also sind nicht dadurch voneinander unterschieden, daß jeder ʾein Prinzip der Verfassung verkörpert,
das in den andern völlig fehlte, sondern dadurch, daß von
den in ihnen allen vorhandenen Prinzipien jeder eines, das
der Eigenart des Volksgeistes besonders entspricht, in der
äußeren Gestalt der Verfassung zum dominierenden hat werden lassen. Die Prinzipien der Demokratie, Aristokratie und
Monarchie schließen einander nicht aus; sie sind Momente
und zwar unentbehrliche Momente der Totalität des staatlichen Lebens. Was einander ausschließt, sind nur die Verfassungen, in denen eins oder das andere dieser Prinzipien
einseitig ausgebildet worden ist, so daß die beiden andern
zwar im staatlichen Leben gegenwärtig sind, aber der aus-
drücklichen Geltung und Anerkennung entbehren, die ihnen
dem Begriffe der Sache nach zukommen müßte. Solche einseitigen Gestaltungen aber gehören in den Gang des geschichtlichen Prozesses notwendig hinein, weil sie bedingt
sind durch die Besonderheiten der Volksgeister. Eben darum
kann man von keiner dieser Verfassungen schlechthin behaupten, daß sie gegen den Begriff der Freiheit verstoße.
Wo sich das Volk als Gesamtheit in einer dieser Verfassungen
heimisch fühlt und der gute Wille des Volkes hinter ihr
steht, da ist jede dieser Regierungsarten eine freie Regierung.
Nur wenn der Geist des Volkes selbst unfrei ist, wird es auch
in seiner Regierung eine Macht der Unfreiheit über sich
haben. Das trifft einerseits da zu, wo das Volk noch nicht
zum Bewußtsein der subjektiven Freiheit gekommen ist, anderseits auch da, wo es seine subjektive Freiheit von dem Leben
des Ganzen getrennt hat und im Staate nur noch die Sicherung

des individuellen Behagens sucht. In beiden Fällen wird es
sich stumpf der Willkür der Regierung unterwerfen, einerlei
wer es ist, der sich der Gewalt im Staate bemächtigt hat.
Ist es ein Alleinherrscher, so heißt die unfreie Regierung
Despotie, ist es ein Kreis privilegierter Staatsmänner, so
heißt sie Oligarchie, ist es ein Teil der Volksmasse selber,
so heißt sie Ochlokratie[1]). Begrifflich mag man diese Formen verwerfen; geschichtlich muß man sie genau so gelten
lassen wie die von dem Geiste der Freiheit getragenen. Denn
sie stimmen mit dem Zustande des Volksgeistes überein und
entsprechen der geschichtlichen Stellung der Völker ganz
genau, die sich mit ihnen zufrieden geben. Es ist durchaus
in Hegels Sinne gesprochen, wenn man sagt, daß jedes Volk
die Regierung hat, die es verdient.

Der „abstrakte, jedoch notwendige" Gang in der Entwickelung der Staatsformen erscheint also mit Bezug auf den einzelnen Staat beträchtlich modifiziert durch die Gunst der
Bedingungen, die in der Eigenart des besonderen Volksgeistes
gegeben sind. Hegel hat selbst die Allgemeingültigkeit dieser
Stufenfolge schon dadurch bedeutend eingeschränkt, daß er
nur „wahrhaft selbständigen Staaten" diesen Gang der Entwickelung zugesprochen hat. Wie selbständig aber auch ein
Staat sein mag, eine Schranke der Endlichkeit trägt jeder an
sich, die seiner Entwickelung die Grenze zieht. Wir haben
schon gesehen, daß höchstens die auf dem Boden des christlichen Prinzips, das ja das Prinzip der konkreten Unendlichkeit ist, erwachsenen Staaten eine Entwickelung bis zur wahr-
haften Monarchie durchgemacht haben. Und eben hieran zeigt
es sich, daß dieser Entwickelungsgang, der im einzelnen
Staate durch dessen Besonderheit modifiziert und gehemmt
wird, seinen eigentlichen Boden erst an der ganzen Weltgeschichte hat; an ihr tritt er in seiner Notwendigkeit klar
hervor. Im Orient hat sich das patriarchalische, in der antiken Welt das demokratische und das aristokratische, in
der christlich-germanischen das monarchische Prinzip zu seiner begriffsmäßigen Form entwickelt. Daraus ergibt sich

---

[1]) Diesen Unterschied zwischen freier und unfreier Regierung
macht Hegel in seinem System der Sittlichkeit aus dem Jahre 1802.
Phil. Bibl. Bd. 144, S. 502.

schon, daß der Orient so wenig eine wahre Demokratie und
Aristokratie wie eine wahre Monarchie, daß aber auch die
Antike noch keine wahre Monarchie hat hervorbringen können.
Dagegen entspricht es dem universalen Charakter des mon-
archischen Prinzips, wie es in der germanischen Welt zur Aus-
gestaltung gekommen ist, daß unter ihm Demokratie und
Aristokratie zwar nicht in abstrakter Reinheit wie in der
Antike, aber mit dem monarchischen Prinzip integriert und
deshalb von ihrer Einseitigkeit befreit, zu höheren und reiche-
ren Erscheinungsformen konnten ausgebildet werden.

Mit großer Schärfe macht Hegel den Begriff des Fortschrittes bei dieser Aufeinanderfolge der Staatsformen geltend. Es geht schlechterdings nicht an, irgendeine Verfassung aus älterer Zeit als ein Muster für neuzeitliche Verhältnisse aufzustellen. Jede Verfassung ist aus der Eigenart
des Volkes herausgeboren, das in ihr seine Lebensform hat;
sein Prinzip hat sich in ihr zum Ausdruck gebracht, und
schon deshalb ist es unmöglich, daß ein anderes Volk mit
anderem geistigen Prinzipe sie sich aneignen und in ihr die
seinem Geist entsprechende Lebensform finden könnte. Das
kann um so weniger der Fall sein, als immer von einem weltgeschichtlichen Volke zum andern die Prinzipien der Volksgeister innerlich reicher und reifer werden und der Idee des
sich in seiner unendlichen Freiheit erfassenden Geistes immer
näherkommen, so daß die frühere Verfassungsform notwen-
digerweise die unvollkommenere, dürftigere, auf spätere Zustände nicht mehr anwendbare ist. Weil die Verfassungen Gebilde der Praxis, in die Natürlichkeit hineingestellte Produkte
des vernünftigen Willens sind, so verhalten sie sich zueinander
ganz anders als Gedankensysteme oder Kunstideale. Nur der
abstrakte Begriff der Verfassung selbst und die davon herzu-
leitenden Lehren von gerechter Regierung u. dgl. sind für alle
Staaten gemeinschaftlich. Aber die ganze Anlage jeder Verfassung ist darum, weil sie die Veräußerlichung des eigentümlichen Prinzips des einzelnen Volkes darstellt, etwas durchaus Singuläres; in ihr kann keine gemeinsame Grundlage für
die Form anderer Staaten gefunden werden. Wo es sich um
Ideengeschichte handelt, sind „die früheren Prinzipien die absolute Grundlage des Folgenden". Die Philosophie der Alten
muß in der neueren schlechthin enthalten sein und macht deren

Boden aus. „Das Verhältnis erscheint hier als eine ununter-
brochene Ausbildung desselben Gebäudes, dessen Grundstein,
Mauer und Dach noch dieselben geblieben sind". In diesem
Sinne hat Hegel die Geschichte der Philosophie dargestellt; auch
auf die Art, wie er die geschichtliche Entwickelung der Kunst
und der Religion geschildert hat, trifft diese Beschreibung zu.
Er bemerkt auch ausdrücklich, daß in der Kunst „die griechische, so wie sie ist, das höchste Muster" sei — übrigens eines
der Urteile, in denen seine Gebundenheit an die Denkweise
seiner Zeit empfindlich bemerkbar wird; es würde durchaus
genügen, anzuerkennen, daß die Ausbildung der Kunstfor-
men bei den Griechen die „allgemeine Grundlage" geschaffen
habe, auf der alle folgenden Zeiten weitergebaut, dabei aber
auch früher ungeahnte neue Wege erschlossen und ihrerseits den Griechen unerreichbare Schöpfungen hervorgebracht
haben, die wiederum als höchste Muster unsterbliche Geltung
besitzen und allen Wechsel der Zeiten überdauern.

Gerade nun, weil er Philosophie und Kunst der Alten in
ihrer ewigen Bedeutung so hochstellt, hat Hegel das stärkste
Interesse daran, zu betonen, daß es sich mit der Verfassung
der antiken Staaten ganz anders verhält. Der durch die Französische Revolution genährten Begeisterung für die griechische
Demokratie und die römische Republik hält er mit aller Nüchternheit die Tatsache entgegen, daß die Verfassung mit dem
Staate, der ja an ihr sein eigentliches Wesen hat, notwendig
vergeht und keine zeitlose Dauer besitzt. Die verschiedenen
Staatsformen fügen sich nicht zu einem überzeitlichen
Ideensystem · zusammen, sondern lösen einander in der Zeit
so ab, daß die vergangene durchaus vergangen und überwunden bleibt und nicht in der nachfolgenden fortwirkt. „Aus
der Geschichte kann deshalb nichts für die gegenwärtige Gestaltung der Staatsverfassung gelernt werden. Der Staat ist
weltliche Vernünftigkeit, die verschiedenen Verfassungen folgen deswegen aufeinander in der Unterschiedenheit ihrer Prinzipien, und es findet immer nur dies statt, daß die früheren
durch die folgenden aufgehoben werden. Das letzte Prinzip
der Verfassung, das Prinzip unserer Zeiten, ist in den Verfassungen der früheren welthistorischen Völker nicht enthalten" (S. 123). So wird die Gegenwart Meisterin über die
Vergangenheit, nicht diese über jene.

Es bestätigt sich auf diese Weise wieder, daß Hegel das
weitaus größere Gewicht auf die Besonderheit des einzelnen
Staates als auf die abstrakte Rubrik legt, in die er könnte
eingerechnet werden. Der orientalische Despotismus erscheint
ganz verschieden in China, in Persien, in Ägypten. Die Demokratie sieht in Athen und Rom, die Aristokratie in Sparta und
Rom ganz verschieden aus. Die Monarchie trägt in den katholischen und in den protestantischen Staaten der Neuzeit stark
abweichende Züge. Von besonderem Interesse ist Hegels Urteil
in bezug auf die zwei Staatsformen, an denen er persönlich
am wärmsten Anteil nimmt, die griechische Demokratie
und die protestantische Monarchie. Über die Aristokratie, die er lebenslang als „die schlechteste Verfassung" ge-
brandmarkt hat (S. 698)[1]), spricht er ausführlich weder bei
der Schilderung Spartas, noch bei der Geschichte Roms. Doch
ist freilich von großem Werte die Bemerkung, daß in Rom
infolge der eigenen Lebendigkeit der Aristokratie zwei Extreme
vereinigt gewesen seien, die sich ins Gleichgewicht gesetzt
hatten; dies aber, das Gleichgewicht, habe keine eigene Macht
gehabt und sei nur temporär und palliativ gewesen, während alle
Macht bei den Extremen lag. Ein solches Verhältnis aber ist
das schlechteste und muß zu einem nur um so fürchterlicheren
Bruche führen. Das Vernunftgemäße wäre, daß die Mitte,
das Gleichgewicht selber, als bestimmte Macht wirklich sei
(S. 698 f.). Darin liegt schon der Hinweis auf die Überlegenheit der Monarchie über die andern Verfassungsformen. Das
aristokratische Wesen ist Hegel in seiner Berner Hauslehrer-
zeit so abschreckend entgegengetreten, daß er dagegen einen
Widerwillen gefaßt hat, der in der Härte, mit der er besonders über die Spartaner, doch auch über die Römer sich
äußert, sich nicht verleugnen kann. Um so bemerkenswerter
ist es, daß er auch der Demokratie und zwar der von ihm
selbst als ideal gepriesenen athenischen Demokratie mit
schärfster Kritik gegenübersteht.

Man meint vielfach, Hegel sei für das Griechentum ganz
einseitig begeistert und in den idealisierenden Vorstellungen
davon befangen gewesen, wie sie etwa Hölderlin und Schiller

---

[1]) Ebenso im „System der Sittlichkeit", Phil. Bibl., Bd. 144,
S. 502.

gehegt haben. Aus der vorliegenden Ausgabe seiner Vorlesungen wird noch deutlicher als bisher sich ergeben, daß davon gar nicht die Rede sein kann. Er freut sich an der schönen Erscheinung des hellenischen Geisteslebens mit der dankbaren Bewunderung, die bei jedem denkenden Menschen natürlich ist; denn dieses Geistesleben ist unser kostbarstes Erbteil und wirkt in allen Zweigen unserer Kultur mit ungebrochener Kraft fort. Aber zugleich sieht er sehr deutlich nicht bloß die Mängel des griechischen Charakters, sondern auch den Wurm, der an der Blüte Griechenlands nagt, die Endlichkeit des Standpunktes, den diese Blüte bezeichnet, und die Notwendigkeit, daß diese Blüte schnell verwelkte und eine Frucht zur Reife brachte, die dem eignen Volke zum bittern Tranke werden mußte, während andere sie zu genießen bekamen (S. 50). Diese Endlichkeit kommt in der Staatsform der Griechen, wie Hegel sie darstellt, zur klaren Erscheinung. Ihr geistiges Prinzip war die schöne, d. h. die mit der allgemeinen Vernunft natürlich übereinstimmende Individualität; diesem Prinzip gemäß mußte in ihrem Staate das demokratische Element die Norm der ganzen Verfassung werden. Und wie der Standpunkt der schönen Individualität gleichsam nur für einen kurzen Frühlingstag haltbar ist, so weist Hegel auch die gänzliche Unhaltbarkeit jener Demokratie nach, die anscheinend die schönste Form des politischen Lebens überhaupt ist.

c) Demokratie und Monarchie.

Der Gedanke, der in der griechischen, hauptsächlich der athenischen Demokratie verwirklicht wird, ist der einer allgemeinen und gleichen Beteiligung sämtlicher Bürger an dem politischen Leben. Eine derartige wirkliche Regierung des Volkes durch das Volk bedeutet dem orientalischen Wesen gegenüber zweifellos einen mächtigen Fortschritt der sittlichen Kultur. Die Griechen, die ihn gemacht haben, stehen für alle Zeiten da als die Bannerträger der bürgerlichen Freiheit; die großen Ideale der Ausbildung der selbständigen Individualität und der Bewährung der opferfreudigen Bürgertugend haben bei ihnen ihren Ursprung genommen. Nun liegt die Meinung sehr nahe, dieser Freiheitssinn und diese Bürger-

tugend seien durch die demokratische Staatsform erweckt
worden, woraus man dann schließen möchte, es müsse genügen, eine Demokratie aufzurichten, um in den Völkern überall denselben Geist lebendig zu machen, der die Griechen beseelt hat. Das aber wäre falsch geschlossen. Zwischen der
Gesinnung und der Staatsform der Griechen bestand wohl
ein Zusammenhang, aber der einer Wechselwirkung; und diese
hatte ihren Grund in der von ihnen erreichten Stufe der
geistigen Reife überhaupt. Nur mit eben diesem Kulturstande
war die eigentümliche Form der Staatsgesinnung wie der
Staatsverfassung der Griechen vereinbar. Und darum tritt
auch an dieser Form nicht bloß ihre Schönheit, sondern auch
ihre große Mangelhaftigkeit zutage. Das Wesentliche an dieser
antiken Demokratie bestand darin, daß sämtliche Vollbürger
des Gemeinwesens unterschiedslos in der Volksversammlung
die gesamte Legislative und Exekutive ausübten. Natürlich
mußten die Einzelheiten der Geschäfte dennoch einzelnen Personen oder Kollegien übertragen werden, die sich als Bevoll-
mächtigte der Volksversammlung zu betätigen hatten; und
in dieser Notwendigkeit trat dann zutage, daß kein Staat auf
das aristokratische und auf das monarchische Prinzip ganz
verzichten kann. Insbesondere eine demokratische Heerfüh-
rung wäre, wie Hegel sagt, absurd (S. 621). Immerhin galt
für die Tätigkeit dieser beamteten Einzelpersonen dieselbe
Voraussetzung, die für die Anteilnahme sämtlicher Bürger
an der Staatsregierung unerläßlich war, daß nämlich der
Einzelne sich in erster Linie gar nicht als diesen Einzelnen
ansah, daß er sein besonderes Interesse von dem des Gemeinwesens, das zugleich seine oberste Gottheit war, überhaupt nicht unterschied, daß in ihm gleichsam die Stadt als
solche handelnd auftrat und daß es ihm genug war, nichts als
ein Bürger eben dieses seines Gemeinwesens zu sein. Dies
Verhältnis aber konnte nur solange bestehen, solange dem
Individuum der Gedanke des Rechtes seiner Besonderheit fremd
blieb. In dem Augenblicke, wo die alte vaterländische Religion ins Wanken kam, wo sich die Individuen kritisch gegen
die überlieferte Ordnung des Gemeinwesens zu wenden be-
gannen, wo die selbstsüchtigen Triebe stärker in ihnen wurden
als die Bande der von den Vätern ererbten Sitte, wo sie durch
Nachdenken in ihrem persönlichen Bewußtsein eine Sphäre der

Freiheit entdeckten, die sie auch gegen die geltende Lebensform unabhängig zu machen imstande war, mußte jene schöne
Form der antiken Demokratie zugrunde gehen. Die Einzel-
interessen gewannen die Oberhand und zerrissen den Staat in
blutigen Parteizwisten. So zerfielen die griechischen Freistaaten, so vernichtete sich die römische Republik in blutigen
Bürgerkriegen, und eine neue Monarchie mußte die in ihre
Atome aufgelöste Welt und die widerstreitenden Willen der
Individuen unter das gleichmäßige Joch einer militärischen
und Beamtenregierung zwingen.

Das war keine Zufälligkeit im Verlaufe der Ereignisse,
sondern ein notwendiger Schritt in der Weiterbildung des
menschlichen Geistes. Der Mensch mußte aus dem sozusagen
naiven Zusammenhange mit seinem Staate, in dem jeder einzelne nichts anderes als ein Repräsentant dieser besonderen
Gemeinschaft war, herausgelöst, er mußte zum Bewußtsein
seines allgemeinen Menschentums und seiner unbedingten innerlichen Freiheit geführt werden, — eine Aufgabe, die abschließend durch das Christentum erfüllt worden ist. Seitdem
aber kann nun von einer Erneuerung der antiken Demokratie,
von einer Wiedererweckung jener abstrakten, alle sonstigen
menschlichen Beziehungen in sich aufsaugenden Bürgertugend
nicht mehr die Rede sein. Die Unvollkommenheit dieses Standpunktes liegt ja nicht bloß darin, daß weder äußerlich die
wirkliche Gleichheit und Einheit der Bürger jemals erreicht
werden kann, weil immer Führer und Fachmänner über die
Masse hervorragen und immer Parteien in der Bürgerschaft
um den Sieg ihrer Meinungen ringen werden, noch daß innerlich der Zustand einer echt demokratischen Herrschaft nie dauernd gesichert werden kann, weil es nur eine vorübergehende
Gunst des Geschicks ist, wenn für eine Zeitlang wirklich der
Gemeingeist die Bürgerschaft so beseelt, daß selbstsüchtige
Umtriebe und ehrgeizige Sondergelüste nicht aufkommen können. Noch viel unmittelbarer tritt an den Verhältnissen des
öffentlichen Lebens selbst die Unhaltbarkeit der reinen Demokratie hervor. Die Forderung der gleichmäßigen Anteilnahme
aller Bürger an der Regierung läßt sich nur in kleinen Gemeinwesen erfüllen, in denen die Versammlung der Vollbürger
eine übersichtliche Gesamtzahl ergibt; für die griechischen
Stadtstaaten, für das werdende Rom war das möglich, große

10*

Staaten können gar nicht durch die Volksversammlung regiert
werden. Die Notwendigkeit, daß jeder Bürger sich mit den
Staatsangelegenheiten beschäftige, zwingt dazu, für die privaten Geschäfte, für die Arbeit im Dienste der wirtschaftlichen Bedürfnisse Arbeitskräfte zu verwenden, die mit dem
Staate nichts zu tun haben; so gehört zur reinen Demokratie
notwendig die Sklaverei und die Aufnahme von Halbbürgern
und Beisassen in das Staatsgebiet, und den Staat bildet
damit in Wahrheit nur eine Minderheit der Bevölkerung.
Das heißt, im Grunde ist diese Demokratie die Regierung
einer herrschenden Oberschicht oder selbst wieder eine Aristokratie. Und bedenkt man dann noch, daß für Hegel gerade
nur das perikleische Zeitalter, die wenigen Jahrzehnte der
Blüte Athens als die Zeit einer wahren Demokratie gilt, so
könnte man ebensogut sagen, daß diese Demokratie die Regierung eines überragenden Staatsmannes oder eine Monarchie
gewesen sei, der zum Königtum nichts als der Name fehlte.
So hat sich das Prinzip der Demokratie, indem es sich ver-
wirklichte, zugleich selbst widerlegt. Das griechische Ideal der
schönen Individualität und die ihm entsprechende Verfassung
des schönen demokratischen Staates sind beide gleich hinfällig.

Es sind somit gleicherweise äußere und innere Gründe,
aus denen die monarchische Staatsform im Verlaufe der
Entwickelung an die Stelle der Demokratie hat treten
müssen. Der Geist der subjektiven Freiheit, der durch das
Christentum zur Herrschaft gelangt ist, macht innerlich die
eigentümliche Staatsgesinnung der Demokratie unmöglich.
„Es kann als wunderbares Schicksal des Menschen erscheinen," sagt Hegel selbst (S. 602), „daß sein höherer Standpunkt der subjektiven Freiheit ihm die Möglichkeit dessen
nimmt, was man oft vorzugsweise die Freiheit eines Volkes
nennt." Äußerlich aber sind die gänzlich veränderten Verhältnisse des politischen Daseins schuld, daß es eine Demokratie im antiken Sinne nicht mehr geben kann. Was man
heut als Demokratie und demokratische Verfassung auf den
Plan bringt, hat mit jener kaum noch eine Ähnlichkeit. Die
Staaten sind in der Neuzeit gewaltig ausgedehnte und innerlich höchst verwickelte Organismen geworden, in deren
jedem je ein ganzes Volk von einheitlichem Nationalgefühl
nach seiner Eigenart sich sein politisches Leben gestaltet

hat, während es zugleich durch die privaten Betätigungen des
wirtschaftlichen und geistigen Lebens die Möglichkeit aus-
nutzt, an dem allgemeinen Zusammenhange der Menschheitskultur sich zu beteiligen. Da kann natürlich nicht die gesamte Volksgemeinde die Regierung führen. In dem modernen Staate ist für den Unterschied zwischen Vollbürgern,
die nur oder hauptsächlich den Staatsangelegenheiten sich wid-
men, und rechtlosen oder minderberechtigten Einwohnern
kein Platz. So tritt einerseits der Stand der Staatsbeamten
an Stelle der Bürgerschaft. Denn wo jeder Bürger den Beruf
hat, als Privatmann für seine persönlichen Angelegenheiten
zu sorgen, da muß auch die Tätigkeit im Dienste des Staates
zu einem besonderen Berufe werden. Indem nun dadurch
schon der Anteil jedes einzelnen Bürgers am politischen Leben
auf ein Mindestmaß zusammenschrumpft, muß anderseits die
Gesamtgemeinde durch eine Volksvertretung ersetzt werden,
in der statt sämtlicher Bürger eine ganz geringe Zahl von
Abgesandten geschäftsmäßig neben der Beamtenregierung die
Politik des Landes betreibt. Demokratie kann man das nicht
mehr nennen; man muß aber anerkennen, daß durch solch
eine von den Staatsbürgern erwählte Volksvertretung das
demokratische Prinzip, ohne das es keinen Staat gibt, einen
für die neuzeitlichen Verhältnisse vernunftgemäßen Ausdruck
findet. Ein Irrtum wäre es nur, wollte man in dieser Einrichtung den Stützpunkt und den Kern der ganzen Staatsverfassung finden. Das ist darum unmöglich, weil diese Einrichtung auf dem Mehrheitsprinzip ruht und dieses für den
modernen Staat niemals ein Band der Einheit bedeuten kann.
Man verdeckt sich diesen Riß wohl durch die Formel: alles
durch das Volk. Aber sobald bestimmt werden soll, auf welche
Weise der Wille des Volkes festzustellen sei, sieht man sich
genötigt, statt von der Gesamtheit nur von einem Teile des
Volkes zu reden und den Willen der Mehrheit zum herrschenden
zu machen. Nun sind Entscheidungen durch die Mehrheit
da, wo sie hingehören, gar nicht zu beanstanden. Sie gehören
aber dahin, wo eine vollkommen gleichartige Gemeinschaft
ein und dasselbe Interesse verfolgt und nur über die Fragen
der Zweckmäßigkeit in der Verfolgung dieses Interesses be-
greifliche und berechtigte Meinungsverschiedenheiten obwal-
ten. Solche Verhältnisse wird man in unsern Tagen da finden,

wo Personen eines Standes oder Berufes zur Vertretung ihrer
Standes- oder Berufsinteressen sich gesellen, wo Vereine zu
irgendeinem genau bestimmten praktischen oder ideellen
Zwecke sich bilden, wo es sich um den gemeinsamen Betrieb
eines geschäftlichen Unternehmens handelt, und auch da, wo
nicht allzu große Gemeinden für das Wohl ihrer eigenen
Ortschaft zu sorgen haben. Dagegen ist in den modernen
Staaten die Mannigfaltigkeit des persönlichen Lebens, die
Verschiedenheit der Weltanschauungen, der Ideale und der
Interessen viel zu groß, als daß man die Gesamtheit der Bevölkerung so ohne weiteres als eine gleichartige Masse ansehen dürfte, in der eine Mehrheit die Entscheidung treffen
könnte, ohne daß sich die Minderheit vergewaltigt und ent-
rechtet fühlte (S. 126 f.). Hegel bemerkt ausdrücklich zu der
Herrschaft der Volksvertretung und zu dem Mehrheitsprinzip:
„es scheint ein leeres Auskunftsmittel und eine ungeheure
Inkonsequenz, nur Wenige am Beschließen teilnehmen zu
lassen, da doch jeder mit seinem Willen bei dem dabei sein
will, was ihm Gesetz sein soll. Die Wenigen sollen die Vielen
vertreten, aber oft zertreten sie sie nur. Nicht minder ist
die Herrschaft der Majorität über die Minorität eine große
Inkonsequenz" (S. 927 f.).

Der moderne Staat bedarf, gerade weil das Prinzip der
subjektiven Freiheit den einzelnen Bürger in erster Linie zur
Pflege seiner persönlichen Interessen berechtigt, einer steten
und befestigten Regierung, die über dem Streite der zahllosen Einzel- und Standesinteressen steht, sie niederhält und
die allgemeine Vernunft des staatlichen Zusammenhanges gegen
die beständig wechselnden Begehrlichkeiten der Menge vertritt.
Das Volk ist in Wahrheit nicht die unablässig fluktuierende
Masse der gerade zurzeit lebenden Individuen, sondern der von
einem einheitlichen Geiste erfüllte, durch die Jahrhunderte und
Jahrtausende sich erhaltende nationale Organismus. Er findet
viel sachgemäßer als in dem Willen einer augenblicklichen
Mehrheit von Wahlberechtigten seine Vertretung in der den
Wechsel der populären Stimmungen überdauernden, in dem
geschichtlichen Volkstum wurzelnden Regierung. Das Volk
hat seine Freiheit im Gesetz, seine Vernunft in der allgemein
geltenden und anerkannten Ordnung. Werden ihm Gesetz und
Ordnung genommen, so wandelt es sich zur amorphen Masse.

zum vernunftlosen Haufen zurück, und nicht durch den Kampf
der Parteien, der das Ganze nur noch mehr zerreißt, nur
durch die Aufrichtung einer durch einen gebietenden Willen
zwingenden Gewalt kann es wieder zur Vernunft gebracht
werden. Deshalb hat sich die Monarchie, die in dem geordneten Gefüge der verschiedenen Zweige des Staatsdienstes
auch dem demokratischen und dem aristokratischen Elemente
den vernunftgemäßen Spielraum gewährt, in den Staaten der
europäischen Kulturwelt allgemein durchgesetzt. Zurzeit sind
viele dieser Staaten zu Republiken geworden; das aber ändert
an der Tatsache nichts, daß für sie alle der in der Monarchie
verkörperte Gedanke den Aufriß der Staatsform bestimmt.
Man darf nur nicht vergessen, daß Republik so wenig zu
Monarchie im Gegensatze steht wie zu Demokratie und Aristokratie. Die Antike hat demokratische und aristokratische
Republiken gehabt, das Mittelalter nicht minder. Die Republiken unserer Zeit sind monarchische Republiken, Staaten,
in denen ein Alleinherrscher, der gewöhnlich den Namen
Präsident führt, die oberste Gewalt in Händen hat und das
Haupt einer ungeheuer zahlreichen Bürokratie, einer abgeson-
derten Gruppe von Staatsdienern, sowie eines stehenden Heeres,
einer dem Staate zur Verfügung stehenden bewaffneten Macht,
ist. Der Unterschied zwischen dieser Staatsform und dem,
was gewöhnlich Monarchie heißt, ist nur der zwischen einer
auf Zeit befristeten Wahlmonarchie und einer Erbmonarchie.

Daß es Völker gibt, in deren geistiger Art es liegt,
sich unter dem Regiment eines für etliche Jahre durch
Wahl eingesetzten Alleinherrschers am wohlsten zu fühlen,
wird sich nicht leugnen lassen und erweist zur Genüge
die Berechtigung dieser Staatsform. Aber sie für die
allgemein vorteilhafteste und beste auszugeben, wäre doch
ein großer Irrtum. Es sollte vielmehr bei einigem Nachdenken bald einleuchten, daß sie, die den beliebigen, in Verfolgung seiner privaten Interessen aufgewachsenen Bürgers-
mann plötzlich zum Regenten und zum Träger des abstrakten
Staatsinteresses macht, die den · Parteimann und Vertreter
einer einseitigen Richtung innerhalb der Bevölkerung dem
ganzen Volke zum Herrscher setzt, die das Geschöpf einer
zufälligen Mehrheit mit dem Nimbus der Souveränetät um-
kleidet und das ephemere Kind des Glücks die Erhabenheit

der dauernden Staatsgewalt repräsentieren läßt, an Vernünftigkeit und Sachgemäßheit es mit der Erbmonarchie nicht aufnehmen kann. Wenn in England, wo die selbstsichere Behauptung zweier einander entgegengesetzter und sich gegenseitig ausschließender Ideen das Prinzip des gesamten öffentlichen Lebens bildet, gleichzeitig die Erbmonarchie in der Person des Königs und die Wahlmonarchie in der des Premierministers mit Nutzen beibehalten werden können, so ist damit für andere Völker, denen jene Virtuosität der Zweideutigkeit fehlt, gar nichts gesagt; sie werden jedes sich seine naturgemäße Staatsform unter allen krausen Verunstaltungen des äußeren Kleides bewahren. Und wo die lebendige Eigenart des Volkes noch gesund und kräftig ist, da wird sie auch über solche zufälligen Entstellungen wieder Herr werden und die äußere Verfassung der inneren angemessen zu gestalten wissen.

Denn keineswegs ist es nötig, daß die Staatsform immer in einem Verfassungsgesetz äußerlich beschrieben und festgestellt sei. Von der athenischen Demokratie sagt Hegel, daß ihre Verfassung in nichts anderm habe bestehen können als in dem Vorhandensein der beschließenden Volksversammlung; dies ist allein das Feste, und sonst ist nichts fest (S. 607). Anderseits kann ein Staat mit sorgfältig ausgearbeiteter und festgegründeter Ordnung jahrtausendelang bestehen, ohne daß diese Ordnung in einem Staatsgrundgesetze kodifiziert und promulgiert würde. Schließlich aber kann auch in Zeiten der Besserwisserei und Allerweltsklugheit für einen Staat eine Verfassung nach der andern ausgedacht und mit Gesetzeskraft ausgestattet werden, ohne daß sie der inneren Form des Staatslebens entspricht; sie bleibt dann eine formale Belastung und Erschwerung des staatlichen Zusammenhaltes, kann aber seine Lebensströme, die unter der Oberfläche nach wie vor weiter rauschen, nicht in fremde Bahnen lenken. Selbstverständlich aber kann dem Geiste der vernünftigen Freiheit, der das Prinzip der Neuzeit ausmacht, nur der Zustand genügen, daß die innere, aus dem Volksgeiste heraus erzeugte Staatsform durch eine Konstitution, die sie geistig rein reproduziert, zum bewußten freien Eigentum aller Staatsbürger gemacht wird, die in ihr die vernünftige Grundlage ihrer eigenen Existenz anschauen.

In seinem „System der Sittlichkeit" hat Hegel drei im Staatswesen vorhandene und wirksame Regierungen unterschieden, die absolute, die allgemeine und die freie Regierung. Die freie Regierung ist die durch das freie Selbstbewußtsein des Volkes getragene und sanktionierte Staatsform, die eigentümliche Art, wie das Verhältnis von Regierenden und Regierten bestimmt ist. (Wir haben oben [S. 141] schon erwähnt, daß auch im Falle der inneren Unfreiheit des Volkes Staatsformen sich bilden, die denen der freien Regierung entsprechen.) Die allgemeine Regierung ist das notwendig in jedem Staate vorhandene behördliche System, das die laufenden Bedürfnisse des bürgerlichen Lebens, Rechtsverhältnisse und Kulturaufgaben, zu besorgen hat, eine Organisation, die gegen die besondere Staatsform verhältnismäßig gleichgültig ist und durch die sich die Tätigkeit des Volkes gleichsam selber im Gang erhält. Die absolute Regierung dagegen ist die das Volksleben innerlich bestimmende Herrschaft der geistigen Substanz, die Regierung des nationalen Geistes, die ohne alle äußere Macht und Sanktionierung von den Priestern und den Alten im Volke ausgeübt wird. Es ist der innere Geist des Volkes selbst, den ein Geschlecht auf das andere überträgt, den die Erleuchteten und Einsichtigen hüten und ausbreiten, in dem die Jugend erzogen wird und den die großen Genien der Nation zu immer klarerem Selbstbewußtsein und zu immer freierem Reichtum ausbilden. Von diesem Geiste empfängt der Staat seine Form, seine Weihe und seine Dauer. Ihn gilt es zu verstehen, wenn man den Gang der Geschichte begreifen will.

3. Der Fortschritt und die Vollkommenheit.

a) Gleichheit der Bedingungen und Besonderheit der Gestalt.

Aus allem Bisherigen erhellt zur Genüge, daß den Stoff, aus dem Hegel sein Gemälde der Weltgeschichte aufbaut, nichts als die geschichtlichen Tatsachen bilden. Er hält sich mit großer Sorgfalt an das ihm vorliegende empirische Material und fußt ausschließlich auf der historischen Überliefe-

rung. Sie durch Konstruktionen zu ergänzen, die in die feststehenden Tatsachenreihen vermeinte, aber geschichtlich nicht
nachweisbare Daten hineintragen, hat er mit nüchterner Unterscheidung dessen, was Aufgabe der Geschichte und was Aufgabe der Spekulation ist, immer abgelehnt. Man braucht
nur die sonstigen Versuche der Geschichtsphilosophie aus
der Zeit Hegels zu vergleichen, um zu sehen, wie gewaltig
Hegel ihnen allen an wissenschaftlicher Haltung dadurch überlegen ist, daß er von der historischen Tatsächlichkeit Kon-
jekturen und Hypothesen immer ferngehalten hat. Was damals
mit besonderem Eifer erörtert wurde, die Frage nach dem
Anfange der Geschichte, den man in einem Urzustande der
Menschheit sich anschaulich zu machen suchte, hatte für ihn
gar keinen Sinn. Die vielfältigen phantastischen Entwürfe,
in denen man das Bild eines Urvolkes zeichnete, für das es
keinerlei geschichtlichen Nachweis gab, erkannte er als vollkommen wertlos. Geschichtliche Tatsachen sich auszudenken
ist nicht Aufgabe der Philosophie; sie hat aus den ihr von
der Historie mitgeteilten Tatsachen durch Nachdenken die
Ideen und Kategorien, die Prinzipien und Zwecke ans Licht
zu heben, die in ihnen enthalten sind. Damit bleibt die Spekulation in dem ihr zugehörigen Reiche der Idealität; auf
dem Felde des äußeren Weltgetriebes dagegen handelt es
sich nicht um ideelle Konstruktionen, sondern um empirisch
gesicherte Daten. Es ist eine Unklarheit über die Aufgabe
der Historie, wenn in sie derlei Apriori täten eingemischt
werden (S. 7). Das Apriorische der Philosophie ist etwas
ganz anderes; es läßt die Historie in ihrer Sphäre selbständig
gelten und weist nur ihren inneren Zusammenhang mit dem
Sinn und Zwecke des ganzen Daseins nach, ohne in sie quasi-
geschichtliche äußerliche Zusammenhänge hineinzudichten.
     Hegel setzt deshalb mit seiner Philosophie der Weltge-
schichte da ein, wo ihm in der wirklichen, durch Überlieferung
und historische Forschung bekannt gemachten Geschichte die ur-
sprünglichste Form staatlichen, also geschichtlichen Lebens sich
darzubieten scheint, bei dem chinesischen Reiche. Vorher hat
er zwar auch die Stufe eines menschlichen Gemeinschaftslebens
geschildert, das gleichsam vorgeschichtlich heißen darf, weil
den Menschen dort das Bewußtsein der geistigen Allgemeinheit fehlt, obwohl sie auch bei ihnen schon in Wirklichkeit

vorhanden ist. Aber auch diese Stufe, die er in den afrikanischen Negerreichen sieht — von dem, was wir heute Prähistorie nennen, konnte er ja noch nichts wissen, — hat er mit möglichster Treue nach den ihm bekannten Berichten der Forschungsreisenden beschrieben und sich jedes Mutmaßens über etwaige noch frühere Zustände enthalten, für die es keine empirischen Beweise gibt. Er hat dadurch zweifellos mehr Respekt vor den Tatsachen bewiesen, als bei den Prähistorikern üblich ist.

Dasselbe Bestreben, von den geschichtlichen Tatsachen alle Reflexionen fernzuhalten, die ihren besonderen Charakter nicht würdigen, zeigt Hegel darin, daß er jeder geschichtlichen Erscheinung ihren eigenen Sinn abzulauschen, das in ihr verkörperte Prinzip zu erfassen sich bemüht, dagegen die allgemeine Reflexion, die in dem bunten Wechselspiele der Geschichte die gleichbleibenden Regeln und die stets wiederkehrenden Formen aufsucht, als etwas zurückweist, das dem Gegenstande nicht gerecht wird. Natürlich ist allen geschichtlichen Erscheinungen die im Begriffe der Geschichte liegende Notwendigkeit gemeinsam, eben Momente im Prozeß des Geistes zu sein. Als solche müssen sie alle sich der allgemeinen irdischen und menschlichen Natur als der Mittel zur Verwirklichung ihrer Idee bedienen. Aber diese überall gleichbleibende Notwendigkeit ist ein rein Abstraktes und empfängt seine konkrete Form von dem ganz eigentümlichen Charakter jedes einzelnen Volksgeistes, der die ihm gegebenen Naturelemente nicht nach einer allgemeinen Regel, sondern gemäß seiner besonderen Art zu Trägern seines Prinzips umgestaltet.

So ist das, was an der geschichtlichen Gestalt als das allem menschlichen Wesen Gemeinsame sich zeigt, vielmehr das Nichtgeschichtliche. Gewiß ruft die Abhängigkeit des politischen Lebens von dem gesamten System der Bedürfnisse, die Notwendigkeit der wirtschaftlichen Bedingungen für den Bestand des Staates zu allen Zeiten ähnliche Erscheinungen hervor, die den geschichtlichen Verlauf der Dinge nachhaltig genug beeinflussen. Aber genau wie bei den einzelnen Menschen nicht seine physiologische Ausstattung, sondern die Art, wie er sie sich zunutze macht, sie ausbildet, sich von ihr beherrschen läßt oder

sie seinem Willen unterwirft, seinen Charakter ausmacht,
so wird das wirtschaftliche Moment für die Weltgeschichte
nur durch die Art bedeutsam, wie die einzelnen Völker
es dazu verwertet haben, sich in der Welt vorwärtszu-
bringen und durchzusetzen, ihre technischen Fähigkeiten
zu entwickeln und ihre gesellschaftlichen Verhältnisse dem
Staatsinteresse gemäß zu gestalten. Ohne Zweifel ist die
Wirtschaftsgeschichte ein höchst bedeutsamer Gegenstand
der Forschung; aber mit der Weltgeschichte steht sie in einer
verhältnismäßig losen Verbindung. Sie kommt für diese in
der Weise in Betracht wie sonstige Naturelemente, die auf
die Gestaltung der geschichtlichen Dinge Einfluß üben, nämlich in besonderen Beziehungen, durch die sie in das eigentlich geschichtliche Leben einwirken, nicht nach dem syste-
matischen Zusammenhange, in dem sie für sich selbst ein
Ganzes bildet. Hegel sagt von der Natur, daß sie in der
Philosophie der Geschichte nicht zu betrachten sei, „wie sie
an ihr selbst gleichfalls als ein System der Vernunft in einem
besonderen, eigentümlichen Elemente sei, sondern nur re-
lativ auf den Geist" (S. 27). So haben auch die wirtschaftlichen und gesellschaftlichen Zustände und Verschiebungen,
die sich oft dem an der Oberfläche des öffentlichen Lebens
haftenden Blicke am stärksten aufdrängen, für den Gang der
Weltgeschichte nur soweit Interesse, wie sie in dem politischen Werke der Staaten zu Gestaltungen und Ereignissen
führen, die für die Eigenart dieser Staaten charakteristisch
sind. Hegel hat auch darauf sein Augenmerk gerichtet; er
hat beispielsweise die Grundbesitzverhältnisse, die Sklaverei,
das Kastenwesen bereits bei China und Indien erörtert
und die wirtschaftlichen Unterschiede in den Bevölkerungen
der griechischen Städte, die Klassengegensätze, besonders
auch die Agrarfrage in der römischen Republik, den ato-
misierenden Universalismus der römischen Kaiserzeit, die
verwickelte Schichtung des mittelalterlichen Feudalwesens,
das Aufblühen der städtischen Wirtschaft und Industrie
sachgemäß, wenn auch in der durch den Zwang des
Kollegvortrags gebotenen Kürze besprochen. Zu solchen
politisch geformten und bestimmten Erscheinungen des Wirt-
schaftslebens, zu denen er natürlich, wenn ihm die Zeit
dafür zur Verfügung gestanden hätte, auch aus der Neu-

zeit noch mancherlei Material hätte hinzufügen können[1]),
mögen für den Nationalökonomen und Wirtschaftshistoriker
sich noch die vielfältigsten akzidentiellen Daten von Belang
gesellen; daß Hegel das Bild des Fortschrittes der geschichtlichen Idee nicht mit ihnen bepackt hat, wird ihm kein un-
befangener Beurteiler verdenken. Denn für die geistigen
Prozesse, die sich in der Weltgeschichte abspielen, kommt
der durch eigene Notwendigkeiten geregelte Gang des wirtschaftlichen Lebens wohl als bedingendes und anregendes,
aber nicht als entscheidendes Moment in Betracht.

   Ganz ähnlich verhält es sich mit dem Elemente der
geistigen Natur, das in den geschichtlichen Begebenheiten
hervortritt, nämlich mit der seelischen Beschaffenheit der
Menschen. Hier nähern wir uns zwar schon mehr dem eigentlich geschichtlichen Boden, insofern die Individualität dazu
bestimmt ist, Träger der besonderen Geistesart eines Volkes
und einer Zeit zu sein. Aber alles individuelle Leben, das
unterhalb dieser charakteristischen geistigen Bestimmtheit
bleibt und sich unter allen Himmelsstrichen nach Vorzügen
und Schwächen immer gleicht, mag für den Menschenkenner
und Menschenfreund, für den Dichter und Moralisten von
höchstem Reize sein, der Geschichte liefert es doch eben
auch nur Material, das seine Form erst durch die Besonderheit der geschichtlichen Situation empfängt. Aus
der wissenschaftlichen Historie ist ja heutzutage die Anschauung, gegen die sich Hegel noch ernsthaft zu verwahren hatte, gänzlich verschwunden, die in der Geschichte
wesentlich ein Gemälde menschlicher Tugenden und Laster,
eine Beispielsammlung bewundernswerter Taten und verab-
scheuungswürdiger Verbrechen, einen Beweis für die moralische Einrichtung der Welt sieht, die den Bösen seine Strafe
und den Guten seinen Lohn finden läßt. Gerade die Arbeit
Hegels hat ein gut Teil Verdienst daran, daß diese Anschauung wissenschaftlich nicht mehr vertreten wird. Immerhin lebt sie fort in der populären Vorstellung und findet
immer neue Nahrung in der gerade von der modernen Wissen-

---

[1]) Vgl. in seinem Aufsatze über die englische Reformbill seine
Darstellung der wirtschaftlichen Zustände des vereinigten König-
reichs, Phil. Bibl., Bd. 144, S. 293.

schaft vertretenen Ansicht, die den Schlüssel für alle Probleme des geistigen Lebens in der Psychologie gefunden zu
haben meint. Mit der Psychologie, die das Individuelle wegen
seiner abstrakten Gleichartigkeiten als ein Allgemeines auffaßt,
ist die Einschränkung des sittlichen Lebens auf die Moralität,
die Betrachtung des Gemeinwesens als eines Werkes der abstrakten Individualitäten, eng verschwistert. Es kann aber
nicht kräftig genug betont werden, daß dies Moment der natürlichen Individualität, das etwas immer sich gleichbleibendes
ist, an den spezifischen Geist der Geschichte nicht zu rühren
vermag. Das geschichtliche Interesse knüpft sich an ganz
andere Gesichtspunkte als an psychologische und moralische.
Damit ist nicht ausgeschlossen, daß die Betrachtung der
Geschichte, weil es Menschen sind, die sie betrachten, neben
dem eigentlich historischen auch noch andere Interessen mit
ins Spiel bringt, die aus dem Gemüts- und Phantasieleben
stammen. Es ist selbst eine Abstraktion, die aber um der
wissenschaftlichen Klarheit willen nötig ist, wenn man die
verschiedenen Gesichtspunkte sondert und abstuft, unter denen
wir die ergreifenden Gemälde geschichtlicher Verwickelungen,
Triumphe und Katastrophen betrachten.

Stehen doch innerhalb der historischen Wissenschaft selbst
die verschiedensten Formen der Darstellung nebeneinander. Die
archivalische Forschung, die sich mit der Feststellung des
äußerlichen Tatbestandes begnügt, die spezialistische Mono-
graphie, die einen eng begrenzten Gegenstand in dem Zusammenhang all seiner Einzelheiten möglichst lichtvoll aufzubauen
unternimmt, werden im allgemeinen auf Gemütswerte keinen
Nachdruck legen. Je umfassender aber das Bild einer ganzen
Zeit, eines epochemachenden Ereignisses, einer großen Persönlichkeit aufgerollt wird, um so lebhafter wird auch die Teil-
nahme nicht bloß an dem historischen Gehalt der Sache, sondern
auch an dem geweckt werden, was allgemein menschlich darin
ist. Der Historiker wird sowohl mit dem Epiker verglichen
werden dürfen, der „das Spiel der Leidenschaften" (S. 29)
und das wunderbare Walten der Vorsehung innerhalb der
Totalität eines bestimmten Lebenskreises darstellt, wie mit
dem Dramatiker, der den sittlichen Konflikt im Innern der
Persönlichkeit, das Ringen geistiger Prinzipien schildert, die
sich in großen heroischen Gestalten verkörpert haben. Wenn

dann der Betrachter durch solche geschichtlichen Gemälde mit
seinem ganzen Menschen ergriffen wird, weil unbewußt in ihm
die Empfindung lebt: tua res agitur, so bleibt davon immer
noch das besondere geschichtliche Interesse zu unterscheiden,
das sich an die Bedeutung der geschilderten Vorgänge für
die Entwickelung des betreffenden Staates und für den Fortschritt der Menschheit knüpft. Dies aber ist es, was nun das
ausschließliche Thema für die Philosophie der Weltgeschichte
bildet; sie muß „dem Reize entsagen, das Glück, die Perioden
der Blüte der Völker, die Schönheit und Größe der Individuen,
das Interesse ihres Schicksals in Leid und Freud näher zu
schildern" (S. 938). Worauf es ihr ankommt, ist der Gang
der Idee; und daß die Idee es ist, worin allgemein die Besonderheit des geschichtlichen Vorganges beruht und woran
deshalb auch das besondere geschichtliche Interesse sich hef-
tet, das zeigt Hegel an einem sehr einleuchtenden Beispiel.
„Wenn wir den Kampf der Griechen gegen die Perser vor uns
sehen oder Alexanders wuchtige Herrschaft, so ist uns sehr
wohl bewußt, was uns interessiert, nämlich die Griechen von
der Barbarei befreit zu sehen, und daß wir uns für die Erhaltung des athenischen Staates, für den Herrscher interessie-
ren, der an der Spitze der Griechen Asien unterworfen hat.
Wir haben hier ein stoffartiges, objektives Interesse" (S. 29).
Wohl hat es im Laufe der Geschichte unzählige Beispiele
des Heldenmutes gegeben, wie ihn die Griechen bei Thermo-
pylae bewiesen haben; es hat kriegerische Verwickelungen
von viel gewaltigerer Größe gegeben als die Perserkriege.
Dennoch sind eben diese Ereignisse unter historischem Gesichtspunkte von einzigartiger Bedeutsamkeit, weil in ihnen sich
ein großer Streit geistiger Prinzipien entschieden hat, weil
es sich um die Frage handelte, ob der Fortschritt vom orientalischen zum abendländischen Prinzip vereitelt werden oder
sich durchsetzen konnte. In den Hellenen, die den Kampf gegen
die orientalische Despotie aufnahmen, lebte das Bewußtsein
der ihnen zugefallenen Aufgabe; sie waren sachlich für
ein Prinzip begeistert und haben sich darum auch sachlich
in geschichtlicher Darstellung den Verlauf ihres Kampfes und
den Geist ihrer Taten objektivieren können. Das hebt ihre
Geschichte über die Taten und Leiden anderer, auch sehr viel
mächtigerer Staaten empor (S. 619). So reicht, um die ge-

schichtliche Besonderheit zu erfassen, auch die pragmatische
Geschichtserzählung noch nicht aus, die das Gewebe der Zustände und Begebenheiten nach ihrer kausalen Verknüpfung
durch allerhand Mittelursachen, besonders durch die individuellen Begabungen und Beweggründe der handelnden Persönlichkeiten auseinanderlegt. Beispielsweise könnte man mit
Rücksicht auf die äußere Wirkung und die Sicherung der
Machtverhältnisse die gleichzeitigen Kämpfe der sizilischen
Griechen mit den Karthagern für mindestens ebenso wichtig
halten wie die Perserkriege. Die Hellenen aber haben geistig
den Ton angegeben, auf den es bei diesem Kampfe ankam;
von ihnen stammt die Fähigkeit, in freier geistiger Beherrschung der Situation aus dem Geschehnisse die Geschichte zu
machen, und deshalb liegt auf ihrer Seite das Schwergewicht
der weltgeschichtlichen Bedeutung.

Über all die Elemente also, die sich in dem Komplex
der geschichtlichen Wirklichkeit als deren natürliche Voraussetzungen immer in gleicher Weise vorfinden, erhebt sich
das besondere Prinzip der einzelnen historischen Gestalt als
dominierende Macht. Es bringt die Elemente in eigentümlicher Weise zur Einheit zusammen und gibt ihnen den nur
für diese eine Gestalt möglichen Charakter. Hegel legt auf
die Einmaligkeit, die prinzipielle Besonderung aller geschichtlichen Gestalten einen so starken Nachdruck, daß er jedem
Volke nur so lange eine weltgeschichtliche Bedeutung zu-
spricht, solange es sein eignes Prinzip zu vertreten vermag.
An die Bewahrung dieses Prinzips ist das Bestehen des Volkes
unauflöslich gekettet; das Volk hört auf, als eine selbständige
Macht in der Weltgeschichte zu leben, wenn sein Prinzip
innerlich sich aufgelöst hat oder im Kampfe gegen ein anderes
Volk dem höheren Prinzip unterlegen ist. Daß aber ein und
dasselbe Volk, nachdem es sein ursprüngliches Prinzip auf-
gegeben hat, ein anderes, höheres annehmen und nun als
Träger dieses neuen zum zweiten Male eine welthistorische
Rolle spielen könne, ist deswegen ausgeschlossen, weil das
Volk ein natürliches Gebilde und damit seine Besonderheit
ihm als eine notwendige Determination auferlegt ist; es besteht in der natürlichen Schöpfung jedes nach seiner Art,
und eine Mutation der Arten gibt es nicht. Deshalb fällt die
Aufgabe, ein neues Prinzip in der Weltgeschichte zu ver-

treten, immer auch einem neuen Volke zu. So sagt Hegel: „die Weltgeschichte ist die Entwickelung des Geistes in daseienden, in existierenden, sichtbaren Gestalten, und dadurch fällt das Prinzip des Geistes in die Natürlichkeit herunter. Das Eigentümliche der Natur ist aber gerade dies, daß jede ihrer Stufen für sich besteht, daß in ihr jede neue Stufe von der andern auseinanderfallend da ist und als besondere Gestalt erscheint. So ist es auch in der Weltgeschichte; weil jede ihrer Stufen in der Natur ist, muß sie auch eine andere Gestalt haben" (S. 781 f.). An diesen Worten ist etwa der Ausdruck „in die Natürlichkeit herunterfallen" der Erklärung bedürftig. Es klingt, als solle damit eine Erniedrigung des Geistes ausgedrückt werden. In Wahrheit aber ist das Gegenteil gemeint. Denn dies Herunterfallen des Geistes bedeutet nicht ein Überwältigtwerden durch die Natur, sondern ein Bewältigen der Natürlichkeit, die der Geist für seine Zwecke in seinen Dienst nimmt. Oetingers Wort: „Leiblichkeit ist das Ende der Wege Gottes" findet hier seine Anwendung; die natürliche Gestalt in ihrer endlichen Besonderung wird als Moment im Leben des Geistes offenbar und in ihrer inneren Unendlichkeit zum Symbol, zum Typus, zur Verkörperung der ewigen Idee.

Es sei gestattet, hier kurz auf den Begriff des Momentes hinzuweisen. Das Moment ist im Unterschiede von dem Teile einer Totalität immer das Ganze selbst, nur daß in ihm eine der Bestimmtheiten der Totalität so erscheint, wie sie die andern unter sich subsumiert. Sieht man genauer zu, so erkennt man, daß alle Bestimmtheiten des Ganzen an dem Momente sich finden, nur jener einen untergeordnet, so daß jedesmal, wo ein Moment des Ganzen auftritt, das Ganze gegenwärtig ist. Diese Art, den Gegenstand zu betrachten, kann einer an naturwissenschaftliches Verfahren gewöhnten Denkweise nicht anders als fremd sein; dieser schwebt immer die Vorstellung des räumlich ausgedehnten Ganzen mit seinen räumlich voneinander geschiedenen und danach gegeneinander indifferenten Teilen vor. Näher kann schon der Mathematiker der Sache kommen; er hat in der Vorstellung des Differentials und der Funktion das Bild einer Einheit, die unter den mannigfachsten Bestimmungen identisch bleibt. Aber immerhin erscheinen hier die Bestim-

mungen noch wie von außen her zu der Entwickelung hinzu-
gebrachte Daten, Voraussetzungen, unter denen sich die Entwickelung zu vollziehen hat. Das Verhältnis der gleichsam
freischwebenden Identität in der Selbstentfaltung des Gegenstandes durch seine Momente hindurch kann nur da zutreffend
eingesehen werden, wo das Denken zur Betrachtung seiner
selbst gekommen ist und den Geist als den Bildner aller
Dinge in den Dingen wiederzufinden gelernt hat. Es ist die
Natur des Begriffs, der in der Wirklichkeit als Organismus
sich darstellt, die in all ihren Momenten identische Totalität
zu sein; und wo der Geist selbst in seiner Wirklichkeit sich
produziert wie in der Weltgeschichte, da läßt sich dies sein
Werk nicht angemessen erkennen, wenn man nicht diesen
Begriff des Momentes, der Besonderheit und ihrer organischen
Einheit zugrundelegt. Man muß wissen, daß jedesmal, wo
ein Moment des Ganzen auftritt, das Ganze selbst gegenwärtig
ist. Die Totalität ist während des ganzen Verlaufs der
Entwickelung ihrer mannigfaltigen Momente immer in voll-
kommener Rundung vorhanden und wirksam; aber weil sich
der Geist in die Natürlichkeit eingelassen und die Mühe auf
sich genommen hat, sich aus den Bestimmungen der natürlichen Endlichkeit herauszuarbeiten, so entfaltet sich die Totalität in einer Reihenfolge von Gestalten, in denen sie minder
oder mehr aufgeschlossen erscheint, an denen sich ihre dif-
ferenten Bestimmungen in verschiedenem Maße von Klarheit
herausgebildet haben und die das Bewußtsein dem Ziele der
unendlichen Freiheit des Geistes ferner oder näher zeigen.

b) Geistiger Fortschritt, Höhepunkte, Umwälzungen.

So zieht der Begriff um die ganze, unendlich scheinende
Vielheit der geschichtlichen Besonderheiten die sichere
Schranke; in ihnen allen ist es derselbe an sich freie und
zur Freiheit an und für sich fortschreitende Geist, der sich
die ihm auf jeder Stufe seiner Entwickelung zukommenden
Bestimmungen gibt. In dem Zusammenhange dieser Besonderheiten wird jede Abstraktion, zu der das eine Moment hin-
treibt, durch das Auftreten des andern Momentes korrigiert
und die Totalität beständig sowohl wiederhergestellt wie aufrechterhalten. Wenn man von dem Grunde für den ge-

schichtlichen Fortschritt redet, genügt es deshalb nicht, im allgemeinen eine Perfektibilität, eine Anlage zu immer weiterer Vervollkommnung des Menschengeschlechtes anzunehmen. Denn diese Anlage müßte in dem immer gleichen und jederzeit wirksamen Begriffe der Menschheit ihre Formbestimmtheit und ihre innere Grenze haben, d. h. jederzeit müßte auch schon die Vollkommenheit innerlich vorhanden sein. Überhaupt aber wird durch die Benutzung des Wortes „Menschengeschlecht" in das Problem eine Unklarheit hineingetragen. Denn nicht nach der natürlichen Existenz als eine Gattung lebendiger Einzelwesen kommt in der Geschichte die Menschheit in Betracht, sondern als eine geistige Einheit, als ein Organismus sittlicher Persönlichkeiten — und das ist in dem Worte „Menschengeschlecht" nicht ausgesprochen. Nach seiner natürlichen Seite, sowohl was seine Körperlichkeit wie was seine seelischen Beschaffenheiten betrifft, gibt es für das Menschengeschlecht so wenig einen Fortschritt wie für irgendeine andere Gattung lebender Wesen. Pferd bleibt Pferd, und Mensch bleibt Mensch durch alle Zeiten hindurch. Für das Individuum bestehen zwar die verschiedensten Möglichkeiten und Grade der Vervollkommnung immer und überall; im Durchschnitt der Menge bleibt das Verhältnis zwischen den sich vervollkommnenden und den zurückbleibenden Individuen immer und überall so ziemlich das gleiche. Sieht man insbesondere auf die Moralität des Subjekts, so wird man unbedingt behaupten dürfen, daß sich darin ein geschichtlicher Fortschritt überhaupt nicht vollzieht; die Summe der gewissenhaften und anständigen Menschen mag zu verschiedenen Zeiten schwanken, aber daß hier nach der einen oder der andern Seite ein stetiger Fortschritt stattfinde, davon kann keine Rede sein.

Nicht das Individuum und nicht die Gattung sind der Stoff, an dem sich der Fortschritt in der Geschichte zeigt, sondern die Idee und das allgemeine vernünftige Selbstbewußtsein. Für diese ergeben sich im Geschichtsverlaufe verschiedene Höhenlagen; auf jeder dieser Höhenlagen aber bleiben die individuellen Eigenschaften der Menschen und der Gattungscharakter der Menschheit sich unverändert gleich. Deshalb läßt sich über die Frage, ob das Menschengeschlecht in der Geschichte fortschreite oder nicht, endlos hin und her räsonnieren; im 17. und 18. Jahrhundert war besonders in

Frankreich die Diskussion darüber sehr lebhaft, und die radi-
kalen Fortschrittler, die das ganze Altertum im Vergleich zu
der soviel kultivierteren Gegenwart für abgetan erklärten,
riefen ebensolche Entrüstung hervor wie die Skeptiker, die
nach der Weise Urians fanden, daß die Menschen überall
wie wir und ebensolche Narren seien. Wirklich sind die
Menschen in dem christlichen Europa des zwanzigsten Jahrhunderts genau so verächtliche Kreaturen und genau so ver-
ehrungswürdige Ebenbilder Gottes wie irgendwo und irgend-
wann anders; trotzdem vollzieht sich in der Geschichte ein
dem unbefangenen Auge sofort wahrnehmbarer Fortschritt.
Aber er liegt nicht in dem Bereiche des individuellen Daseins, sondern in dem der objektiven Wahrheit, die der Gestalt der jeweiligen Gemeinschaft zugrunde liegt, in dem
Geiste, der die Individuen zu solcher sittlichen Gemeinschaft
eint und zusammenhält. Und das Individuum hat an diesem
Fortschritt für seine Person teil, wenn es mit freier Hingabe
an diesen Geist sich zu seinem bewußten Träger macht und
also in dem Leben des Allgemeinen selig ist.

Deshalb reicht es auch nicht aus, dem Gedanken des
geschichtlichen Fortschrittes den Begriff der Kultur zugrunde zu legen und in dieser das höchste Ziel der Entwickelung zu sehen. Denn auch das Wort Kultur zeigt als solches
noch keinen einheitlichen und bleibenden Inhalt an; es sind
zahllose empirische Bestimmungen, die damit gemeint sein
können, und darum unterliegt es auch dem Zweifel an seinem absoluten Wert. Gerade eine Zeit wie die heutige dürfte
besonders dazu geeignet sein, die Rousseausche Theorie neu
zu beleben, wonach die Kultur eine große Verirrung sei und
der wahre Fortschritt in der Rückkehr zur Natur liege. Aber
freilich trägt gerade die Vorstellung einer Rückkehr zur
Natur schon die Überwindung jener Rousseauschen Abstraktion in sich. Denn die Natur des Menschen ist eben die, daß
er Geist ist; und man braucht sich die Natur des Geistes nur
zu vergegenwärtigen, so wird man erkennen, daß der Geist
die reine Tätigkeit seiner eigenen Verwirklichung ist, der
Prozeß des steten Vergeistigens aller Natürlichkeit und des
unablässigen Bewährens der eigenen Freiheit. Von dieser Erkenntnis aus läßt sich dann wohl ein unanfechtbarer Begriff
der Kultur gewinnen; aber es ist auch offenbar, daß er ab-

hängig von und sekundär gegenüber dem obersten Begriff
ist, dem Begriffe des Geistes, dem einzigen, der als durch
sich selbst gegeben jeder Kausierung durch einen andern
entbehren kann. Man muß sich also hüten, von der Kultur
zu sprechen, als sei sie das Absolute. Sie selbst ist nur
eine Manifestation des Geistes; dieser ist die causa sui und
der absolute Grund und Zweck, aus dem allein sich auch
der Sinn der Geschichte so herleiten läßt, daß ihr Verlauf
als eine vernünftige einheitliche Entwickelung und nicht bloß
als die schlechte Unendlichkeit eines Fortschrittes in allerlei
Kulturerrungenschaften erscheint.

In der Tat machen die einzelnen Kulturerrungenschaften
überhaupt den Fortschritt nicht aus; dieser vollzieht sich
allein in der Idee, die den jedesmaligen Zusammenhang
des Kulturlebens in seiner Totalität trägt und durchwaltet.
Wo solch eine Totalität sich allseitig rein zur Entfaltung
hat bringen können, da wird in jedem Falle eine Kulturhöhe erreicht, die in ihrer Besonderheit vollkommen ist
und einen Gipfel der Entwickelung bildet, über den es
in dieser Richtung keinen Fortschritt weiter gibt. Es treten
die Epochen ein, die man die klassischen nennt und
in die sich der romantische Sinn zurücksehnt, die er in
die Gegenwart wieder hinaufbeschwören möchte, weil er den
ewigen Gehalt und die harmonische Vollendung in ihnen deutlicher spürt als in der trüben Unruhe der eigenen Zeit. Wenn
Ranke in seinen bekannten Ausführungen vor König Max von
Bayern den Gedanken des Fortschrittes in der Geschichte verneint hat, so geschah es im Blick auf diese Tatsache der nicht
zu übertreffenden klassischen Höhenpunkte ganz verschiedener
Kulturepochen. Daß diese Gipfel selbst sich doch auch wieder
zu einer Reihe gruppieren, daß also freilich nicht eigentlich
die Menschheit, aber die Idee, der sie dient, in fortschreitender
Entwickelung begriffen ist, das wird durch jene Tatsache
nicht geleugnet.

Wohl aber läßt es sich von hier aus verstehen, warum
der geschichtliche Fortschritt nicht in geradliniger und kon-
tinuierlicher Richtung sich vollziehen kann, sondern immer
wieder rückläufige Bewegungen, ja sogar gewaltige Zerstö-
rungen der errungenen Kultur eintreten müssen. Die geschichtlichen Gestalten stehen für sich als individuelle Gestalten da;

eine kann nicht einfach die Fortsetzung der andern bilden.
Sondern sobald sich die eine in ihrer Besonderheit voll ausgebildet und ihr Prinzip zur Reife gebracht hat, so hört die
Möglichkeit zum Fortschreiten in derselben Richtung auf.
Das Gute zeigt sich dann als des Besseren Feind. Es muß
beseitigt werden, um dem Besseren Platz zu seiner Entfaltung
zu schaffen. Dabei geht Edles und Herrliches zugrunde, und
die Geschichte wird zu dem erschütternden Gemälde der Vergänglichkeit alles Großen und Schönen. Aber in dieser Vergänglichkeit erhält sich die Idee und vollbringt ihren Zweck.
„Was in der Welt Edles und Herrliches berechtigt sei", hat
„ein Höheres über sich. Das Recht des Weltgeistes geht über
alle besonderen Berechtigungen; es teilt selbst diese, aber nur
bedingt, insofern sie seinem Gehalte zwar angehören, aber
zugleich mit Besonderheit behaftet sind" (S. 88). So bildet die
Geschichte zwar „die Schädelstätte des absoluten Geistes",
aber zugleich seine „Erinnerung", die „Wirklichkeit, Wahrheit und Gewißheit seines Thrones"[1]. Denn was an der geschichtlichen Gestalt vergeht, ist nur die Seite der natürlichen Existenz, durch die sie zur Fessel und zum Hemmnis
für die Entfaltung einer andern, mindestens ebenso berechtigten Gestalt geworden ist.

Das unendlich wertvolle Gut aber, um deswillen jeder
andere einzelne Gewinn der Kultur aufgeopfert werden
muß, ist die Freiheit. Das Bewußtsein der Freiheit ist
die eigentliche Lebenskraft eines Volkes; wenn ihm alle besonderen Besitztümer verloren gehen, so kann es aus diesem
letzten ihm verbliebenen Besitze, aus seiner Freiheit, sich
seine Existenz neu aufbauen. Diese Kraft in der Wirklichkeit zu bewähren, den Beweis ihres Rechtes auf das Leben
zu führen, werden die Nationen im Kriege aufgerufen, in
dem sie um ihrer Freiheit und damit ihres Existenzgrundes
willen ihr natürliches Dasein und alle darin erworbenen Güter,
den ganzen materiellen Ertrag ihrer bisherigen Geschichte
aufs Spiel setzen müssen. Deshalb sind die Kriege die dem
Begriffe des Geistes gemäßen, vor dem Throne der göttlichen
Idee ewig berechtigten Auseinandersetzungen, in denen sich
der Volksgeist von der Gefahr des Verdumpfens im knech-

---

[1] Phänomenologie des Geistes, Phil. Bibl. Bd. 114, S. 521.

tischen Dienste der Äußerlichkeit, der Weltgeist sich von der Gefahr des Festwerdens in einseitigen Prinzipien losmacht[1]) und die Individualität ihr Schicksal erfährt und bestätigt, im Dienste der sittlichen Idee das natürliche Leben aufzuopfern. Hiergegen kann die Sentimentalität, die sich um die endliche Einzelheit aufregt und über Blut und Krieg ihre Flüche ausstößt, nichts ausrichten. „Mit Blut und Krieg muß man fertig sein, wenn man an die Weltgeschichte geht; hier kommt es auf den Begriff an" (S. 652). Wie der Tod auf dem Schlachtfelde dem Leben des Einzelnen eine überirdische Verklärung bringt, so leuchtet aus den Trümmern der Vergangenheit die Wahrheit und die Größe der früheren geschichtlichen Gestalt durch alle Zeiten fort. Das damals Errungene wird in der Erinnerung aufbehalten und bildet in seiner ideellen Wirklichkeit ein Ferment der geistigen Entwickelung für die späteren, auf höhergelegenem Fundamente aufstrebenden Gestalten. Was unsterblich im Gesang soll leben, muß auf Erden untergehn.

Wenn demnach gewaltsame Konflikte und zerstörende Katastrophen dem Geschichtsverlaufe so notwendig sind wie Gewitterstürme dem atmosphärischen Leben, so sind in höherem Sinne berechtigt und zukunftsreich nur solche Umwälzungen, in denen das Bewußtsein der Freiheit als Triebkraft wirkt und der Mensch in seiner Unabhängigkeit von dem sinnlichen Bedürfnisse sich als Diener eines höheren Zwecks betätigt. Das ist der Grund, weshalb bei Hegel zwar viel von Kriegen, aber nur selten von Revolutionen die Rede ist. Kriege sind Aktionen der Staaten, in denen ein sittliches Ganzes sich an dem andern mißt; Revolutionen sind Vorgänge innerhalb eines sittlichen Ganzen, dessen Elemente mit sich in Zwiespalt geraten sind. Sie nehmen ihren Ausgang von dem natürlichen Streite der Interessen, der in einem gesunden Staatsleben durch die von dem gemeinsamen Vertrauen getragene und die Idee des Gemeinwesens vertretende Staatsmacht ausgeglichen wird. Wenn statt dessen von seiten eines Bevölkerungsteils die geregelte Tätigkeit der Regierung mit Gewalt unterbrochen wird, so ist zwar in jedem Falle ein

---

[1]) Über die wissenschaftlichen Betrachtungsarten des Naturrechts, Phil. Bibl. Bd. 144, S. 372.

solcher Krankheitsprozeß, mag er nun zur Gesundung, zu
dauerndem Siechtum oder zum Tode des Volkskörpers führen,
für die Geschichte des besonderen Staates immer von großer
Wichtigkeit. Ein tieferes weltgeschichtliches Interesse hat
aber eine Revolution nur dann, wenn sie wirklich eine sich
dauernd bewährende Umgestaltung der Staatsform erreicht.
Denn sie hat dann den Beweis geliefert, daß die bisherige
Staatsform dem Prinzip des Volksgeistes noch nicht völlig
entsprach und daß also die durch die Revolution gewaltsam
erzwungene Änderung der Verfassung nicht bloß von dem
Sonderinteresse eines Standes oder einer Klasse, sondern von
dem Begriffe des Staates selber gefordert wurde. Das gilt
beispielsweise von den Kämpfen, von denen Rom zuerst bis
zur Blütezeit der Republik und nach deren Verfall bis zur
Aufrichtung des Kaisertums erschüttert worden ist. Diese
Kämpfe um die bürgerliche Freiheit und nachher um die
Ordnung des Weltreichs haben daher einen idealen Schimmer
erhalten, den man gar zu gern nun auch allen andern Revolutionen zugute bringen möchte.

Aber der Fall ist selten, daß ein Volk die ihm ge-
mäße Staatsform durch Revolutionen erringt, und auch
dann bleibt eine Revolution immer ein Vorgang, der besten-
falls eine Reform des Bestehenden durchsetzen, niemals
aber eine neue Gestalt der sittlichen Totalität erschaffen
kann. Gegen die Möglichkeit, daß eine Revolution das
Mittel bilde, durch das sich der Geist, wenn er eine höhere
Stufe des Selbstbewußtseins erklommen hat, nicht bloß
von einer sinnlos gewordenen Form seiner geschichtlichen
Gestaltung losmachen, sondern sich auch eine neue, wahr-
haftere Form der geschichtlichen Existenz geben könne,
spricht die Erwägung, daß ein Volk, wenn es sein Prinzip
überlebt hat, die Schöpferkraft nicht mehr in sich trägt, um
aus seinem Innern eine Wirklichkeit zu erzeugen, die einem
neuen und gegen das bisherige gegensätzlichen Prinzip den
angemessenen Ausdruck geben könnte; wir haben oben gesehen, daß Hegel für eine solche Aufgabe stets das Auftreten
eines neuen Volkes als erforderlich ansieht. Tatsächlich lehrt
ja denn auch die geschichtliche Erfahrung, daß durch Revolutionen die Erneuerung der sittlichen Welt nicht hervorgebracht wird. Die geistigen Umwälzungen, die das Auftreten

neuer weltgeschichtlicher Prinzipien vorbereiten, sind wohl in
vielen Fällen von Revolutionen begleitet gewesen; diese sind
dann, wie etwa die Unruhen in den griechischen Freistaaten
nach der Zeit des Perikles, ganz deutliche Verfallserschei-
nungen einer zum Untergange bestimmten sittlichen Gestalt.
Aber das neue Leben erwächst nicht aus Verfassungskämpfen
und Parteistreitigkeiten innerhalb eines politischen Körpers,
sondern aus der Tiefe des sich auf sich selbst besinnenden
und eine höhere Form seiner Freiheit gewinnenden Selbstbewußtseins.

Hegel hat mit besonderer Liebe und Ausführlichkeit drei
solcher großen geistigen Umwälzungen geschildert: das
Auftreten des Subjektivismus zur Blütezeit des hellenischen
Geistes, das Auftreten des Christentums am Ausgange der
Antike und die Reformation, die den Anfang der im absoluten
Sinne neuen Zeit bedeutet. Mit jeder dieser Umwälzungen sind
große Katastrophen im äußeren Bestande der geschichtlichen
Welt verbunden gewesen. Die griechische Sittlichkeit ist unter-
gegangen, um in dem Weltreiche Alexanders des Großen die
Früchte ihrer Kultur an Orient und Okzident auszuteilen und
dem römischen Universalstaate den Boden zu bereiten. Dieser
Staat ist durch das Christentum innerlich ausgehöhlt worden,
und die germanischen Völker, die dem christlichen Prinzip
eine unverbrauchte Volkskraft und eine natürliche Verwandtschaft der inneren Anlage entgegenbrachten, haben auf seinen
Trümmern die Welt des in sich freien Geistes von Grund
auf neu errichten müssen. Die mittelalterliche Lebensform
ist durch die Reformation grundsätzlich überwunden und darum auch in der Wirklichkeit aufgelöst worden, und ein ganz
neues System von Staaten und Kulturen hat sich infolgedessen entwickelt.

An die Reformation schließt sich nun die geistige Bewegung an, die als Aufklärung im ganzen Bereiche der Welt-
lichkeit dasselbe Prinzip der subjektiven Freiheit geltend macht,
dem Luther im Glaubensleben zur Herrschaft verholfen hat.
Und durch die Aufklärung wird in Frankreich die Revolution
hervorgerufen, deren Darstellung durch Hegel den Anschein
erwecken könnte, als sei hier tatsächlich eine Staatsumwälzung
einmal zum weltgeschichtlichen Ausgangspunkte einer neuen
Geistesepoche geworden. Bei genauerem Zusehen verschwindet

indessen dieser Eindruck. Daß Hegel der Revolution von
1789 eine ganz außerordentliche Bedeutung beilegt, ist nicht
bloß sachlich, sondern ebenso durch seine persönlichen
Lebensdaten begründet. In seine empfänglichsten Jugendjahre
ist dieser Sieg der Aufklärungsideen in dem Lande gefallen,
das bis dahin als Träger der europäischen Kultur in erster
Linie gegolten hatte, dabei aber längst innerlich hinter dem
Geiste der Zeit zurückgeblieben und schal geworden war. Er
hatte erlebt, daß politische Reformen, zu denen in seinem
engeren Vaterlande die Zeit drängte, ohne daß sie sich hätten
durchsetzen können, in Frankreich mit einem Schlage eingeführt und die Prinzipien der Vernunft dem Bau des Staatswesens zugrunde gelegt wurden. Kein Wunder, daß ihn die
Erinnerung an jenen „herrlichen Sonnenaufgang" (S. 926)
sein Leben lang nicht verlassen und daß er die Ideen der
staatlichen Freiheit, die dort zum enthusiastischen Ausdruck
kamen, der Einseitigkeit ungeachtet, die ihnen anhaftete, und
trotz der grauenhaften Entstellung, der sie im Verlaufe der
Revolution verfielen, immer mit Begeisterung festgehalten hat.
Überhaupt muß man doch bedenken, daß für die Zeitgenossen
unter allen Ereignissen jener bewegten Jahrzehnte die französische Revolution und die Erscheinung Napoleons bei weitem die eindrucksvollsten waren; mag es dahingestellt bleiben, ob nicht andere gleichzeitige Ereignisse und Persönlichkeiten an geschichtlicher Wichtigkeit ihnen voraus waren, an
Gemütswert standen sie damals hinter ihnen zurück. Immerhin geht aber aus Hegels eigner Darstellung hervor, daß
dieser zeitlich bedingte Gemütswert mit dem dauernden sachlichen nicht ohne weiteres gleichgestellt werden kann.

Einst hatte Hegel in seiner Phänomenologie an der Geschichte der französischen Revolution gezeigt, wie sich der
Geist der Aufklärung und der abstrakten Freiheit des Subjekts
überschlägt und selbst vernichtet. Er hatte hervorgehoben, daß
inzwischen bereits eine andere Gestalt des Bewußtseins heran-
gereift war, die Gestalt des moralischen Geistes. Die Freiheit
ist als Freiheit des zufälligen Subjekts gar nicht wahrhaft absolut; sie geht in ein anderes, ihr schon bereitetes Land über
und verwirklicht sich in dem Reiche des sittlich freien, vernünftigen Geistes[1]). In der Philosophie der Weltgeschichte

---

[1]) Phil. Bibl. Bd. 114, S. 387.

legt Hegel die innere Ohnmacht der französischen Revolution
nicht minder deutlich dar. Sieht man nämlich genauer zu,
dann erkennt man, daß er in sehr nüchterner Beurteilung
von ihrem Nimbus so gut wie nichts übrig läßt. Erstens
erklärt er, daß sie nur darum nötig geworden sei, weil Frankreich in seiner ganzen sittlichen und politischen Bildung weit
hinter den protestantischen Staaten zurückgeblieben gewesen
sei. Diese Staaten hatten die Revolution nicht mehr nötig,
weil sie auf dem Wege der organischen Entwickelung dem
Ideal staatlicher Freiheit sich beständig näherten, das dem
Prinzipe des neuzeitlichen Geistes angemessen ist. Die Revolution war also im Grunde nur deshalb nötig, weil „mit der
katholischen Religion keine vernünftige Verfassung möglich
ist" (S. 928); sie hat aber darum auch nirgends wirklich etwas
verändert, weil sie sich auf die Umgestaltung der Weltlich-
keit beschränkt und den von ihr aufgewühlten Völkern keine
Reformation gebracht hat. So ist in den romanischen Ländern
nichts wahrhaft Neues und Bleibendes geschaffen worden trotz
oder wegen der immer erneuten Revolutionen, während die
protestantischen Staaten sich in den „Gesetzen der reellen
Freiheit" (S. 938) haben konsolidieren können.

Es ist also eigentlich ein klägliches Ergebnis, mit dem
Hegels glänzende Schilderung der Revolution schließt. Er erklärt
es für einen Irrtum, eine Revolution machen zu wollen ohne
eine Reformation, eine Änderung der Religion, eine Erneuerung
des religiösen Lebens (S. 931 f.). Nun aber gibt es überhaupt
keine Revolution, die mit einer Reformation zusammen sich
vollzogen hätte, man müßte denn das Auftreten Mohammeds
als eine Revolution bezeichnen wollen. Auch die puritanische
Revolution in England war keine religiös-reformatorische Bewegung, sondern eine politische Folge der längst vollzogenen
Änderung der Religion. Es kommt demzufolge nach Hegels
eigener Erklärung darauf hinaus, daß man von Revolutionen
den Anbruch einer neuen Zeit überhaupt nicht erwarten darf.
Die letzten hundert Jahre haben dafür den sprechenden Beweis geliefert. Es hat während dieses Zeitraumes an Revolutionen wahrlich nicht gefehlt, auch nicht 'an solchen,
die diesen oder jenen Staat politisch vorwärtsgebracht haben.
Aber im Gange der Weltgeschichte bedeuten sie doch eben
nur Erscheinungen, die mit dem Vordringen der Verfassungs-

grundsätze zusammenhängen, wie sie seit 1789 sich in den
Staaten Europas durchzusetzen versucht haben. Je vollkom-
mener diese Grundsätze wirklich zur Durchführung gekommen
sind, um so geistesärmer und ideenloser sind die Revolutionen
geworden, weil immer weniger staatliche Lebensfragen, immer
mehr ständische Sonderinteressen in ihnen sich geltend machten. Der Umsturz vollends, der jetzt in Begleitung des Welt-
krieges eine Reihe von Staaten bereits aufgelöst hat und
andere noch mit Auflösung bedroht, wird sich je länger je
mehr als ein bloßes Zwischenspiel in der ungeheuren Auseinandersetzung herausstellen, die zwischen den Weltmächten
auf Erden begonnen hat. Das wahrhaft umwälzende Ereignis
ist zweifellos der Weltkrieg selbst; er hat heute noch nicht
einmal seine erste Phase durchlaufen, und niemand kann
sagen, ob er nicht noch Jahrhunderte fortwähren wird. Denn
sein Ende wird nicht früher eintreten, als bis das Volk, dem
von der Vorsehung der Beruf geworden ist, das Prinzip der
wahren staatlichen Kultur in der Menschheit aller Erdteile
heimisch zu machen, zu der physischen Macht und geistigen
Reife erstarkt sein wird, daß ihm die Mächte nicht mehr
widerstehen können, die heute noch mit ihren minderwertigen
Prinzipien den Erdball zu unterjochen sich berechtigt wähnen.

c) Zeit und Ewigkeit.

Wenn wir hiermit die Zeitgrenze übersprungen haben,
die der Geschichtsbetrachtung Hegels gezogen war, so liegt
doch dieser Ausblick in die Zukunft gerade unter dem Gesichtspunkte sehr nahe, von dem aus Hegel die Veränderungen in der Geschichte betrachtet. Der Fortschritt der
Idee vollzieht sich in der Aufeinanderfolge der Gestalten des
Bewußtseins, das in äußerer Natürlichkeit zu wirklichen
Reichen staatlicher Macht sich entwickelt. Gewiß besteht
vor, über und in diesen irdischen Reichen ein überirdisches
Geistes- und Geisterreich, ein Reich der Idee, die sich
im absoluten Geiste ewig hervorbringt und in der Welt
der Iche sich zum persönlichen Dasein gestaltet. Dies
Reich macht gleichsam den inneren Kern der geistigen
Wirklichkeit aus; es liegt in ihr verborgen und tritt
durch sie ans Licht, bleibt aber selber zeitlos dem Wechsel
der Weltbegebenheiten entzogen. Dagegen wie die Idee

auf Erden vorhanden ist, gestaltet sie sich zu dieser besondern Organisation des sittlichen Lebens, die der Staat ist,
und ist selbst das Göttliche des Staates (S. 91). Jeder Staat
ist ein Ganzes für sich, das in seiner Besonderheit begriffen
sein will und so nur einmal als bestimmte Einzelheit existiert.
Aber indem er eine Gestaltung der Idee ist und dem Begriff
der sittlichen Gemeinschaft angehört, erscheint er als ein
Moment in der Entfaltung dieses Begriffes, und die Aufeinanderfolge dieser Momente bildet die Geschichte der Offenbarung der Idee. In dieser haben die besonderen Gestalten
ihre Einheit und ordnen sich nach dem inneren Gesetze der
Idee so, daß in dem Ganzen der Fortschritt der Vernunft zur
unendlichen Freiheit des Geistes und zur Überwindung und
Verklärung des bloß Natürlichen sich vollzieht. Die Geschichte
bietet damit den Schauplatz dar, auf dem die überirdische Allgemeinheit und die natürliche Einzelheit sich zur lebendigen
Besonderheit zusammenschließen; sie ist die Mitte zwischen
dem Reiche der Idee und dem endlichen Dasein des Individuums und macht dieses, indem es zum Gliede einer staatlichen Gemeinschaft wird, fähig, sich über seine Partikularität
zu erheben, an dem vernünftigen Werke der sittlichen Welt
mitzuarbeiten und zu dem Fortschritte des Geistes auf seinem
Wege zur Selbstverwirklichung mitzuhelfen.

Man könnte meinen, unter diesen Umständen seien die
später Lebenden vor den früheren Geschlechtern und die
höher Gebildeten vor den Personen von unentwickelter Intelligenz unbedingt bevorzugt. Aber das ist Hegels Meinung nicht. Denn man darf nicht vergessen, daß dem menschlichen Individuum als solchem, weil es im Denken seine
wesentliche Bestimmtheit hat, die Freiheit an sich zugehört.
Deshalb gibt es an dem Individuum eine Seite, nach der es
in den Strom des geschichtlichen Lebens nicht hineingezogen
wird, sondern gleichsam unmittelbar mit dem absoluten Geiste
zusammenhängt und in ihm als freie Persönlichkeit ein Leben
der Einheit mit dem Absoluten führt. Trägt doch die Besonderheit jeder geschichtlichen Gestalt den absoluten Geist in
sich, der mindestens in Religion und Moralität auch dem unent-
wickelten Bewußtsein gegenwärtig ist. Und wenngleich diese
Manifestationen des absoluten Geistes jedesmal die besondere
Form haben, die dem Prinzip des bestimmten Volksgeistes angemessen ist, so drückt sich doch eben in dieser besonderen

Form die allgemeine Idee aus und hebt jedes Individuum, in dem
es zu geistigem Leben überhaupt kommt, in die Sphäre der
Idealität empor. Darüber hat Hegel sehr gewichtige Worte
gesprochen, die allein schon die beliebte Meinung widerlegen,
daß er das Individuelle vernachlässigt habe. Die Sphäre des
Lebens in dem Absoluten, die durch Moralität, Sittlichkeit,
Religiosität jedem einzelnen Menschen einfach darum, weil
er Mensch ist, offensteht, ist den Unterschieden der Endlichkeit entnommen. „Die Religiosität, die Sittlichkeit eines beschränkten Lebens — eines Hirten, eines Bauern — in ihrer
konzentrierten Innigkeit . . . hat unendlichen Wert und denselben Wert als die Religiosität und Sittlichkeit einer aus-
gebildeten Erkenntnis und eines an Umfang der Beziehungen
und Handlungen reichen Daseins. Dieser innere Mittelpunkt
. . . ist dem lauten Lärm der Weltgeschichte, . . . auch den-
jenigen Veränderungen, welche die absolute Notwendigkeit
des Freiheitsbegriffs selbst mit sich bringt, entnommen"
(S. 88). Der Glaube, die Intuition, der gesunde Sinn vermögen jeder einzelnen Seele diese naive Befriedigung in der
Übereinstimmung mit der allgemeinen Wahrheit zu geben, und
damit wird der unendliche Wert des Individuums auch da bestätigt, wo sich die Individuen zu dem eigenen Bewußtsein
davon noch gar nicht erhoben haben. Durch den unablässigen
Kampf der Gegensätze, durch das Ringen der miteinander strei-
tenden Prinzipien hindurch erhält sich so die Sphäre der Versöhnung, die alle Unterschiede in sich zurücknehmende Einheit. In des Herzens heilig stille Räume mußt du fliehen aus
des Lebens Drang; es ist das Große des Lebens, daß es
in seiner Tiefe eben diese Räume des Herzens birgt. Der
Frieden und der Ausgleich der Gegensätze liegt nicht als ein
zu erreichendes Ideal in der Ferne eines unendlichen Prozesses, sondern ist in jedem Augenblicke des ganzen Geschichtsverlaufs schon innerlich vorhanden.

Wenn so das zeitlos Ideelle und das wandelbar Geschichtliche neben- und ineinander da sind, ohne sich gegenseitig
im Wege zu stehen, so ist um so weniger daran zu denken,
daß in dem geschichtlichen Fortschritt zeitlich einmal ein
Element auftreten werde, das ihn zum Stillstand bringen
könnte. Man kann oft gegen Hegel die Beschuldigung aus-
sprechen hören, daß er die Geschichte mit seiner Zeit enden
und dem Weltgeiste kein Geschäft mehr übrig bleiben lasse,

das in der Zukunft vollbracht werden solle. Das aber widerspricht erstens der Grundanschauung Hegels; für ihn ist die absolute Totalität nicht ein Produkt der Zeit, sondern ebenso in jedem Augenblicke wirklich vorhanden wie die Differenzierung in unendliche Mannigfaltigkeit. Er kann deshalb das geschichtliche Fortschreiten zeitlich unbegrenzt lassen, ohne daß es darum ein Fortschreiten in die schlechte Unendlichkeit wäre; es ist vielmehr nichts als ein beständiges Eindringen des Geistes in seine eigene Tiefe, sein unablässiges Emporklimmen zu seiner eigenen Höhe. Zweitens aber hat Hegel gerade mit Bezug auf seine Zeit deutlich genug ausgesprochen, worin nach seiner Meinung die Gegenwart, die Gestalt des Lebens, der er selber angehört, vor noch ungelösten Aufgaben stehe, noch nicht zur prinzipiellen Klarheit gekommen sei und also zu einer neuen, geistig freieren Gestalt hindränge. Und zwar sieht er auf dem eigentlich staatlichen Gebiete die innere Unvollkommenheit seiner Zeit in dem Widerspruche, den der durch die Aufklärung zur Herrschaft gekommene Liberalismus in sich verkörpert. Es ist der Widerspruch zwischen dem formalen Freiheitsgedanken, dem absoluten Rechte des freien Willens, das aus dem Prinzip der neuen Zeit folgt, und dem materialen Freiheitsbegriffe, der Wirklichkeit einer Staatsordnung, die die Willen der vielfachen Individuen dem einheitlichen Willen des sittlichen Ganzen gegenüberstellt und jeden Einzelnen erst durch die Aufopferung seiner Partikularität und durch seine Unterordnung unter die vernünftige Allgemeinheit wahrhaft frei macht. Daß der Liberalismus diesen Widerspruch nicht versöhnen kann, ihn vielmehr in sich selbst verewigt, und daß zugleich keine geistige Macht in der Wirklichkeit sich zeigt, vor der er die Segel streichen müßte, darin ruht das Moment der Gebundenheit für die Stufe des Bewußtseins, die Hegel zu seiner Zeit erreicht sieht. „Diese Kollision, dieser Knoten, dieses Problem ist es, an dem die Geschichte steht und das sie in künftigen Zeiten zu lösen hat" (S. 933). Diesem Problem aber liegt noch ein tieferes zugrunde, das in das innerste Heiligtum des menschlichen Gemütes hineinreicht, die Frage nach der Ordnung des Verhältnisses von weltlicher Sittlichkeit und Religion, von Staat und Kirche. In seinen Vorlesungen über die Weltgeschichte hat Hegel freilich dies Problem nur bei den romanischen Staaten ausdrücklich hervorgehoben und gezeigt, daß es, so-

lange die Grundsätze des Katholizismus ihre Gültigkeit be-
halten, unlösbar bleibt. Demgegenüber hat er im Blick auf
die protestantischen Länder nur gesagt, es sei dort das „wesentliche Prinzip" vorhanden, „daß alles, was im Staate gelten
soll, von der Einsicht ausgehen muß und dadurch berechtigt
ist" (S. 933), nicht durch kirchliche Sanktion oder gar durch
den Befehl geistlicher Oberen. Aber schon in dem Worte „das
wesentliche Prinzip" kommt es zum Ausdruck, daß an der
wirklichen Durchführung dieses Prinzips, an der innerlichen
Übereinstimmung des weltlichen mit dem religiösen Gewissen
noch viel fehlt. Die Religion und die religiöse Gemeinschaft
kann auf die kirchliche Sanktion des staatlichen Getriebes nur
dann verzichten, wenn sie sicher ist, daß in diesem die gleiche
sittliche Idee wirksam ist wie in ihr. Soweit das noch nicht
erreicht ist, spaltet sich das Volk in zwei Massen, von denen
die eine sich religiös indifferent verhält und der bloßen Welt-
lichkeit hingegeben ist und die andere sich kritisch gegen
die weltliche Ordnung verhält, bald weltflüchtig, bald ag-
gressiv die sittlichen Güter des wirklichen Lebens und den
Staat, ihren Hüter, verneint. Dieser Konflikt hat Hegel sehr
lebhaft beschäftigt; man braucht nur die umfangreichen und
mühsamen Deduktionen über das Verhältnis von Staat und
Religion in seiner Enzyklopädie zu lesen[1]), um zu empfinden,
wie er sich damit abgequält hat, ohne doch selbst zu einem
klaren und befriedigenden Abschlusse zu kommen. Er hat ihn
nicht erreichen können, weil nach der Natur der Zeit und der
Gestalt des Staates solcher Abschluß damals unerreichbar war
und bis heute unerreichbar geblieben ist. In aller Schärfe
aber und mit schneidendem Schmerze gibt Hegel seiner Überzeugung von dem tiefen inneren Zwiespalte zwischen dem
weltlichen und dem religiösen Geiste der Gegenwart am
Schlusse seiner Vorlesungen über die Philosophie der Religion
Ausdruck[2]). Er redet da von dem „Mißton, daß in dem Volke
die Einheit des Innern und Äußern nicht mehr vorhanden
und im Glauben nicht mehr gerechtfertigt ist". Solche Äußerungen strafen die Behauptung Lügen, daß Hegel seine Zeit
als die der absoluten geschichtlichen Vollendung ange-

---

[1]) Phil. Bibl., Bd. 33. 2. Aufl., 1920, S. 464 ff.
[2]) Wwe., Bd. 12, 2. Aufl., S. 355.

sehen habe. Man würde seine Meinung richtiger treffen,
wenn man sagte, er habe seine Zeit als den Abschluß einer
Periode der neuzeitlichen Geschichte betrachtet, als eine Zeit,
in der „eine Gestalt des Lebens alt geworden" sei und durch
ein neues Lebensprinzip verjüngt werden müsse. Wenn er
darauf verzichtet hat, die Wege zu bestimmen, auf denen in
Zukunft die Geschichte weitergehen werde, die Probleme zu
bezeichnen, die durch neue Verwickelungen der Weltverhält-
nisse aufgeworfen werden sollten, so wird man ihm daraus
eher ein Lob als einen Tadel zurechnen müssen. Er hat von
sich gewußt, daß er ein Sohn seiner Zeit sei, und hat sich
damit begnügt, seine Zeit in die Harmonie mit dem ewigen
Begriff zu bringen, ihre Gestalt in den Rhythmus des Weltgeistes einzugliedern. Was eine Philosophie der Geschichte
mit gutem wissenschaftlichen Gewissen vollbringen kann, das
hat er dadurch zu vollbringen gesucht.

Indem Hegel die Weltgeschichte als die wahrhafte Theodizee
(S. 24 f.) darstellt, gibt er dem denkenden Menschen die Zuver-
sicht zurück, die der glaubende Mensch unmittelbar im Herzen
trägt, daß jeder Einzelne, wenn auch bestimmt und beschränkt
durch die Besonderheit seines geschichtlichen Moments und
seiner persönlichen Eigenart, sich dennoch als Träger der absoluten Aufgabe wissen darf, die dem Geiste der Menschheit
gestellt ist, daß er berufen ist, als ein Erbe der von den ver-
gangenen Geschlechtern errungenen geistigen Güter an dem
ewigen Werke der Selbstbefreiung des Geistes und der Offenbarung der Herrlichkeit Gottes mitzuhelfen. Die Beschäftigung
des Einzelnen, die zu dem Bau der Ewigkeiten zwar Sandkorn nur auf Sandkorn reicht, wird eingereiht in den maje-
stätischen Gang des Weltgeistes, der Schritt für Schritt das
ewige Leben in der zeitlichen Erscheinung sich Gestalt geben
läßt. Alle Besonderheit wird aufgenommen in den einen
lebendig glühenden Fluß, den feurig bewegten Reigen der
die Welt gestaltenden Ideen, und in jedem Gedanken, mit
dem der Einzelne die Welt vernünftig betrachtet und sich
vernünftig zu ihr stellt, vollzieht sich die Versöhnung des
endlichen Individuums mit seinem unendlichen wahren Wesen,
mit dem ewigen Geiste, dem Gotte der Geschichte, der zugleich der Vater jedes einzelnen Ich ist.

Sachregister.

Personenregister.

KATALOG

DER

PHILOSOPHISCHEN BIBLIOTHEK

> *Die Philosophische Bibliothek ist ein wirklich wundervolles Instrument der Forschung und der Kultur, um das alle Nationen, in denen der Geschmack an den tiefsten Problemen des Geistes vorhanden oder im Erwachen ist, Deutschland beneiden müssen.*
> *La Cultura (Rom).*

Inhaltsübersicht.

D·e in diesem Verzeichnis angegebenen Preise sind freibleibend. — Bei Lieferung Ausland ist jeder deutsche Buchhändler verpflichtet, die Preise gemäß der „Verordnung für das Ausland" in fremde Währung umzurechnen.

Leipzig, 30. September 1921.

Nummernübersicht der „Philosophischen Bibliothek".

Die Nummern der alten Zählung 6, 14—18, 53—64, 72—74, 77/78, 97—101 erthielten Erläuterungen Kirchmanns, die jetzt allgemein als gänzlich veraltet angesehen werden und durch die Neubearbeitungen überflüssig geworden sind. Diese Erläuterungshefte wurden deshalb aus der „Philosophischen Bibliothek" ausgeschieden. Die so frei gewordenen Nummern werden allmählich neubesetzt.

Mit dem Erscheinen dieses Kataloges verlieren alle früher gemachten Preisangaben ihre Gültigkeit. Die Preise des vorliegenden Verzeichnisses werden bis 31. 12. 21 nach Möglichkeit aufrechterhalten werden.

Teuerungsaufschlag. Mit meinen hauptsächlichsten Abnehmern im Gebiet des Deutschen Reiches habe ich als Mitglied der „Arbeitsgemeinschaft wissenschaftlicher Verleger" ein Abkommen getroffen, wonach diese Firmen sich verpflichtet haben, auf meine Verkaufspreise Teuerungsaufschläge nicht mehr zu erheben.

Ausstattung. Nachdem ich bis zum Jahre 1919 daran festgehalten hatte, nur holzfreies Papier zu verwenden, zwang mich die starke Teuerung jenes Jahres dazu, von dem Grundsatze abzugehen um erträgliche Verkaufspreise beibehalten zu können. Lediglich für die Gesamtausgaben im Rahmen der „Philosophischen Bibliothek" wurden kleine Auflagen auf holzfreiem Papier hergestellt, die aber einzeln nicht abgegeben werden können. Nachdem neuerdings die Anforderungen an die Ausstattung wieder gewachsen sind, gehe ich, trotz der großen damit verknüpften Opfer wieder dazu über, durchweg auf holzfreiem Papier zu drucken, so daß die künftigen Neuauflagen und Neuausgaben wieder die Vorkriegsausstattung zeigen werden. Bei den Einbänden habe ich bei der Philosophischen Bibliothek immer am Halbleinenbande festgehalten. Ich beabsichtige, jetzt wenigstens die stärkeren Bände wieder in Ganzleinen binden zu lassen. Neben diesem einfacheren Einbande habe ich bei einer Reihe von Werken und insbesondere bei den Gesamtausgaben einen verwöhnteren Ansprüchen genügenden Einband hergestellt, bei dem neben Verwendung bester Materialien, insbesondere auf eine lebhaftere Farbigkeit Wert gelegt wurde, ohne dabei die einem wi--

Alphabetisch geordnetes Verzeichnis
der
PHILOSOPHISCHEN BIBLIOTHEK

Sammlung der philoso-
phischen Hauptwerke
alter und neuer Zeit

Mit ausführlichen Ein-
leitungen sowie Sach-
und Namenregistern

sowie der ergänzenden Sammlung
Wissen und Forschen
Schriften zur Einführung in die Philosophie

Der Verlag von Felix Meiner in Leipzig ist in den letzten Jahren mehr und mehr zum Mittelpunkt der rein philosophischen Kultur Deutschlands geworden, die er den weiteren Kreisen der Gebildeten durch immer neue Sammlungen, Ausgaben und Veröffentlichungen in fruchtbarster Form zugänglich zu machen sucht. „Sokrates"

Eine Nummernübersicht der Sammlung befindet sich auf S. 2 des Umschlags.

D'Alembert's Einleitung in die französ. Enzyklopädie v. 1751 (Discours préliminaire). Hrsg. u. erl. v. E. Hirschberg. 1911. geb. 25.—
I. Teil: Text. XXIII, 153 u. 11 S. . . . . 12.—, geb. 18.—
II. Teil: Erläuterungen. VIII, 192 S. . . . . 10.—
    In ungewöhnlich brauchbarer Weise hat E. Hirschberg d'Alemberts Einleitung in die französische Enzyklopädie von 1751 (den Discours préliminaire) herausgegeben, so zwar, daß die Ausgabe als die lange erwünschte Einleitung in das ganze Denken jener wunderbaren Epoche der Befreiung, der wir so unendlich viel verdanken, gelten darf. Sie ist formal eine Musterleistung: alle erdenklichen biographischen, historischen und philosophischen Erklärungen sind geschickt und leicht faßlich angebracht, und so ist die Lektüre des „discours" für jeden Gebildeten möglich und fruchtbar gemacht.   Literarischer Ratgeber des Dürerbundes.

Aquin siehe Thomas von A.

Ardigo siehe Bluwstein, Abt. V, S. 25.

Aristoteles. Philosophische Werke in 3 Halbpergamentbd. 300.—
— Über die Dichtkunst. Neu übers. u. m. Einltg. und erklär. Namen-u. Sachreg. vers. v. A. Gudeman. 1921. XXIV, 91 S. 10.—, geb. 15.—
— — Auf holzfreiem Papier in Geschenkband . . . . . . 20.—
— Metaphysik. Übers., erläut. u. m. e. Lebensbeschreibung vers. v. Dr. E. Rolfes. 2., verb. Aufl. Bd. I. 1921. XXIV, 209 S. 16.—, geb. 24.—
— — Bd. II. (Buch 8—14). 1921. IV, 227 S. . 16.—, geb. 24.—
    Das vorliegende Werk ist mit besonderer Freude zu begrüßen. Der Urtext der aristotelischen Schriften bietet ja selbst dem gewiegtesten Philologen ganz außerordentliche Schwierigkeiten, und ohne philosophische Schulung sind überaus viele Stellen der aristotelischen Metaphysik, dieser vielleicht schwierigsten Schrift des Altertums, selbst einem scharfsinnigen Geiste schlechterdings unverständlich. Da ist es nun gewiß hochverdienstlich, die aristotelischen Schriften in trefflicher Übersetzung mit gediegenem Kommentar weiten Kreisen zugänglich zu machen.   Katholik.

I. Philosophische Bibliothek.

I. Philosophische Bibliothek.

Band

Außerhalb der Gesamtausgabe erschienen ferner:

84 **Schleiermacher.** Monologen nebst den Vorarbeiten. Kritische Ausgabe. Mit Einleitung, Bibliographie, Index und Anm. von **Friedr. M. Schiele.** 2. erweit. u. durchges. Aufl. v. **H. Mulert.** Im Anhang: Neujahrspredigt von 1792. — Über den Wert des Lebens. 1914. 48, 198 S. . . . . 10.—, geb. 15.—

Endlich sind uns die Monologen in mustergültiger Ausgabe vorgelegt! Schiele gibt den Text der Ausgabe vom Jahre 1799 und fügt die Abweichungen sämtlicher späteren Ausgaben im kritischen Apparat hinzu. Er hat damit eine gediegene Arbeit geliefert, und die Vergleichung der Texte bietet reiche Ausbeute zur Erkenntnis des Umbildungsprozesses in Schleiermachers Gedanken. *Zeitschrift für Philosophie.*

117 — Weihnachtsfeier. Krit. Ausg. Mit Einltg. u. Reg. von **H. Mulert.** 1908. 34 u. 78 S. . . . . 7.—, geb. 12.—

85 — Grundriß der philosophischen Ethik. (Grundlinien der Sittenlehre.) Hrsgeg. v. **F. M. Schiele.** 1911. 219 S. . . . 10.—, geb. 15.—

Schieles Verdienst ist es, daß die beiden besten Manuskripte Schleiermachers, aus denen Twesten den Text konstituiert hatte, hier in anderer Ordnung geboten werden. Der in sich geschlossene Text der Vorlesungen von 1812—13 wird als Einheit gelassen und umschlossen von einem andern Entwurf von 1816. Wir haben damit eine Textgestalt des wichtigen Werkes, die sowohl den inneren Gedankengang darstellt wie auch sein Werden erkennen läßt. *Zeitschr. f. d. deutsch. Unterricht.*

120 — Universitäten im deutschen Sinn. Mit ausf. Einltg. von **Ed. Spranger** (vgl. unter Fichte) . . . . . . 15.—, geb. 21.—

Schopenhauer. Hasse, H. Sch.'s Erkenntnislehre siehe Abt. VI, S. 27.

Schuppe siehe Abt. V, S. 30.

86/7 **Scotus Eriugena.** Über die Einteilung der Natur. Übers. von **L. Noack.** 2 Bde. 428 S. 416 S. . . . . Vergriffen

88 — Leben und Schriften. Von **L. Noack.** 64 S. . 5.—, geb. 9.—

89 **Sextus Empiricus.** Pyrrhoneïsche Grundzüge. Übers. von **E. Pappenheim.** 19 u. 222 S. . . . . 10.—, geb. 15.—

90 — — Erläuterungen dazu. 296 S. . . . . 8.—, geb. 13.—

110 **Shaftesbury.** Untersuchung über die Tugend. Übers. und eingeleitet v. **Paul Ziertmann.** 1905. 15 u. 122 S. . . 9.—, geb. 15.—

111 — Ein Brief über den Enthusiasmus an Lord Sommers. — Die Moralisten. Eine philosophische Rhapsodie. Übersetzt u. eingeleitet von **M. Frischeisen-Köhler.** 1909. 31 u. 212 S. 15.—, geb. 21.—

T 30 — Religion und Tugend. 48 S. 2.50

91— **Spinoza. Sämtliche Werke.** Übersetzt von **O. Baensch, A. Buchenau** und **C. Gebhardt.** In 3 Halbpgtbd. . . ca. 300.—

96

Dies ist die einzige deutsche Ausgabe der Werke Spinozas, die auf Grund der umwälzenden Ergebnisse der modernen Textkritik erfolgt ist. So bietet sie in ihrer Textgestaltung der Forschung die sicherste Grundlage; die Einleitungen bemühen sich, das Verständnis der Schriften S.s nach allen Seiten sicher zu stellen.

91 **Bd. I.** Abhandlung von Gott, dem Menschen und dessen Glück. Neu übersetzt von **C. Gebhardt.** Im Druck.

92 — Ethik. Übers. u. mit e. Einleitung u. Register versehen von **Otto Baensch.** 9. Aufl. 1919. 29, 276 u. 89 S. . . 15.—, geb. 21.—

— — In Halbpgt. auf holzfreiem Papier . . . . 40.—

Sehr genau ist die neuere Forschung zum Spinozatext behandelt. Die Einleitung gehört zu dem Besten, was zur Einführung in Spinozas Denkweise gegeben werden kann. Die Bedeutung dieser Übersetzung wird man darin sehen dürfen, daß sie die für uns oft schwierig gewordenen Gedankenverschiebungen bei Spinoza klarlegt. *Zeitschr. f. d. dtsch. Unterricht.*

Band

93 **Spinoza. Bd. II.** Theologisch-politischer Traktat. 4. Aufl. Übers. u. eingel. v. C. Gebhardt. 1921. 34, 362 u. 61 S. 36.—, geb. 48.—
* — — Tractatus theol.-politicus. Lat. ed. H. Ginsberg. 1877. 5.—, kart. 9.—

94 — Descartes' Prinzipien der Philosophie auf geometrische Weise begründet. — Anhang, enth. metaphysische Gedanken. 3. Aufl. Neu übers. v. A. Buchenau. 1907. 8, 190 S. . . 15.—, geb. 21.—

95 — Abhandlung über die Verbesserung des Verstandes. — Abhandlung vom Staate. 4. Aufl. Übers. u. eingeleitet von Dr. Carl Gebhardt. 32, 181 u. 33 S. . . . . Im Druck.

* — — Principia philosophiae Cartesianae — Appendix cont. cogitata metaphysica — Tractatus de intellectus emendatione — Tractatus politicus. Lat. ed. H. Ginsberg. 1882 . . . 5.—, kart. 9.—

96 a **Bd. III.** Briefwechsel. Übertragen u. m. Einl., Anm. u. Reg. vers. v. Carl Gebhardt. 1914. 38, 438 S. 22.—, geb. 30.—, Hpgt. 45.—
> Goethe hat den Briefwechsel Spinozas das interessanteste Buch genannt, das man in der Welt von Aufrichtigkeit und Menschenliebe lesen könne. Er bedeutet für uns zugleich die notwendige Ergänzung der Ethik Spinozas, denn er offenbart die tiefe und reine Menschlichkeit, die hinter den mathematisch starren Sätzen jenes Buches steht.
> Zeitschrift für den deutschen Unterricht.

* — — Epistolae doctorum quorundam virorum ad B. de S. et auctoris responsiones. Ed. H. Ginsberg. 1876 . . . 5.—, kart. 9.—

96 b — Lebensbeschreibungen und Gespräche. Hersg. v. Carl Gebhardt. 1914. XI, 147 S. Mit Bild. . 12.—. geb. 18.—, Halbpgt. 25.—
> Eine völlig neue Erscheinung in der deutschen Literatur ist Gebhardts Übersetzung der alten Lebensbeschreibungen Spinozas, der die überlieferten Äußerungen oder Gespräche Spinozas sowie alle auf sein Leben bezüglichen Quellen beigefügt sind. Es ist ein höchst dankenswertes Buch, das volle Anerkennung verdient. Spinoza gehört zu den Philosophen, deren Lehre der Ergänzung durch das Bild des Menschen bedarf. Deshalb verdienen die Lebensbeschreibungen Spinozas als ein Widerschein des großen Menschen starkes Interesse. Zeitschrift für den deutschen Unterricht.

— s. a. Taschenausgaben S. 22.

* **Spinoza-Brevier.** Zusammengestellt und mit einer Einleitung versehen von A. Liebert. 2. Aufl. 1918. XXXIV, 169 S. In eleg. Pappbd. 12.—
> Es ist als ein glücklicher Gedanke Lieberts zu bezeichnen, daß in seinem Brevier die bedeutsamsten Stellen der „Ethik" von den engen Fesseln der geometrischen Methode befreit worden sind. Er selbst gibt in einem gehaltvollen Vorworte Aufschluß über die Grundsätze, die ihn dabei geleitet haben... Allen, die nicht die nötige Muße und Geduld aufbringen können, zu den Originalwerken des Philosophen zu greifen, denen jedoch jene „große und freie Aussicht über die sinnliche und sittliche Welt", die sich Goethe aus Spinozas Schriften erschließt zu erwachen schien, von Interesse sein mag, sei Lieberts Brevier bestens empfohlen. Wiener Fremdenblatt.

Renan, E. Spinoza. Rede, geh. zum 200. Todestag . . . . 3.—

Steffens, Henrik. Über die Idee der Universitäten Siehe unter Fichte.

100 **Thomas von Aquin.** Die Philosophie von Thomas von Aquin. In Auszügen herausgegeben von E. Rolfes. 1920. XI, 324 S. 21.—, geb. 30.—

Vaihinger, H., siehe Abt. V, S. 31.
Volkelt, J., siehe Abt. VI, S. 32.

122 **Wolffsche Begriffsbestimmungen.** Ein Hilfsbüchlein beim Studium Kants. Zusammengest. v. J. Baumann. 1910. VI, 54 S. 5.—, geb. 9.—

Pichler, H. Über Christian Wolffs Ontologie. 1910. 95 S. 7.50

Wundt-Bildnis. Originalradierung von Raimund Schmidt. Signiert . 60.—
Wundt, W., siehe Hall, Abt. V, S. 27.

Lehrbücher
der Philosophischen Bibliothek.

Croce, B. Grundriß der Ästhetik. 1913. IV, 85 S. Deutsch v. Th. **Poppe.** („Wissen und Forschen") . . 7.50, in Ppbd. 15.—

Döring, A. Grundlinien der Logik. 1912. XII, 181 S. 10.—, geb. 15.—

Kirchner-Michaëlis. Wörterbuch der philosophischen Grundbegriffe. Neuauflage im Druck.

Messer, Aug. Einführung in die Erkenntnistheorie. Zweite, umgearbeitete Auflage s. „Wissen u. Forschen" Bd. XI (S. 24).

> Dies ist die beste einführende Schrift in die Erkenntnistheorie, die Ref. kennt. Sie zeichnet sich besonders dadurch aus, daß sie trotz des kleinen Umfanges eine Anschauung erweckt von der Fülle der Probleme, die der Erkenntnistheorie erwachsen; ferner daß sie stets auf die richtige Problemstellung hinweist; endlich ragt sie noch durch große Klarheit und Übersichtlichkeit hervor. Vierteljahrsschrift f. wissensch. Philos. u. Soziologie.

Noack, L. Philosophie-Geschichtliches Lexikon. Historisch-Biographisches Handwörterbrch der Geschichte der Philosophie. Lex.-8°. 960 S. . . . . geb. 200.—

> Durch Nachdruck mehrerer Lieferungen konnten noch eine geringe Anzahl von dem wertvollen Werk vollständig gemacht werden.

Odebrecht, Rud. Kleines philosophisches Wörterbuch. Erklärung der Grundbegriffe d. Philos. 4., durchges. Aufl. 1919. 86 S. 5.40

Vorländer, Karl. Geschichte der Philosophie. I. Bd.: Altertum, Mittelalter und Übergang zur Neuzeit. 6. Aufl. 1921. XII, 368 S. . . . . 20.—, geb. in Hlwd. 27.—

— — II. Bd.: Philosophie der Neuzeit. 6. Aufl. 1921. VIII, 524 S. . . . . 25.—, geb. in Hlwd. 33.—

> Zur Einführung wird man schwerlich ein besseres Buch finden als dies, das den vielfach empfundenen Wunsch nach einer knappen, aber doch klaren, inhaltlich ausreichenden und zuverlässigen Darstellung der gesamten Geschichte der Philosophie aufs vortrefflichste erfüllt hat. Dazu kommt, daß sich das Buch auch als Wegweiser für tiefer eindringende Arbeit bewährt durch die gute Auswahl in den Literaturangaben.
> Zeitschr. f. d. dtsch. Unterricht.
>
> Vorländers Buch reizt geradezu zum Studium. Die gediegene Art, in der er das historische mit dem systematischen Element zu vereinigen verstanden hat, macht das Buch zum philosophiegeschichtlichen Handbuch par excellence. Es gehört auf den Arbeitstisch eines jeden der Philosophie „Beflissenen". Kant-Studien.

Witasek, Stephan. Grundlinien der Psychologie. Mit 15 Fig. im Text. 1908. VIII, 370 u. 22 S. . . . . . 15.—, geb. 21.—

> In der Auffassung und Durchführung ein selbständiges Werk, sind diese „Grundlinien" auch eine Zusammenstellung der fast zahllosen Einzeluntersuchungen zur „modernen" Psychologie. Die Bestimmung, als Einführung zu dienen, hat wohl die Art der Ausführung bedingt, nicht aber den Inhalt und die Theorie. Die Durchführung ist durchsichtig, überall knapp und leicht verständlich und das dargebotene Material im zweiten Teil überaus reichhaltig. Zeitschrift für Philosophie.

Wissen und Forschen.

Schriften zur Einführung in die Philosophie.

Dem Bedürfnis nach Erläuterungen zu bestimmten philosophischen Klassikern und nach Einführungen in die Grundprobleme der Philosophie will diese Sammlung dienen. Frei von jeder Einseitigkeit und unter Anerkennung der Verschiedenheit der philosophischen Richtungen in der Gegenwart möchte sie einen Sammelpunkt bilden für alle Bestrebungen, die von wissenschaftlichem Boden aus, in allgemeinverständlicher Sprache in das weite Gebiet philosophischer Lektüre und philosophischer Forschung einzuführen beabsichtigen.

Bd. I: Kants Lehre vom kategorischen Imperativ. Eine Einführung in die Grundfragen der Kantischen Ethik im Anschluß an die „Grundlegung der Metaphysik der Sitten." Von Dr. A. Buchenau. 1913. XII, 125 S. M. 9.—, geb. 18.—

Bd. II: Gegenwartsphilosophie und christliche Religion. Im Anschluß an Vaihinger, Rehmke, Eucken dargestellt von Dr. H. Hegenwald. 1913. XII, 196 S. M. 10.—, geb. 20.—

Bd. III: Grundprobleme der Kritik der reinen Vernunft. Eine Einführung in die Kantische Erkenntnistheorie. Von Stadtschulrat Dr. Artur Buchenau. 1914. VI, 194 S. M. 10.—, geb. 20.—

Bd. IV: Wie ist kritische Philosophie überhaupt möglich? Ein Beitrag z. systemat. Phänomenologie der Philosophie. Von Prof. Dr. Arthur Liebert. 1919. XVII, 228 S. M. 25.—, geb. 40.—

Bd. V: Grundriß der Ästhetik. Von Benedetto Croce. Deutsch von Dr. Th. Poppe. 1913. IV, 85 S. M. 7.50, in Ppbd. M. 15.—

Bd. VI: Die Seele. Ihr Verhältnis zum Bewußtsein und zum Leibe. Von Jos. Geyser. 1914. VI, 117 S. M. 9.—, in Hblwd. M. 18.—

Bd. VII: Die Begründer der modernen Psychologie. Lotze, Fechner, Helmholtz, Wundt. Von Stanley Hall, President of Clark University. Übers. u. m. Anm. vers. v. Raym. Schmidt. Mit Vorwort v. Max Brahn. 1914. 28, 392 S. M. 25.—, in Geschenkband M. 36.—

Bd. VIII: Einführung in die Philosophie. Vom Standpunkte des Kritizismus. Von Dr. Kurt Sternberg. 1919. XIII, 291 S. M. 16.—, geb. M. 27.—

Bd. IX: Pestalozzis Sozialphilosophie. Eine Darstellung auf Grund der „Nachforschungen über den Gang der Natur in der Entwicklung des Menschengeschlechts". Von Dr. Art. Buchenau. 1919. VIII, 183 S. M. 12.50, Geschenkband M. 20.—

Bd. X: Die sittlichen Forderungen u. d. Frage nach ihrer Gültigkeit. Von Gust. Störring. 1920. VIII, 136 S. M. 10.—, geb. M. 15.—

Bd. XI: Einführung in die Erkenntnistheorie. Von Aug. Messer. 2., umgearb. Aufl. 1921. IV, 221 S. M. 18.—, geb. M. 25.—

Bd. XII: Geschichtsphilosophie. Eine Einführung. Von Prof. Dr. Otto Braun. 1921. VIII, 120 S. M. 12.—, geb. M. 20.—

Neuere philosophische Werke.

Annalen der Philosophie. Mit besonderer Rücksicht auf die Probleme der Als-Ob-Betrachtung in Verbindung mit namhaften Vertretern der Einzelwissenschaften (Heim, Krückmann, Abderhalden, Pasch, Volkmann, Roux, Pohle, Becher, Bergmann, Cornelius, Groos, Koffka, Kowalewski) hrsg. von **Hans Vaihinger** u. **Raymund Schmidt.**
Bd. I. 1919. VIII, 681 S. . . 100.—, in Halbpergament 125.—
Bd. II. 1921 VIII, 564 S. . . 100.—, in Halbpergament 125.—
  Die Zeitschrift ist auf holzfreiem Papier gedruckt. Die letzten Hefte enthalten u. a.: Rationales und irrationales Erkennen. Von R. Müller-Freienfels. — Fiktionen in der Elektrizitätslehre. Von Julius Schultz. — Die Begründung in der Mathematik und die implizite Definition. Von M. Pasch. Ferner Bücherbesprechungen, Lesefrüchte, Selbstanzeigen. Ausführliche Prospekte stehen postfrei zur Verfügung.

Bergmann, Ernst. Platner u. d. Kunstphilosophie des 18. Jahrh. Im Anh.: P.'s Briefwechsel m. d. Herzog von Augustenburg über die Kantische Philosophie u. a. 1912. XVI, 349 S. . . 18.—
— Fichte, der Erzieher zum Deutschtum. 1915. VIII, 341 S.
21.00, in Geschenkband 80.—
  Bergmann bietet aus Fichte dar, was jeder Deutsche aus ihm gewinnen kann. Die tiefschürfende Gedankenarbeit der Wissenschaftslehre und das gigantische Ringen mit ihren Problemen wird nach Fichtes eigenem Urteile dem Verständnis immer nur weniger vorbehalten bleiben. Für B. steht der deutsche Reformator und Erzieher Fichte im Mittelpunkte des Interresses. Und da dessen Person ganz in seiner Sache aufgeht, so kann Bergmann für seine Absicht vom Zentrum der Persönlichkeit aus das Verständnis für seine Sache zu erschließen suchen. Bruno Bauch in den „Kantstudien".
— Deutsche Führer zur Humanität. 1915. IV, 44 S. . . . . 6.—
— Wilhelm Metzger. Ein Denkmal. Im Anh.: Verzeichnis v. M.'s nachgelassenen Handschriften. M. Bildnis. 1920. 47 S. . kart. 5.—
Bluwstein, J. Weltanschauung Ardigos. 1911. 122 S. . . 10.—
Braun, O. Geschichtsphilosophie. Eine Einführung. Siehe „Wissen und Forschen" Bd. XII.
— Zum Bildungsproblem. 2 Vorträge. (Philosophie u. Schule. Kunst u. Schule). 1911. 49 S. . . . . 3.—
— Euckens Philosophie und das Bildungsproblem. 54 S. . . 4.50
Bruhn, Wilh. Der Vernunftcharakter der Religion. Gedruckt unter Beihilfe der Hänel-Stiftung. 1921. VI, 253 S. 30.—, Geschenkbd. 40.—
Buchenau, Artur. Kants Lehre vom kategorischen Imperativ. Siehe „Wissen und Forschen" Bd. I.
— Grundprobleme der Kritik der reinen Vernunft. Siehe „Wissen und Forschen" Bd. III.
— Pestalozzis Sozialphilosophie. Siehe „Wissen und Forschen" Bd. IX.
Burckhardt, G. E. Was ist Individualismus? 1913. 89 S. . 7.50
Busse, Ludwig. Geist und Körper, Seele und Leib. 2. Aufl. M. e. ergänz. u. d. neuere Lit. zusammenfassenden Anhang von E. Dürr. X, 566 S. Anastat. Neudruck . . . . 45.—, in Hlwd. 60.—
Cohn, Jonas. Der Sinn der gegenwärtigen Kultur. Ein philosophischer Versuch. 1914. XI, 297 S. . . 24.—, in Geschenkband 33.—
  Inhalt: Der Mensch als einzelnes Ich. — Der Mensch in der Gemeinschaft. — Der Mensch und die Welt. — Der Mensch und Gott.
  Das tiefgrabende und doch verständlich geschriebene Buch will dem

Gebildeten helfen, sich in der heutigen Kultur zurechtzufinden. Die Kultur ist ihm nicht wesentlich eine zersetzende Macht, sondern ein stetes Schaffen, das immer neue Aufgaben und immer neue Lebensformen hervorbringt. Was dabei über die wachsende Bedeutung der nationalen Gemeinschaft gesagt wird, das ist gerade in unsern Tagen eindrucksvoll. Christliche Welt.

Croce, Ben. Grundriß der Ästhetik. Siehe „Wissen u. Forschen" Bd. V.

Dessoir, Max. Das Doppel-Ich. 2. Aufl. IV, 82 S. . . . 4.50

Dietering, Paul. Die Herbartsche Pädagogik vom Standpunkt moderner Erziehungsbestrebungen. 1908. 18, 220 S. . . . . 15.—

Dorner, A. Encyklopädie der Philosophie. Mit bes. Berücks. d. Erkenntnistheorie u. Kategorienlehre. 1910. 843 S. Steifkarton. 18.—

— Grundriß der Religionsphilosophie. 1903. 466 S. 27.—, in Geschenkband 39.—

Ehrenberg, Hans. Die Parteiung der Philosophie. Studien wider Hegel und die Kantianer. 1911. VI, 133 S. . . . . . 10.—

Eucken, Rudolf. Beiträge zur Einführung in die Geschichte der Philosophie. 2. erweit. Aufl. 1906. VI, 196 S. 21.—, Geschenkband 30.—
Aus dem Inhalt: Nikolaus von Cues als Bahnbrecher neuer Ideen. Paracelsus' Lehren von der Entwicklung. Kepler als Philosoph. Über Bilder und Gleichnisse bei Kant. Bayle und Kant. Parteien und Parteinamen in der Philosophie.

— Fichtes Reden in Kernworten. Mit Geleitwort v. R. E. In Hlwd. 25.—

— — 300 numerierte Exemplare auf echt Bütten . . Hldr. 100.—
Wir finden hier eine neue Behandlung der Reden, eine Ausgabe, die nichts an Fichte ändert, die sich aber ganz und gar auf seinen Gedankengang in den entscheidenden Punkten beschränkt; wir erhalten hier demnach nicht ein bloßes Brevier aus Fichte, sondern wir erhalten den Gesamtbau, aber mit entschiedener Konzentration auf die schaffenden und charakteristischen Gedanken. Fichte spricht hier unmittelbar mit dem Kern seines Wesens zu uns, vielen unserer Zeitgenossen wird so der Ewigkeitsgehalt jener Reden näher gebracht und von Hemmungen befreit.

Braun, O. Euckens Philosophie und das Bildungsproblem 2.—
(siehe auch unter Hegenwald)

Falkenfeld, Hellmuth. Wort und Seele. Eine Untersuchung über die Gesetze in der Dichtung. 1913. 132 S. . . 9.—, geb. 15.—
Inhalt: Die Dichtung unter den Schwesterkünsten. — Die Tragödie des Dilettantismus. — Seele und Wortgesetz (Stil). — Wort und Zorn (Drama). — Wort und Liebe (Lyrik). — Wort und Weltseele (Epik). — Wort und Gefühlsverlängerung (Humor und Groteske).

Flournoy, Th. Beiträge zur Religionspsychologie. Übers. v. M. Regel. Mit Vorwort v. G. Vorbrodt. 1911. LII, 62 S. . . . . 9.—

— Spiritismus und Experimentalpsychologie. Mit Geleitwort von Max Dessoir. Autorisierte Übersetzung. Mit 64 Figuren. 2. Ausg. 1921. XXIII, 556 S. (in Hlwd. geb. 75.—) . . 60.—
Das Werk ist die beste und gründlichste Untersuchung der Bewußtseinszustände eines sogenannten „Mediums", die wir bisher überhaupt besitzen, unübertrefflich an Sorgfalt der Beobachtung und Analyse, unermüdlich in der Aufhellung zunächst undurchsichtiger Tatbestände, vorbildlich objektiv in der Beurteilung der für die theoretische Erklärung bestehenden Möglichkeiten. Dr. Österreich im Literarischen Zentralblatt.

Fürth, Otto. Träume auf der Asphodelosinsel. Ein philosophisches Trostbüchlein in Versen. 1920. 229 S. Auf feinstem Friedenspapier in reizvollem Ganzpappband . . . . 24.—

Geyser, Jos. Die Seele. Ihr Verhältnis z. Bewußtsein und z. Leibe. 1914. VI, 117 S. („Wissen und Forschen") 9.—, in Hlwd. 18.—

Goldschmidt, Ludwig. Schriften s. unter Kantliter., Abt. I, S. 13.

V. Neuere philosophische Werke.

Grundwissenschaft, siehe Rehmke.

Hahn, Erich. Entgötterung. Ein geistesgeschichtlicher Entwurf. In vornehmem Hlwd.-Geschenkbd. a. holzfr. Papier. 1920. 47 S. 15.—
Es handelt sich um einen der konzentriertesten Versuche, sich mit den gegenwärtigen Problemen unserer Geistigkeit auseinanderzusetzen. **Bewegung aus dem Unendlichen und in das Unendliche ist alles.** Der Mensch ist nicht mehr ein in sich abgeschlossenes Wesen, das aus sich heraus existiert, sondern ein Glied der unenelichen, in sich nicht lösbaren Reihe. „Das literarische Echo."

Hamburger, M. Vom Organismus der Sprache und von der Sprache des Dichters. Zur Systematik der Sprachprobleme. 1921. 189 S. 27.—
Eine sehr tiefgehende Untersuchung, die sich im einleitenden Abschnitt mit den Ursprungstheorien und der Genesis der Sprache beschäftigt, im Mittelstück die ästhetische Geltung der Sprache untersucht und im Schlußkapitel die Sprache des Dichters darstellt. Es fallen hier ungemein bewegte Schlaglichter auf eine Menge von Einzelheiten, die den Sprachkenner beschäftigen. **Das Werk darf als eine Krönung aller vorhandenen Lehrbücher der Poetik** bezeichnet werden. Prof. J. K. Brechenmacher, Magazin für Pädagogik.

Hall, Stanley. ˋDie Begründer der modernen Psychologie (s. „Wissen u. Forschen", Bd. VII).
— Wilhelm Wundt. Der Begründer der modernen Psychologie. Mit Bildnisradierung v. R. Schmidt. 1914. XVII. 158 S. (S.-Abdr. aus dem vorigen.) . . . . In Pappband geb. 15.—

Hasse, Heinr. Schopenhauers Erkenntnislehre als System einer Gemeinschaft des Rationalen und Irrationalen. 1913. XI, 219 S. . 18.—
— Das Problem des Sokrates bei Nietzsche. 1918. 26 S. . . 3.—

Hegenwald, Herm. Gegenwartsphilosophie und christliche Religion. („s. Wissen und Forschen", Bd. II).

Heinemann, F. Plotin. Forschungen über die plotinische Frage. — Plotins Entwicklung und sein System. 1922 . Preis etwa 50.—

Jacoby, G. Herders u. Kants Ästhetik. 1907. X, 348 S. 21.—, geb. 30.—
— Der Pragmatismus. Neue Bahnen in der Wissenschaftslehre des Auslands. 1909. 58 S. . . . . 6.—

Jaesche, Em. Das Grundgesetz der Wissenschaft. 1886. XX u. 445 S. 18.—

Joël, Karl. Die philosoph. Krisis der Gegenwart. 2. Aufl. 1919. 65 S. 5.—

Kinkel, Walter. Der Humanitätsgedanke. Betrachtungen zur Förderung der Humanität. 1908. 192 S. . . . . . eleg. kart. 7.50

Lasson, Adolf. Über Gegenstand u. Behandlungsart der Religionsphilosophie. 1879. 55 S. . . . . 8.—
— Fichte im Verhältnis zu Kirche und Staat. 1863. IV, 245 S. 25.—
— Georg. Grundfragen der Glaubenslehre. 1913. VI, 376 S. 18.—
— Hegel als Geschichtsphilosoph. 1920. VI, 180 S 15.—, geb. 21.—

Lehmann, Rud. Die deutschen Klassiker. Herder — Schiller — Goethe. 1921. VIII, 342 S. (Die großen Erzieher. Ihre Persönlichkeiten u. ihre Systeme, Bd. 9/10) 30.—, geb. 40.—, auf holzfreiem Papier in Halbl.-Geschenkband . . . . 50.—
Die großen Klassiker waren mehr als Dichter, denn ihre Kunst war der Ausdruck einer neuen Lebens- und Weltauffassung, ihr Ziel und ihre Hoffnung die Schaffung einer neuen Menschheitskultur. Darum tragen gerade die großen Vertreter unserer klassischen Dichtung scharfe Züge von Erziehung und Bildung, und ihre Werke sind reich auch an pädagogischen Schätzen. — Mit künstlerischem Feingefühl zeichnet Rudolf Lehmann die Persönlichkeiten Herders, Schillers und Goethes und trägt ihre pädagogischen Äußerungen und Gedanken herbei, um die erzieherischen

Probleme, die sie beschäftigt haben, klar und scharf herauszuarbeiten. In den Gedankenkreisen der drei Dichter sieht er typisch verschiedene Richtungen des erzieherischen Denkens und das Bild des Übergangs zweier pädagogischer Zeiten. In diesen grundsätzlichen Ausführungen liegt der Wert des Lehmannschen Werkes; aber auch die einzelnen glücklich gewählten Dichterworte sind anregend und belehrend zugleich.

Allg. Deutsche Lehrerzeitung.

Lempp, Otto. Das Problem der Theodicee in der Philosophie und Literatur des 18. Jahrhunderts bis auf Kant u. Schiller. 1910. VI, 432 S. In steifem Karton . . . . 24.—

Leser, Hermann. Das Wahrheitsproblem unter kulturphilosophischem Gesichtspunkt. 1901. VI, 90 S. . . . . 6.—

Lessing, Th. Studien zur Wertaxiomatik. Untersuchungen über reine Ethik und reines Recht. 2., erweiterte Ausg. 1914. XIX, 121 S. 15.—

Levy, Heinr. Über die apriorischen Elemente der Erkenntnis. 1. Teil: Die Stufen der reinen Anschauung. Erkenntnistheoretische Untersuchungen über den Raum und die geometrischen Gestalten. 1914. IX, 204 S. . . . . 12.—

Liebert, Arthur. Wie ist kritische Philosophie überhaupt möglich? (siehe „Wissen und Forschen", Bd. II).

— Spinoza-Brevier siehe Abt. I, S. 21. . . . . 12.—

— Das Problem der Geltung. 2. Aufl. 1921. VIII, 262 S. 40.—, in Halbleinen-Geschenkband 50.—

„ . . . Das Buch gehört — ohne im geringsten zu übertreiben — zu den bedeutendsten Leistungen der jüngeren Philosophie der logistischen Schule und gibt in leichtverständlicher, niemals langweilender Entwicklung eine glänzende Darstellung der Tendenzen und Prinzipien der logistischen Philosophie und führt gleichzeitig vorzüglich in das logistische Kantverständnis ein, ebenso bietet es eine klare Auseinandersetzung der Bedenken, die die Neukantianer gegen die Weltanschauungsphilosophen haben. Nach alledem ist sehr viel aus dem Buche zu lernen." Deutsche Schule.

Marbe, Karl. Experimentell-psychologische Untersuchungen über das Urteil. Eine Einleitung in die Logik. 1901. IV, 103 S. 12.—

Meckauer, W. Der Intuitionismus und seine Elemente bei Bergson. Eine kritische Untersuchung. 1917. XIV, 160 S. 12.50

Medicus, Fritz. Fichtes Leben. 1914. IV, 176 S. 15.—, geb. 25.—

Mehlis, G. Die Geschichtsphilosophie Comtes. 1909. IV, 158 S. 10.—

Meinong, A. Über die Stellung der Gegenstandstheorie im System der Wissenschaften. 1907. VIII, 156 S. . . . . 24.—

Metzger, Wilhelm, siehe Bergmann.

Meurer, Waldemar. Ist Wissenschaft überhaupt möglich? 1920. VIII, 279 S. . . . . 25.—, geb. 40.—

Moog, W. Fichte über den Krieg. 1917. 48 S. 2.50

— Kants Ansichten über Krieg und Frieden. 1917. IV, 122 S. 4.—

Müller-Freienfels, Rich. Philosophie der Individualität. 1921. XI, 272 S. . . . . . . 36.—, in Halbleinwd.-Geschenkband 45.—

„M.-F. zeigt eine wahre Meisterschaft in der Gliederung eines äußerst verwickelten Stoffes; im wohltuenden Unterschied von manchen anderen Denkern, die in ihren Werken mehr Rätsel aufgeben als lösen, weiß er uns die ganze Problematik seines Gegenstandes zu zeigen, ohne ihn uns dadurch wirrer und dunkler zu machen. Er verbreitet darüber die klärendste Helligkeit. Ja, man liest es nicht nur mit erheblichem intellektuellen Gewinn, sondern auch mit Vergnügen . . ." Der Tag. „Hier haben wir eine höchst geniale und ebenso interessante Theorie des Lebens . . ." New-York Evening Post 23. VII. 21.

Münch, Fritz. Kultur und Recht. Nebst einem Anhang: Rechtsreformbewegung und Kulturphilosophie. 1918. 63 S. . . . . . 5.—

Natorp, Paul. Platos Ideenlehre. 2. Auflage. Vermehrt um e. „Metakritischen Anhang, Logos—Psyche—Eros" u. Anm. 1922. Etwa 50.—, geb. 70.—, auf holzfreiem Papier vornehm geb. etwa 100.—
— Der Idealismus Pestalozzis. 1919. 174 S. 18.—, in Halbleinen geb. 30.—
> Wer in Pestalozzis Gedankengebäude tiefer eindringen will, kann unmöglich an diesem Werke achtlos vorüber gehen. Es bedeutet mehr als eine **wissenschaftliche Leistung.** Hinter ihm steht nicht nur eine grundgelehrte, philosophisch fein durchgebildete und selbstschöpferische Persönlichkeit, sondern auch ein **Mensch**, der mit dem Letzten und Tiefsten gerungen hat und heute noch ringt, um seinen zerschlagenen und gequälten deutschen Brüdern das zu geben, was ihnen heute ein Mensch bieten kann: den ursprünglichen Glauben an die Idee, den Glauben an sich. Dieses Werk, geboren aus Hirn und Herzen: es sei allen ernst Strebenden warm empfohlen.
> Bayerische Lehrerzeitung.

Oehler, Rich. Nietzsche und die Vorsokratiker. 1904. 176 S. 9.—
— Nietzsche als Bildner der Persönlichkeit. Vortrag. 1911. 31 S. 3.—

Petersen, Peter. Geschichte der aristotelischen Philosophie im protestantischen Deutschland 1921. XII, 534 S.. 100.—, geb. 120.—
> Eine erschöpfende Darstellung des Einflusses des Aristoteles auf die Gedankenwelt des Protestantismus fehlte bisher. Fast war man geneigt anzunehmen, daß die Wirkungen des Aristoteles konfessionell bedingt wären. Nun zeigt dies Buch, daß die Reformatoren **Luther** und **Melanchthon** selbst von Aristoteles ausgingen. Er verfolgt die Wirkungen des Aristoteles weiter über **Nikolaus Taurellus** zu **Leibniz**, über Pufendorf und Christian Wolf zu Gottsched, Lessing, Goethe und den andern Dichterheroen.

Philosophie, die deutsche, der Gegenwart in Selbstdarstellungen. Band I: Paul Barth, Erich Becher, Hans Driesch, Karl Joël, Alexius Meinong, Paul Natorp, Johannes Rehmke, Johannes Volkelt. (Jedem Beitrag ist ein Bildnis seines Verfassers beigegeben.) 1921. VIII, 28 S. Preis vornehm in Halbleinen geb. 60.—, in Halbperg. 80.—
Bd. II: Erich Adickes, Clemens Bäumker, Jonas Cohn, Hans Cornelius, Karl Groos, Alois Höfler, Ernst Troeltsch, Hans Vaihinger. 1921. II, 203 S. . . . . . In Hlwd. 60.—, in Hpgt. 80.—
> „Der neue Gedanke, der nun, wo er verwirklicht vorliegt, so selbstverständlich wirkt, ist der, die Philosophie der Gegenwart durch eine Sammlung von Selbstcharakteristiken ihrer verschiedenen Vertreter darzustellen. — Einmal ist das Werk für alle Philosophie-Beflissenen unter der Studentenschaft sowie in den gebildeten Kreisen ein unübertreffliches **Orientierungsmaterial**, indem es Ton, Schreibart, Persönlichkeit und Grundgedanken der verschiedenen Philosophen vor Augen führt. Zum zweiten wirkt es **schöpferisch** auf dem Gebiet der Philosophie selbst. So sind die wundervollen Beiträge von Driesch und Natorp Zusammenfassungen von letzten philosophischen Intentionen, die weit über den Wert der Historie hinaus ihre selbständige Bedeutung behalten." Günther Mürr im „Hamb. Korr."

Plümacher, O. Der Pessimismus in Vergangenheit und Gegenwart. 2. Aufl. 1888. XII, 355 S. . . . . 18.—

Raab, F. Die Philosophie des Rich. Avenarius. Systematische Darstellung und immanente Kritik. 1912. IV, 164 S. . . . . . 15.—

Ravaisson, F. Die französische Philosophie im 19. Jahrh. Deutsch von E. König. 1889. XVI, 290 S. . 12.—, in Ganzleinen 18.—
> Enthält Kapitel über: Maine de Biran, Cousin, die Eklektizisten, Lamennais, Saint-Simon, Fourier, Proudhon, Leroux, Reynaud, Broussais, Gall, Comte, die Positivisten, Littré, Taine, Renan, Renouvier, Vacherot, Bernard, Gratry, Saisset, Simon, Caro, Baudry, Hugonin, Strada, Magy, Janet, Vulpian, Duhamel u. a., dazu ausführliche Behandlung der Entwicklung psychologischer, logischer, ethischer und ästhetischer Theorien in Frankreich des 19. Jahrh.

(Rehmke, Joh.) Grundwissenschaft. Philos. Zeitschrift der Rehmkegellschaft I,1 (95 S.) 4.—; I,2/3 (165 S.) 6.—; II,1/2 (163 S.) 12.—; II,3 (80 S.) . . . . 6.—

Philosophische Zeitfragen.

Spranger, Eduard. Völkerbund und Rechtsgedanke. 1919. 26 S. M. 3.—

Die in Form und Inhalt klassische Schrift von Spranger muß jeder Deutsche, jeder Philosoph, ja jeder Mensch, dem ein Gewissen für die Zukunft schlägt, von A bis Z unterschreiben.
Karl Joël.

Oesterreich, Konstantin. Die Staatsidee des neuen Deutschland. Prolegomena zu einer neuen Staatsphilosophie. 1919. 33 S. M. 3.—

Vorländer, Karl. Kant und der Gedanke des Völkerbundes. Mit einem Anhang über Kant und Wilson. 1919. 85 S. M. 6.—

Vorländer knüpft an Kants Schrift „vom ewigen Frieden" an, welche als „Aufgabe" jenen idealen Staatenbund, jenes höhere Weltbürgertum und Weltbürgerrecht bereits enthält, dessen Verwirklichung die heutige Generation herbeiführen will.

Boschan, Richard. Der Streit um die Freiheit der Meere im Zeitalter des Hugo Grotius. 1919. 53 S. M. 4.50

Der Name des Hugo Grotius ist von der Streitfrage um die Freiheit der Meere nicht zu trennen. Von großem Interesse muß es für die Gegenwart sein, das Milieu, in welchem diese Frage vor Jahrhunderten zuerst auftauchte, und die Wendungen, die sie nahm, näher kennenzulernen

Volkelt, Johannes. Religion und Schule. 1919. 64 S. M. 5.—

Volkelt konstatiert, daß die Religion zu vielseitig mit dem Seelenleben der sittlichen Welt und der Kulturentwicklung verbunden sei, als daß die Frage der religionsfreien Erziehung durch Schlagworte gelöst werden könne. Er fordert dieser „problemblinden Aufklärerei" gegenüber „Befreiung des Religionsunterrichts von Zwang und Bevormundung und seine Vertiefung nach der Seite des religiösen Moralunterrichtes".

Joël, Karl. Die philosophische Krisis der Gegenwart. 2. Auflage 1919. 65 S. M. 5.—

Es leben nicht allzuviel deutsche Gelehrte unter uns, deren Wort den Glanz und die Farbenfülle von Joëls jugendfrischer und künstlerischer Sprache hat. Vielleicht ist er mit Wilhelm Dilthey der einzige Philosoph seit Nietzsche, dem wieder die Steigerung und Hingerissenheit der Rede gegeben ist, die eigenwillige und menschenschöpferische Sprache, Wortkunst tiefer Weisheit voll und dabei immer das Bekenntnis von der Welt als organische Einheit.
Neue Freie Presse.

Hasse, Karl Paul. Der kommunistische Gedanke in der Philosophie. 1919. 92 S. . . . . kart. 7.—

Aufklärung über die geschichtliche Entwicklung der kommunistischen Lehren und ihre philosophischen Zusammenhänge tut unserm Volke bitter not. Nur Vertiefung in die Geistesgeschichte ermöglicht ein selbständiges Urteil über diese Gedankenwelt, deren Schlagworte heute die breiten Massen und viele leicht begeisterte Intellektuelle mit sich fortreißen.

Gebhardt, Carl. Der demokratische Gedanke. 1919. 61 S. kart. M. 5.—

Die Entstehung des demokratischen Gedankens aus dem Schoße des deutschen Geisteslebens (Kant, Fichte), seine Entfaltung und endliche Ausprägung, seine Bedeutung für die nahe und ferne Zukunft bilden den Inhalt dieses Bandes. Es wird gezeigt, warum und wie sich der demokratische Gedanke als Einheitsfaktor im Volke bewähren kann und wird.

Goedeckemeyer, Albert. Die Idee vom ewigen Frieden. 1920. 77 S. M. 6.—

Stölzle, Remigius. Charles Darwin's Stellung zum Gottesglauben. Rektoratsrede. 1922. 34 S. Mit Bildnis des Verfassers. . ℓ.—